How
to
Survive
at
work

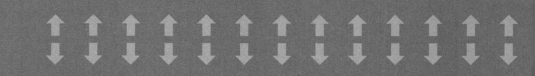

회사가 붙잡는 사람들의 1% 비밀

회사가 붙잡는 사람들의 **1%** 비밀

초판 1쇄 발행 2009년 2월 13일 **초판 70쇄 발행** 2023년 6월 1일

지은이 신현만
펴낸이 이승현

출판1 본부장 한수미
라이프 팀장 최유연

펴낸곳 ㈜위즈덤하우스 **출판등록** 2000년 5월 23일 제13-1071호
주소 서울특별시 마포구 양화로 19 합정오피스빌딩 17층
전화 02) 2179-5600 **홈페이지** www.wisdomhouse.co.kr

ⓒ 신현만, 2009

ISBN 978-89-6086-162-6 03320

How to

회사가 붙잡는
사람들의 1% 비밀

신현만 지음

Survive
at work

위즈덤하우스

회사에는 분명한 그들만의 원칙이 있다

여기 세 명의 직장인이 있다. 각기 다른 이유이기는 하지만 하나같이 회사로부터, 상사로부터 뒤통수를 얻어맞고 어안이 벙벙한 상태다.

S전자의 김 차장. 그는 오늘 발표된 부장 승진 명단에서 자신의 이름을 찾을 수 없었다. 이번에야말로 자신이 차장 딱지를 뗄 차례라고 생각하고 가까운 친지들 사이에서는 벌써 승진 인사까지 받은 상태였다. 대체 뭐가 문제였을까? 더욱 이해가 안 되는 것은 입사동기인 박 차장과 정 차장의 이름은 버젓이 명단에 올라 있다는 점이었다. 그는 내심 자신과 박 차장은 이번에 같이 승진하고 정 차장은 누락될 가능성이 크다고 여기고 있었다.

정 차장이 사람은 좋지만 업무 처리 때 종종 우유부단한 면을 드러냈기 때문이다. 승진 명단을 확인하기 전 김 차장은 '만약 정 차장 혼자만 승진을 못하면 술 한 잔 사면서 허심탄회하게 충고라도 해주어야겠다'라고 생각했다.

그런데 이게 무슨 어이없는 상황인가? '지난번 중국 사업 확장을 위한 사장 직속 TFT에 빠졌기 때문일까? 가만, 둘 다 꼬박꼬박 챙기는 사내 등산 모임에 사장도 자주 나온다던데……. 에이, 아무렴 그런 것 때문에 회사가 나 대신 정 차장을 승진시켰을라고! 아니지, 설마?' 승진자 명단을 확인하고 또 확인하며 김 차장의 머리는 혼란에 빠져들었다.

L증권의 손 과장. 오늘 아침 말로만 듣던 '유리천장'의 존재를 확인한 그녀는 분노가 치밀어오르는 것을 참을 수 없었다. 평소 친하게 지내던 선배 차장이 몇 마디 귀띔을 준 것이다. 곧 있을 인사이동 때 자신이 모두들 꺼리는 부서로 옮기게 될 것이라는 얘기였다. '물 먹었구나!' 자존심이 강한 그녀는 선선히 상황을 받아들일 수 없었다. '일을 그르친 적도 없어. 회사에 손실을 끼친 적도 없지. 다른 사람들보다 내가 일 처리도 빠르잖아. 그런데 왜? 왜 내가 그 자리로 밀려나야 되는 거지?'

일에 관한 한 어느 누구 못지않게 잘 해낸다고 자부하는 그녀였다. 다만 약점이 있다면 출산 후 지각이나 조퇴 횟수가 좀 늘었다는 사실이다. 하지만 매번 그럴 수밖에 없는 사정이 있었다. 아이가 아프기도 했고, 때로 아이를 맡아주는 베이비시터가 사전에 연락도 없이 늦게 왔으며, 시부모님이 세상에서 제일 중요하게 여기는 종친 모임도 있었다. 원래 술자리를 즐기는 편이 아닌데다 집안일이 늘어나다 보니 부서 회식에도 거의 참석하지 못했다. 하지만 그런 게 큰 문제가 된다고 생각해본 적은 없었다. '일하는 여성으로서 가정과 직장을 다 지키려면 그 정도야 어쩔 수 없는 것 아니야? 이제는 동료들도 다 그러려니 하고 넘어가고 있는데 문제될 게 없잖아? 그것 말고 내가 모자란 게 뭔데? 내 일을 게을리한 것도 아니잖아. 분명 상무가 여성에 대한 편견을 갖고 있는 거야. 이건 성차별이야!'

K건설의 강 대리. 눈으로는 모니터의 업무일지를 보고 있지만 머릿속으로 도무지 그 내용이 들어오지를 않는다. '왜 그랬을까? 부장이 대체 왜 그랬을까?' 어제 부장은 중동 프로젝트 책임자로 윤 대리를 지명했다. 말도 안 되는 일이다. 윤 대리가 어떤 사람인가. 자신과 비교하자면 학력도 떨어지고 영어 실력도 처진다. 솔직히 말해 무식하기 짝이 없는 인물 아니던가? 때론 멍청하다 싶을 정도로 아는 게 없고 창의력도 바닥인 사람이다. 그에 반해 자신은 거의 모든 분야에 해박한 지식을 갖고 있어 사람들이 모이면 늘 이야기를 주도하는 편이다. 더구나 윤 대리는 아무 내용도 없는 보고를 시도 때도 없이 해서 옆에서 보는 사람 속 터지게 만드는 게 특기다. '그렇게 내용도 없고 형식도 못 맞출 바에야 아예 보고를 안 하고 말지.' 강 대리는 이렇게 생각했지만 윤 대리는 반대였다. 특히 출장을 다녀온 뒤에는 월요일에 출근해서 보고해도 될 텐데 굳이 주말에 상사에게 전화해서 두서없는 이야기를 한 뒤 월요일 아침에 별 내용 없는 보고서를 다시 올릴 정도로 융통성이 없었다.

'그렇게 앞뒤 못 가리는 위인한테 중책을 맡기다니……. 뭐야, 혹시 부장과 윤 대리가 무슨 사이라도 되는 것 아냐?' 강 대리는 모니터 너머로 보이는 부장과 윤 대리에게 번갈아 의혹의 눈초리를 보낸다.

직장생활을 하다 보면 중요한 순간에 도무지 이해할 수 없는 일이 벌어지는 경우가 있다. 성과가 부진해서 곧 퇴출 대상이 될 것 같은 사람이 훌쩍 승진하기도 하고, 당연히 승진할 것으로 생각되는 사람이 번번이 누락되기도 한다. 성실하고 유능한 사람이 뜻밖에 한직으로 밀려나는 일도 적지 않다. 같은 일을 하고 같은 성과를 낸 것 같은데도, 어떤 사람은 좋은 평가를 받고 어떤 사람은 나쁜 평가를 받는다. 어떤 사람은 좋은 보직을 받고 승진을 하는 데 반해 어떤 사람은 한직으로만 떠돌다 퇴출 대상이 된다. 왜 그럴까?

흔한 답은 이런 것이다. "찍혀서." 또는 "줄을 잘 서서."

그럴까? 정말 그뿐일까?

"우리 회사에는 원칙이 없다"며 불만을 털어놓는 직장인들이 많다. 그러나 절대로 원칙이 없는 회사는 없다. 그들이 모르거나 또는 모른 척해서 그렇지, 모든 직장은 매우 치밀하게 짜인 조직이다. 오랜 역사를 가진 대기업은 말할 것도 없거니와 중견 기업, 혹은 별 시스템도 갖추고 있을 것 같지 않는 중소기업도 나름의 정교한 운영원리 안에서 돌아간다. 그에 따라 신입사원이 채용되고, 업무평가가 이루어지고, 연봉이 책정되고, 승진과 발탁이 결정된다. 서너 명, 아니 단 두 명이 모여 이루는 가정 안에도 크고 작은 원칙들이 수도 없이 존재하고, 그것이 지켜지지 않으면 다양한 마찰음이 새어나오는 법이다. 하물며 몇 십 명에서 몇 십 만 명에 이르는 구성원을 거느린 기업에 어떻게 원칙이 없겠는가. 얼마나 많은 원칙들이 얼마나 촘촘하게 짜여져 있겠는가.

그런데도 "우리 회사에는 원칙이 없다"고 쉽게 치부해버리는 사람들이 많다. 나는 진심으로 그 사람이 당신이 아니길 바란다. 그런 사람은 회사의 제1원칙이자 조직생활의 대전제부터 무시하고 들어가는 사람이다. 바로 '내 직장에는 존중해야 할 원리와 원칙이 있다'는 점을 말이다.

직장생활을 잘해서 좋은 평가를 받고 많은 연봉과 승진을 움켜쥔 기업의 임직원들에게선 한 가지 분명한 공통점을 찾아볼 수 있다. 바로 직장의 운영원리를 이해하고 그 원리에 맞게 행동한다는 것이다. 더구나 지금은 경제 상황이 매우 어려운, 직장인의 운명이 하루아침에 낙엽처럼 떨어지는 엄혹한 시절이다. 평상시와 달리 불황기에는 임직원에 대한 평가가 더욱 엄격해진다. 직장의 법칙, 운영원리와 원칙을 이해하고 따르는 임직원은 회사가 훨씬 더 관심을 갖고 챙긴다. 반대로 직장의 원리를 부정하면서 다르게 행동하는 임직원은 설사 그가 회사를 나가더라도 붙잡지 않는다. 아니 오히려 내보내려고 애를 쓸지도 모른다.

이것은 어쩌면 너무나 당연한 이야기다. 그런데 이 당연한 얘기를 진짜로 아는 직장인을 찾기가 보통 어려운 일이 아니다. 알려고만 하면, 알고 조금만 더 노력하면, 완전히 달라질 수 있는데 그걸 안 하고 있으니 옆에서 보는 입장에선 안타깝기 그지없다. 성장과 발전의 길, 좋은 평가와 보상을 받을 수 있는 길을 놔두고서 고생은 고생대로 하며 회사에 대해 불평과 불만만 쌓아가는 사람들이 얼마나 많은지…….

회사가 붙잡는 직원이 되고 싶은가? 구조조정에서 살아남고 승진해서 임원이 되고 싶은가? 좋은 보직을 받고 고액 연봉을 받고 싶은가? 언젠가는 회사의 CEO 명함을 넘겨받고 싶은가? 그렇다면 회사의 운영원리와 원칙부터 파악하고, 이해하고, 지키고, 따라야 한다. 회사가 붙잡는 직원은 바로 이것을 실천하는 사람들이다.

이 책은 모든 직장에서 적용되고 있는 '직장의 법칙' 가운데 직장인들이 잘 모르고 있거나, 알면서도 그 중요성을 간과하고 있는 법칙들을 다루고 있다. 나는 현재 기업들이 원하는 인재를 발굴해 추천하는 헤드헌팅 회사 외국에서는 '서치펌search firm'이라고 부른다를 운영하고 있다. 하지만 나 역시 15년 가까이 신문사에서 직장생활을 했다. 또 회사를 설립하고 운영하는 과정에서 많은 임직원을 채용하고 교육·훈련시킨 경험이 있다.

이 책은 내가 직장생활을 하면서, 또 신문기자로서 오랫동안 기업과 임직원들을 취재하면서, 헤드헌터로서 CEO와 이직을 원하는 수많은 후보자를 만나면서, 그리고 100여 명의 컨설턴트 등이 일하는 회사를 직접 경영하면서 체험하고 느낀 점을 가감 없이 쓴 것이다.

자, 이제 글머리에 예로 든 세 사람의 이야기로 돌아가보자. 그 세 사람은 헤드헌팅 회사에서 일하면서 실제로 내가 만났던 사람들이다. 그들은 자신의 회사와 상사가 취한 조치를 전혀 이해하지 못했다. 그들의 설명으로는 그 회사와 상사들은 '원칙 없이' 그들의 뒤통수를 가격한 황당한 존재들에 불과했다. 그러나 나는 이런 설명에 쉽게 맞장구를 쳐줄 수 없었다. 그렇게 단면적이고 좁은 시야로는 회사를 파악하고, 조직의 운영원리를 터득하기 어렵다. 상황을 보건대 그들의 상사와 회사의 사장은 모두 그들에게 취한 조치를 당연한 처사라고 믿었을 것이 틀림없다. 어째서? 이제부터 그 이야기를 차근차근 해보자.

이 책의 내용 중에는 독자들이 미처 생각하지 못한 내용도 있을 것이고, 더러는 다 아는 내용도 있을 것이다. 그러나 내용이 어떻건 읽다 보면 자연스럽게 우리 회사에, 우리 부서에 혹은 내가 아는 직장인 가운데 어떤 사람을 떠올리게 될 것이다. 그리고 그들이 왜 승진해 사장이나 임원이 됐고, 어쩌다가 한직에 밀려나거나 퇴출됐는지를 조금은 알게 될 것이다. 또 스스로를 다시 한 번 돌아보게 될 것이고, 자신에 대한 회사와 임원과 동료들의 평가가 어떨 것인지 가늠할 수 있게 될 것이다. 그렇게만 된다면 직장인들의 생활 터전인 회사생활이 달라질 수 있고, 그 작은 변화가 자신에 대한 회사의 평가를 바꿔놓을 수 있을 것이다.

어려운 시기를 힘겹게 지나고 있는 직장인들이여, 부디 움츠러들지 말고 어깨를 펴라. 멋지게 도약해 그동안 품어온 꿈을 꼭 이루시라. 이 책에 언급하고 있는 몇 가지 원리와 원칙만이라도 이해하고 실행에 옮긴다면 회사 내 평가가 최소한 한 단계씩은 올라갈 것이라고 확신한다.

이 책은 금현진 선생과 함께 썼다고 해도 과언이 아니다. 금 선생은 기자와 작가의 경험을 토대로 글의 뼈대를 잡는 것부터 살을 붙이는 것에 이르기까지 깊게 참여했다. 이 자리를 빌려 깊은 감사의 말을 전한다.

2009년 2월, 봉은사 숲이 보이는 사무실에서

신현만

⏻ **Part 2 직장에서의 인간관계는 곧 승진 대기표이다**
_ 인정받는 사람이 되기 위한 관계의 노하우

로 해서는 안 될 말 | 상사가 바뀌면 60일 안에 결정하라 | 상사 앞에서 '적당히'는 통하지 않는다

⏻ **Part 3** **성공 마인드로 바꿔야 진정한 생존자가 될 수 있다** _ 승진을 넘어선 프로들의 성공 노하우

How to survive at work

Part 1

살아남으려면
조직부터 이해하라

_최고의 헤드헌터에게 듣는 직장 생존 노하우

팔을 걷어붙이고 조직의 해결사를 자처하라 | 뽑을 땐 학벌이지만 키울 땐 충성도다
익숙한 일만 하면 낙오자가 되는 건 시간문제다 | 일과 삶의 균형을 원한다면 연봉을 포기하라
잦은 이직은 직장생활의 수명을 단축시킨다 | 학력의 굴레를 벗어나려면 판을 바꿔라
임원 가능성이 희박하면 부장이 되기 전에 옮겨야 한다

The 1% **Secret** to be the **most**
desired **employees**

팔을 걷어붙이고
조직의 해결사를 자처하라

어떤 일을 해놓지도 않고 비웃기만 하는 사람보다 아주 하찮은 일일지라도 행동으로 옮기는 사람이 보다 더 훌륭한 인격자라 할 수 있다.
─괴테

어느 조직에나 한 명쯤 있게 마련인 사람들이 있다. 무슨 일에든 앞장서서 먼저 말을 꺼내고 연락을 돌리는 동네 반장형이 있는가 하면, 크고 작은 일이 생길 때마다 뒤치다꺼리를 도맡아 하는 돌쇠형도 있고, 눈에 띄기 싫어하며 뒤에서 자기 일에만 충실할 뿐인 아웃사이더형도 있다. 이들 못지않게 자주 눈에 띄는 또 한 가지 유형이 있으니, 바로 평론가형이다. 이들은 대체로 아는 것이 많고 사리에 밝다. 어떤 상황에서나 문제점을 콕콕 집어내고, 합리적이고 냉철한 판단을 내린다. 그라운드에서 한 발짝 물러서 제3자의 자리에 서 있기 때문에 전체 판을 잘 볼 줄 아는 것이다.

회사는 '평론가'를 싫어한다

그렇다면 아는 것도 많고 남들이 잘 보지 못하는 문제점을 잘 찾아내는 이들이 기업 내에서 받는 평가는 어떨까? 아마 없어서는 안 될 중요한 인물로 여겨지지 않을까?

대답은 정반대다. 회사는 '평론가'를 좋아하지 않는다. 아니, 실은 아주 질색을 한다. 장기판이나 바둑판에서 가장 큰 불청객이 누구인가? 바로 훈수꾼이다. 대체로 훈수꾼이 수를 잘 보기는 한다. 하지만 플레이어 입장에서는 그라운드 밖에서 이러쿵저러쿵 훈수를 두는 그들이 불편하고 부당하기 짝이 없다. 그가 하는 말이 분명 맞기는 맞지만, 듣다 보면 슬그머니 부아가 치미는 것이다. 한 번, 두 번, 훈수가 이어지다 보면 자연히 속이 부글거린다. "아니, 그렇게 잘 알면 차라리 당신이 한번 해봐" 이렇게 쏘아주고 싶다.

기업에서 평론가가 환영을 받을 수 없는 것은 이와 마찬가지 이유 때문이다. 평론가는 사람들의 감정을 자극하고 일의 의욕을 꺾기 일쑤다. 그 때문에 조직의 편을 가르기도 하고, 소극적이고 부정적인 분위기를 조성하기도 한다. 그리고 결정적으로, 그들은 움직이지 않는다. 매사에 이것이 문제고 저것이 틀렸다고 말만 앞세울 뿐, 실제 일을 하는 것은 그들의 모진 비평의 대상이 되어주는 다른 사람들이다. 남들은 다 자기 위치에서 열심히 움직이고 있는데 혼자서 뒷짐 지고 돌아다니며 일이 잘 됐네, 잘못 됐네 말잔치만 벌이는 이를 어떤 조직에서 반기겠는가.

다른 어떤 조직보다 날카로운 안목과 분별력을 중요하게 여기는 신문사에서조차 이들은 가장 인기 없는 인물 유형이다. 예전에 내가 신문사에서 일할 때에도 이런 평론가들이 있었다. 첫인상은 매우 명민하고 유능해 보이지만 함께 생활하다 보면 얼마 안 가 그 실체가 드러나는 사람들. 동료 기자들이 열심히 발로 뛰어서 기사를 써내면 그들은 책상 앞에 앉아서 하염없이 토를 단다. "이 기사는 전에 나온 거랑 비슷한 얘기"이고 "이것은 초점이 잘 안 맞는 기사"며, "저것은 초점은 괜찮은데 결론이 너무 뻔하다"고 평한다.

그러나 잘 들여다보면 이들은 하나같이 기사를 안 쓴다는 공통점을 지니고 있었다. 이리저리 '기사가 안 되는' 핑계만 늘어놓으며 남들의 기사에 대해 혹평을 일삼는 것이다. 그러니 얼마 못 가 그의 말에 귀를 기울이는 동료나 후배들은 거의 없어진다.

사실 다른 이들도 꼭 그들이 지적하는 내용을 몰라서 어딘가 모자란 기사를 계속 써내는 것은 아니다. "기자는 기사로 말해야 한다"는 더 중요한 원칙을 결코 가벼이 여길 수 없기 때문에 열심히 뛰고 있는 것이다. 기업에서 원하는 것은 평론가가 아니라 이렇게 실제로 뛰는 사람들, 머리로만 앞서가는 사람이 아니라 실제로 일을 끌고 나가는 사람들이다.

내가 아는 후배 중 한 명인 P는 얼마 전부터 회사생활에서 심각한 갈등을 겪고 있다. 그는 서류상으로는 어디 내놓아도 빠지지 않는데다 실제로도 아주 똑똑하고 아는 것도 많은 만물박사다. 그런데 그는 회사에서, 특히 임원들로부터 무척 안 좋은 평가를 받고 있었다. 어째서? 그는 대표적인 평론가형 인물이었던 것이다. P는 회사 돌아가는 사정이나 남들의 작업에 대해 비평하는 데는 뛰어난 자질을 보였다. 그가 회사에서 주로 하는 역할도 사람들을 만나 문제점을 짚어주고 조언을 하는 것이었다. 하지만 회사가 그에게서 기대하는 것은 이런 '코칭'이 아니었다. 코칭은 코치가 해야 할 일인데, 엄연한 플레이어가 될 생각은 안 하고 게임을 관찰하며 훈수만 두고 있으니 갈등이 생길 수밖에.

그가 가진 뛰어난 비평 능력은 그 자체로는 문제될 것이 없다. 오히려 전체 판을 잘 볼 줄 알면서 자기 몫의 플레이를 성실히 수행할 수 있는 사람이라면 더할 나위 없는 훌륭한 인재임이 틀림없다. 하지만 문제는 그들이 움직이지 않는다는 데 있다. 평론가들은 항상 한 발 떨어진 위치에서 관찰자의 자세를 취한다. 바로 그 태도 때문에 조직은 그를 받아들일 수 없는 것이다.

P와 허심탄회하게 이야기를 나누어보니 그는 헛똑똑이나 다름없었다. 남들의 일에는 그렇게 냉철한 비평을 할 수 있음에도 자신이 직접 일을 만들고 이끌어가는 데는 완전히 젬병이었다. 주어진 과제 앞에서는 절대로 신발을 벗고 물에 뛰어들 생각을 하지 않았다. '저기 들어가면 분명히 젖을 텐데' 하며 남들이 뛰어드는 모습을 지켜보는 그는 나약했고, 실패를 두려워하고 있었다. 일을 하다 보면 운이 따르지 않기도 하고 몰랐던 오류에 부딪히기도 하는 법인데, 그는 그 과정을 두려워하며 항상 자신을 깔끔하게 유지하고자 했다. 그러니 그는 실패해본 경험도 없지만 성과를 내본 경험도 없었다.

회사와 갈등을 해결하기 위해 P가 해야 할 일은 아주 단순하다. 이제 움직여야 한다. 모든 일을 넘겨짚는 오만함과 실패에 대한 두려움을 버리고 실제로 일을 하면 된다.

점수형 인재가 아닌 실무형 인재를 가려내라

평론이 말의 미학이라면, 기업이 원하는 것은 성과의 미학이다. 즉 기업은 말이 아니라 행동으로, 결과로 보여주기를 원한다. 기업에서는 이런 사람들을 가리켜 '실무형 인재'라고 부른다. 견고한 학벌 위주 채용 관행을 서서히 바꾸기 시작한 것도 다름 아닌 실무형 인재에 대한 기업의 목마름이다.

2008년 버락 오바마의 승리로 끝난 미 대선을 앞두고 많은 이들이 브래들리 효과Bradley Effect에 대해 이야기했다. 잘 알려져 있듯 브래들리 효과란 선거에 출마한 유색인종 후보가 여론조사 때 높은 지지율을 기록했음에도 실제 투표에서는 그에 훨씬 못 미치는 득표율을 얻는 현상을 일컫는다. 많은 백인들이 자기 안에 숨어 있는 인종차별 심리를 감추기 위해 지지율 조사에서 유색인종 후보를 지지한다고 말하지만, 투표소에 가서는 백인 후보에게 표를 던지게 된다는 것이다.

그런데 기업에도 이 브래들리 효과가 적용되는 순간이 있다. 나에게 인력 추천을 의뢰하는 기업들 중에는 "남녀노소 불문, 학력 불문, 유능한 인재를 부탁합니다"라고 이야기하는 곳도 꽤 있다. 그러나 그들의 요구에 맞게 사람을 추천하면 다른 이야기가 나오는 경우가 많다. 막상 채용의 순간에는 학력이나 경력 사항, 외국어 성적, 출신 지역 등의 조건들이 크게 작용하기 때문이다. 이런 관행 속에서 그동안 가장 이득을 본 것이 바로 평론가형 인물들이었다.

평론가들은 대체로 고학력자인 경우가 많은데다 똑똑하고 눈치가 빠르기 때문에 면접에서도 높은 점수를 받아왔다. 그들은 기업이 어떤 대답을 좋아하는지, 또 같은 질문이라도 A회사의 면접관이 원하는 답은 무엇이고 B회사의 면접관이 원하는 답은 무엇인지를 이미 잘 알고 있다. 어떤 질문에건 입맛에 딱 맞는 답을 갖추고 있는 이 '면접의 달인'들을 뽑았다가 남모르게 끙끙 앓고 있는 기업들이 의외로 많다. 면접관들을 대상으로 하는 강의를 다니다 보면 끝나고 와서 조용히 묻는 이들이 꼭 있는데, 그들의 절절한 눈빛은 정말 보기에도 딱할 정도다.

"오늘 말씀 잘 들었습니다만…… 실은 저희 회사에 아주 골치 아픈 사람이 있습니다. 그런데 이 사람이 들어올 때도 좋은 점수로 들어왔고 뭐 문제될 일을 벌인 것도 없어요. 저, 어떻게…… 이 사람 내보낼 방법 좀 없겠습니까?"

이들의 말을 들어보면 십중팔구 그 회사는 평론가 때문에 넌더리를 내는 중이다. 사정이 이런 지경이니 기업들이 인력 채용에서 나타나는 브래들리 효과를 극복할 방안을 고민하기 시작한 것은 사필귀정이다.

대기업들의 신입사원 채용 기준이 달라지고 있다고 한다. 이와 관련된 기사가 크게 보도된 적도 있다. 기사의 핵심은 기업들이 점수형 인재에게 등을 돌리고 그 대신 실무형 인재를 우대하기 시작했다는 것이다. 100대 1이 넘는 경쟁률을 뚫고 KT 신입 공채에 합격한 K씨는 고등학교 중퇴에 검정고시로 지방대에 들어가 학점도 3.5점을 겨우 받고 졸업했다. 그와 함께 지원한 이들 중 100여 명은 공인회계사, 변리사 등 전문 자격증까지 가진 쟁쟁한 후보였지만 단 4명을 빼고는 모두 탈락했다. 서류상으로는 도무지 선발되기 어려워 보이는 K씨는 어떻게 이 회사의 취업문을 뚫었을까?

대학에 진학하기 전에 이미 술집 종업원과 주유소 직원 등으로 일하며 일찍 사회를 접한 그는 대학 시절 인터넷으로 종이 수제품을 팔아 한 해 3천만 원의 매출을 올린 경험이 있다. 그는 면접에서 통신과 방송을 결합한 새로운 서비스를 개발하겠다는 아이디어를 냈고 면접관들은 당연히 그에게서 강한 인상을 받았다. 그를 선발한 면접관 중 한 명은 "학벌이나 자격증을 앞세운 지원자보다 실무에 강한 인재에게 좋은 점수를 주었다"고 말한다.

SK텔레콤, 삼성전자, LG전자, 국민은행 등 유수의 기업들이 면접 전형을 바꾸고 소위 SKY서울대, 고려대, 연세대 출신 신입사원 비율을 대폭 낮춘 것도 실무형 인재를 가려내기 위한 노력의 결과다. 이 기업들은 지원자의 토익 점수는 하한선을 낮추는 반면, 면접 시간을 크게 늘리거나 전문가로 구성된 면접 출제위원단을 꾸리는 등의 변화를 시도하고 있다.

요즘 주목받는 역량 면접도 이런 추세를 반영한 면접 방법이다. 역량 면접법은 1970년대 초 맥크리랜드McClelland 교수가 외교관 선발 연구에 적용하면서 그 효과가 입증되어 널리 퍼지게 된 방식이다. 이 연구의 골자는 IQ, 외국어 실력, GPA, 학력 등의 기준으로 선발된 외교관보다 문화적 감수성, 정치적 네트워크 파악 능력, 타인에 대한 긍정적 기대 심리 정도 등을 기준으로 선발된 외교관이 훨씬 더 많은 성과를 냈다는 것이다. 말만 그럴싸한 평론가형을 피해 성과를 낼 수 있는 역량을 가진 사람을 뽑고자 하는 기업들의 의지와 잘 맞아떨어지는 방식인 셈이다. 역량 면접에서는 말이 아닌 행동으로, 계획이 아닌 경험으로 평가하고자 한다. 예컨대 기업에서 성과를 내는 사람의 특징을 뽑아보니 의사소통 능력이 뛰어나고 승부 근성이 있다고 분석되었다 치자.

그렇다면 면접에서 '의사소통 능력이 뛰어난지'나 '승부근성이 있는지' 등에 관해 질문하는 것이 아니라, 과거 그 사람의 행적을 통해 의사소통 능력과 승부근성 유무를 추적해내는 것이다. 면접관들은 그의 경험들을 조근조근 파고드는 과정을 통해 '면접의 달인'들을 제치고 실무형 인재를 추려낼 수 있다.

경력 채용에서는 더군다나 실무형 인재가 선호되는 것이 당연하다. 이미 직장생활의 경험이 쌓인 이들을 평가할 때 그들이 무슨 일들을 얼마나 어떻게 해왔는가를 따지는 것만큼 중요한 척도는 없다. 기업에서 막강한 경쟁자들을 제치고 최종 후보 자리에 오른 화려한 이력서를 놓고 마지막으로 평판 조회를 하는 이유가 무엇이겠는가? 가장 큰 이유는 '이 이력서가 진짜인가'를 보겠다는 것이다. 즉 그가 실제로 얼마나 성과를 냈는가, 앞으로 얼마나 낼 수 있는가를 알고 싶은 것이다.

조직이 원하는 최고의 인재는 문제해결형

실무형 중에서도 기업에서 가장 필요로 하는 사람들은 어떤 특징이 있을까.

휼렛 패커드^{HP}의 개발자인 찰스 하우스는 NASA^{미 항공우주국}에 제공할 모니터를 개발했다. 그가 개발한 신제품은 기존의 것보다 가벼우면서도 전력소비량 등 비용 면에서 절감 효과가 크다는 장점을 가지고 있었다. 그러나 납품 결과 NASA는 그의 모니터를 반품시켰다. 그의 모니터가 장점을 가지고 있는 것은 분명하지만 NASA에는 적합하지 않다는 것이 이유였다. 하우스는 자신이 개발한 모니터가 시장에서 고전을 면치 못하자 직접 제품에 맞는 고객을 찾는 데 고심하기 시작했다.

개발자가 직접 시장과 고객을 분석하고 나서자 마케팅 담당 직원들은 고개를 설레설레 저으며 그의 실패를 예견했다. 그러나 그는 마케팅적 사고를 통해 개발자로서 쉽게 떠올리기 어려운 발상의 전환을 이루어냈고 결국 그의 제품은 많은 고객 기업들로부터 환영받게 되었다. 물론 그 속에는 NASA도 포함되어 있었다.

한 사람의 주도적인 두뇌 활동이 빚어낸 놀라운 성과였다. 아마 하우스가 개발자로서 자신의 위치에만 머물며 시장과 고객에 대한 고민을 하지 않았다면 많은 시간과 비용을 투자해 개발한 신제품은 시장에서 외면받은 수많은 상품 중 하나로 남았을 것이다. 하지만 그는 주어진 문제 앞에서 다른 것들은 생각하지 않았다. 단지 문제를 해결하기 위한 방법에만 매달렸고 직접 뛰어들어 문제를 해결해냈다.

기업에서 최고의 인재로 꼽는 이들이 바로 이런 사람들이다. 확실한 실무 역량을 갖추고 자신의 직무에서 성과를 내는 동시에, 문제를 해결하기 위한 해법을 제시하고 직접 뛰어들어 실행에 옮기는 이들, 곧 문제해결형Problem-Solving 인재라고 불리는 사람들이다.

그러나 문제해결이라는 것이 말처럼 쉬울 리가 없다. 문제의 핵심이 무엇인지도 알아야 하고, 가장 적합한 해법을 찾아내야 하며, 그 해결 과정까지도 주도할 수 있어야 한다. 최근 기업가에서 컨설턴트에 대한 부정적인 인식이 생겨나고 있는 것도 따지고 보면 이 문제해결력 때문이다. 기업에서 컨설팅을 원할 때는 문제의 해법을 얻고 해결하는 데까지 이르기를 기대하는 것이다.

하지만 경험과 지식이 부족한 컨설턴트 중에는 그저 경영의 원칙이며 기업 구조의 합리화 같은 교과서적인 충고만 들려주는 이들이 많다. 엄밀히 따지면 이는 컨설팅이 아니라 코칭일 뿐이다. 코칭은 스스로 문제점을 찾고 해결 방법까지 찾도록 객관적인 입장에서 조언을 해주는 것이지만, 컨설팅은 문제를 풀 수 있는 정확한 해법을 제시한다.

하지만 기업 안에서 발생하는 여러 가지 변수 속에서 직접 문제를 겪고 해결해본 경험이 없는 이들에게는 결코 쉽지 않은 일이다. 웬만한 기업 컨설턴트들이 결국 평론가에 그치며 기업으로부터 "그 정도는 우리도 안다니까" 하는 거부감만 사게 되는 것은 바로 이런 까닭이다.

결국 문제해결형 인재가 되기 위해서는 더 많은 경험을 쌓고, 더 많이 노력하는 수밖에 없다. 평론가들이 이런저런 핑계를 대며 움직이지 않을 때 실무형은 자신에게 주어진 일에 충실히 빠져든다. 그러나 문제해결형은 자기 성과를 내는 데 그치지 않고 조직의 문제를 책임진다. 두 배의 열정과 두 배의 노력으로 조직의 문제를 파고든다. 거기서 문제를 바라보는 혜안이 생기고 성공의 경험이 쌓이는 것이다.

내가 아는 한 변호사는 꽤 이름 있는 로펌에 소속되어 있고 그 덕에 시간당 자문료도 상당한 액수를 받는다. 그의 동료들은 기업에서 자문 의뢰를 받으면 기업 쪽과 면회하는 시간 동안만 일을 했다. 2시간 자문이면 2시간 동안 그들을 위해 일하고 시간당 자문료를 받는 식이었다. 하지만 그는 그렇게 하지 않았다. 자신의 경험과 역량이 부족하기 때문에 기업 쪽에 만족할 만한 자문을 제공하지 못할 거라고 생각한 그는 2시간 자문을 위해 미리 4시간을 들여 일했다. 엄청난 업무량 때문에 밤잠을 제대로 잘 수 없는 사정은 그나 동료들이나 마찬가지였지만, 그는 기업 자문을 위해 남들보다 두세 배나 되는 시간을 들여 공을 쏟은 것이다. 그가 기업들 사이에서 가장 인기 있는 자문 변호사로 성장했음은 말할 것도 없다.

진정한 고수는 해법을 내놓는 사람이다

또 한 가지 중요한 요소가 있다. 기업의 핵심 중추로 성장한 사람들을 보면 공통적으로 갖추고 있는 무기가 있으니 바로 실행력이다. 누군가 일거리를 들고 오면 나중으로 미루지 않고 당장 서류를 찾아 들고 전화기를 꺼내 드는 식이다.

현대모비스 박정인 전 회장의 사무실에는 아예 의자가 없었다. 판단과 의사결정, 결재가 주 업무인 회장실에 의자가 없다는 것은 무슨 뜻일까. 직원이 들어오면 앉혀놓고 무엇이 잘못됐고 무엇이 모자라다고 평가하는 데 온 시간을 보내는 회장이 되지 않겠다는 의지의 표현이었다. 그는 자기 방에 찾아오는 사람들을 서서 맞았고 그 자리에서 척척 의사결정을 하고 일을 진행시켰다.

이런 실행력에 문제해결 능력까지 갖추고 있다면 어느 조직에서든 절대로 놓치고 싶어하지 않는 최고의 인재라고 할 수 있다. 이런 사람은 기업의 입장에서 가장 선호하는 인재이기도 하지만, 아랫사람들도 따르며 배우고 싶어하는 롤 모델role model이다. 아랫사람들이 애써 해온 일들을 평가하고 문제점만 지적하는 상사에게는 강점이 별로 없다. 누구든 당장 그 자리에 앉혀놓으면 문제점들은 웬만큼 볼 수 있기 때문이다.

그러나 진정한 고수는 다르다. 존경받는 상사는 막다른 골목에서 고전 중인 후배들을 몰아세우기 전에 조용히 해법을 내놓을 수 있는 사람이다. 시간이 없고 다른 일들이 많아서 그렇지, 당장 자신이 달라붙으면 그 문제를 해결할 수 있다고 자신할 수 있는 상사, 그러나 자신만 못하다고 아랫사람을 원망하거나 힐난하지 않고 문제를 해결하고 길을 안내해주는 상사라면 얼마나 든든하고 배울 점이 많겠는가. 이런 상사라면 그가 회사를 떠날 때 같이 짐을 싸겠다고 나서는 직원들이 우르르 나올 것이다.

실행력이 중요한 것이 어디 상사뿐이겠는가. 예전에는 문제해결의 권한이 기업의 상위 1% 내에 국한되어 있었다고 할 만큼 기업 환경이 고정적이고 내부 위계질서의 벽이 높았다. 상사의 조종을 받으며 일사 불란하게 움직이는 것이 과거의 기업 문화였다.

그러나 요즘의 기업 전선에는 전방과 후방이 따로 없다. 누구나 각자의 위치에서 자기 일을 알아서 결정하고 추진해야 하니, 전체가 업무 일선에 포진해 있는 셈이다. 당연히 기업은 점점 더 순발력이나 창의성, 적극성을 갖춘 해결사형 인재를 원할 수밖에 없다. 자기 권한과 책임 아래 놓인 문제를 스스로 해결하지 못하고 업무 지시를 기다리며 전전긍긍하는 직원은 아무도 환영하지 않는다.

조직이 원하는 문제해결형 인재, 해결사는 이론가나 평론가가 아니라 실천가다. 학력이나 학점, 외국어 실력만으로는 안 된다. 실무 역량을 갖추고 묵묵히 자신의 길을 갈 수 있는 사람, 주변의 말에 귀 기울이면서도 자신의 생각을 실천할 용기를 지닌 사람이 해결사로 성장한다. 그들은 말이 없다. 남을 탓하지도 않는다. 당장 문제점을 파악한 뒤 뛰어들어 해결책을 제시하기도 바빠서 왜 이런 일이 벌어졌고 누가 잘못했는지를 따질 겨를이 없다. 해결사는 과거에 집착하지 않고 미래에 주목하기 때문이다.

또한 해결사는 긍정적이다. 평론가의 눈에는 잘못된 점, 실패의 가능성만 보이는 데 비해 해결사의 눈에는 잘된 점과 성공의 가능성이 보인다. 모든 문제는 사람이 해결할 수 있다는 낙관론과 내가 스스로 문제를 해결하겠다는 의지, 과거에도 문제를 해결하고 성공으로 이끌었던 경험 등이 그를 새로운 도전으로 이끈다. 복잡하고 어려운 문제 앞에서 의기소침해진 사람들 앞에 그가 나서면 분위기가 확 달라진다. '아, 이젠 됐구나!' 그가 팔을 걷어붙이고 달려들면 반드시 일이 해결된다는 생각 때문에 적극적이고 긍정적인 분위기가 살아나 조직에 생기가 넘친다. 그는 조직의 동기부여 전문가이기도 한 것이다.

동생들이 꾸물거리며 게으름을 부릴 때, 막내가 투정 섞인 짜증을 낼 때, 묵묵히 일하며 문제를 해결하는 맏이가 되어보라. 왜 이 조직에는 이렇게 많은 문제들이 있는지 낙담하고 괴로워하지 말자. 남을 탓하며 결과에 대해 코멘트하느라 에너지를 허비하지도 말자. 계속 움직여라! 실제 일을 만들고 이끌라! 생산적인 일과 문제의 해결에 골몰하며 믿음직한 조직의 해결사로 성장하라!

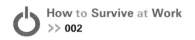

뽑을 땐 학벌이지만
키울 땐 **충성도다**

만약 직장에서 행복하게 일하고 싶다면 자신을 회사에 가치있는 사람으로 만드는 일을 중단
하라. 대신 회사를 굴러가게 만드는 사람들에게 가치있는 사람이 되어라. 어떻게 하면 이를
이룰 수 있을까? 답은 간단하다. 그들이 원하는 것을 얻을 수 있도록 당신이 도와주면 된다.
—로버트 호치하이저

한국은 학벌 사회인가? 적어도 내 경험상으로는 분명 그렇다. 내로라하는 기업들이 블라인드 면접까지 하는 세상인데 엄한 소리 말라고? 모르시는 말씀. 그런 기업들은 어차피 자기 회사에 입사 원서를 넣는 후보자들이라면 일정 수준 이상의 학벌을 갖추고 있다는 것을 잘 알고 있다.

학벌을 보고 뽑으나 안 보고 뽑으나 엇비슷하다는 확신이 있는데 굳이 학벌로 사람 뽑는 구태의연한 기업이라는 소리를 들을 필요가 있겠나. 블라인드 면접 제도를 채택할 수 있는 기업은 알고 보면 대단한 자신감에 차 있는 기업들뿐이다.

채용 기준은 여전히 학벌?!

한국 최고의 직장이라고 불리는 주요 공기업에 취직할 수 있는 사람은 상위 9개 대학 출신들뿐이라는 말은 괜히 떠도는 풍문이 아니다. 공개적으로 학력을 채용 기준으로 내세우지 않는 기업들도 있지만 채용된 사람들의 면면을 보면 결과적으로 학벌이 중요한 선발 기준이었음을 알게 된다. 심지어 모 공기업은 신입사원을 채용할 때 고교 등급제처럼 대학 등급제를 적용하고 있다. 쉽게 말해 대학을 1등부터 꼴등까지 줄 세워놓은 뒤 서울대는 몇 점, 서강대는 몇 점, 충남대는 몇 점 하고 점수를 매기는 것이다. 그 기업은 대학뿐 아니라 과에도 등급제를 적용해서 경영학과는 몇 점, 법학과는 몇 점, 불문학과는 몇 점 이렇게 점수를 부여한다.

결국 서울 주요 대학의 인기학과 출신이 아니면 서류 면접에 합격하는 것부터가 어렵다. 그런데 어떻게 그 기업에는 지방대 출신의 신입사원이 있을까? "비판을 피하기 위해 특별 채용을 하기 때문"이라는 것이 기업 관계자의 힌트다. 그는 "현실적으로 상위 9개 대학 출신이 아니면 입사가 어렵다"고 단언한다.

경력 채용에서도 학벌은 중요하다. 헤드헌팅 회사에서 숱한 기업의 인재 추천 의뢰를 받아보면 그들의 90% 이상은 학벌을 중요한 판단 기준으로 내세우곤 한다. 공개적으로 SKY 또는 5개 대학교^{카이스트, 포항공대 포함} 출신을 요구하는 경우도 허다하다. 직장생활 경력이 점점 더 불어나도, 아무리 다양한 이력을 쌓아도, 새로운 관문을 두드릴 때마다 학벌은 어김없이 주요한 평가 기준이 된다. 한국 사회에서 학벌이란 새로운 관문에 들어설 때마다 꺼내 들어야 하는 통행증이나 마찬가지다. 하다못해 이미 산전수전을 거쳐 자신만의 훌륭한 이력을 쌓아온 나이, 환갑의 CEO 후보자도 인생의 마지막 관문 앞에서 새삼스레 졸업장을 끄집어내야 하는 것이다.

"아니, 아직도 이렇게 학벌 사회의 폐해가 심각하다니"라며 개탄하는 사람도 있겠지만, 사실 이 문제는 생각하기에 따라 지극히 자연스러운 현상일 수도 있다. 외국에서 오랫동안 사업을 해온 친구가 사무실로 찾아온 적이 있다. 한국에 진출하기 위해 조직을 꾸리다가 마음에 드는 인재를 구하기 어려워 나를 찾아온 것이었다. 그는 새 사업의 적임자를 추천해달라며 명문대학 출신이었으면 한다는 조건을 달았다. 그러고는 그동안 할 말이 많았던 듯 학벌에 대한 자신의 생각을 이야기했다.

"왜 한국 사회는 학력이라는 기준을 이상하게 취급하는지 모르겠어. 물론 모든 경우에 학벌이 기준이 되어선 안 되겠지. 실제로 그런 경향이 있으니까 문제일 거고. 하지만 학벌을 아예 도외시한다는 것도 어불성설이야. 아니, 학력만 한 평가 기준이 또 어디 있어? 가장 설득력 있는 평가 기준을 활용한다는 게 왜 문제야? 더구나 우리 사회만큼 학벌 장벽이 없는 나라가 또 얼마나 된다고. 세상에 고졸 대통령을 연달아 배출하는 나라 본 적 있어? 그런 점에서는 학력에서 많이 자유로운 나라 아닌가? 내가 일본에서 직장생활 하고 미국에서 사업을 하면서 보니까 그 나라에선 오히려 한국보다 더 학벌을 중요한 잣대로 쓰던데 뭘."

비단 그 친구의 말이 아니더라도, 실제로 학력은 세계적으로 인재 평가의 주요 기준으로 통용된다. 사회적으로 합의된 지식과 가치를 제대로 습득하고 적절히 구현하도록 하는 것이 바로 교육이고 그러한 교육적 성취도가 적나라하게 반영된 것이 바로 학력 아닌가. 그렇다면 기업에서 학력 또는 학벌을 가장 중요한 기준으로 삼는 것은 아주 당연한 일이다. 게다가 그들은 사회가 지향하는 가치 기준을 성실하게 체화하고 유능하게 만족시킨 이들이라면 조직의 가치 기준에도 그런 태도와 능력을 보여줄 가능성이 매우 높다고 여긴다.

그래서 이런 현실 논리를 알아챈 눈치 빠른 젊은이들은 재수나 편입을 선택하고, 그래도 안 되면 한국의 대학 서열화에서 상대적으로 자유로운 외국 대학을 택하거나 대학원에 진학하려 한다. 사회에 1~2년, 어쩌면 3~4년 늦게 진출하게 되더라도 평생 꼬리표로 달고 다니게 될 학력을 남들보다 빠지지 않게 갖추어놓으려는 것이다.

역시 누구보다 현실을 잘 알고 있는 나로서는 그들을 말릴 명분이 없다. "능력과 노력이 중요하지 학벌이 뭐가 대수냐" 이런 태평한 소리를 함부로 할 수가 없는 것이다. 오히려 나는 "기왕 하려거든 어정쩡하게 하지 말고 제대로 학력을 만들라"라고 권한다. 순수하게 학문에 뜻을 두고 대학원에 가거나 해외 유학을 가는 것이 아니라면 "전공이 아닌 브랜드를 보고 대학을 선택하라"고 강조한다.

반대로 혹시 어중간한 학력을 만들기 위해 직장을 그만두고 엄청난 학비를 투자하려는 경우라면 꼭 말리고 싶다. 스스로 한풀이라도 하듯 학력을 조금 업그레이드하는 것에 의미를 둔 채 '새 출발'을 꿈꾸는 경우라면 기필코 말려야 한다. 그럴 바에는 어금니를 꽉 물고 영어 공부에

매진하든가 언젠가는 빛을 발할 자격증을 따놓는 것이 낫고, 지금 내게 주어진 업무에 온 열정을 바쳐 더 많은 성과를 내는 것이 훨씬 더 생산적이다.

자, 그럼 이미 철없던 학창 시절은 오래전에 끝나버렸고 다시 학벌을 보란 듯이 만들어낼 계기도 없는 이들은 어쩌라는 건가? 좋은 자리, 갖고 싶은 자리는 남들한테 넘기고 적당히 중간쯤에서 살라는 말인가? 아니, 그러라는 법은 없으니 섣불리 체념하지 말자. 비록 채용 과정에서는 학벌을 중시할지언정 일단 관문을 넘어선 이들에게 기업이 요구하는 것은 전혀 새로운 조건이기 때문이다.

승진과 발탁의 조건은 따로 있다

월마트의 창업자인 새무얼 월턴이 데이비드 글라스를 후계자로 낙점했을 때 그의 주변 사람들은 모두 깜짝 놀랐다. 모두들 물망에 올랐던 또 한 명의 후보자인 론 마이어가 되리라 예상했기 때문이었다. 론은 40대 초반의 유능하고 야심찬 인물로 젊은 나이에 이미 '경영의 천재'라고 불릴 만큼 높은 평가를 받고 있다. 반면에 데이비드는 우직하게 조직생활을 잘 해온 것은 분명하지만 그다지 특출한 면은 드러나지 않았다. 그런데 대체 어째서 경영의 천재 대신 평범한 사원이 선택된 것일까?

두 사람은 여러모로 달랐지만 가장 큰 차이점은 회사를 바라보는 관점이었다. 론은 누가 보아도 뛰어난 인재였지만 종종 회사의 창업정신이나 회사가 지향하는 가치를 무시하곤 했다. 그에게는 자기 조직의 가치보다 '기업이란 이런 것', '경영은 이렇게 하는 것'이라는 자신의 아이디어와 추진력이 더 중요했다. 그러나 데이비드는 이 부분에서 론과 정반대였다. 그는 자신의 아이디어나 능력을 발휘하는 것보다 회사의 가치를 지켜나가는 것을 중시했고 중요한 결정의 순간에는 늘 '우리 조직의 가치와 지향'을 잊지 말자고 강조하곤 했다.

자신이 맨손으로 일으킨 사업을 이어받을 후계자를 정해야 할 때 창업자의 고민은 얼마나 깊어지겠는가. 분명 자신의 온 경험과 지혜를 뿌리 끝까지 파고들며 고뇌에 잠기게 된다. 그 결과 새무얼 월턴이 얻은 해답은 '뛰어난 사람'보다 '조직의 가치를 지킬 사람'이었던 것이다.

그리고 훗날 사람들은 그의 선택이 옳았음을 알게 되었다. 데이비드는 최고경영자로 지명된 뒤 은퇴할 때까지 10여 년 동안 회사의 연 매출을 열 배나 신장시키며 '유통의 신'이라는 전설적인 이름을 얻게 되었다.

모든 기업은 개인에게 능력과 성과, 아이디어를 원한다. 또한 성실성이나 순발력, 인내심도 요구한다. 그러나 그 모든 것을 갖추었어도 단한 가지를 결여한 인재는 결코 키우려 들지 않는다. 하지만 그와는 반대로 다른 모든 것을 갖추지 못했더라도 그 한 가지만 확실하게 보여준다면 기꺼이 그를 끌어안아 선두 그룹으로 이끌기도 한다. 그것이 바로 충성심이다.

회사의 발전과 성장이 나의 발전과 성장이라는 확신, 이 회사에서 내커리어의 목표를 달성하겠다는 의지, 이 회사를 통해서 내 삶의 가치를 실현할 수 있다는 전망. 충성심은 이런 뚜렷한 관점을 세운 사람에게서만 볼 수 있다.

"회사는 충성심을 돈으로 살 수는 없다. 충성심은 오직 획득될 수 있을 뿐이다."

피터 드러커는 『경영의 실제』에서 이렇게 말했다. 회사가 사원들의 충성심에 얼마나 목말라하고 있는지, 반면 충성심을 가진 사원은 또 얼마나 찾기 어려운지를 잘 드러내주는 표현이다. 승진이나 보직 배치 같은 중요한 국면에서 임직원을 평가할 때 그의 충성도를 따지지 않는 기업은 세상 어디에도 없다. P&G나 페덱스, 사우스웨스트항공 같은 글로벌 기업에서는 자기 조직이 추구하는 기본적인 인재상을 아예 충성도에 맞추어놓고 있을 정도다.

우리는 심심찮게 '가신 그룹'이니 '비서실 출신'이니 하는 기업인들에 대한 특수한 분류법에 대해 듣게 된다. 오로지 기업과 오너에 대한 충성심만으로 똘똘 뭉친 사람들, 능력이나 성과로 따지자면 그보다 더 나은 이들이 숱한데도 한 발 한 발 행보가 달라지더니 어느 순간 범접할 수 없는 위치에 가 있는 사람들. 대기업 임원의 10%는 바로 이런 충성파로만 구성되고 있다는 사실을 아는가? 오너의 죗값을 뒤집어쓰고 감옥행까지도 불사하는 삼성맨들을 보라. 그 일 잘하고 치열하기로 소문난 한국 일류 기업에서 벌어지는 실제 상황이다.

알고 보면 삼성 임원의 절반 이상은 비서실 출신이다. 한국의 한 대형 신문사에서는 비서실을 반드시 거쳐야만 편집국장이나 사장이 될 수 있다. 이런 조직의 비서실에서 하는 일은 바로 오너의 정신과 경영 마인드, 조직의 가치관을 체화하는 일이다. 왜 그래야 하는가? 기업은 '누가 조직의 가치를 지킬 것인가' 하는 근본적인 숙제를 안고 살아가는 존재이기 때문이다. 이 숙제를 풀지 못하면 조직은 기본 생존을 위협받을 수밖에 없다. 아무리 능력 있는 직원들이 많아서 영업 이익이 커진다 한들 조직의 기본 정신과 가치를 지키지 못하면 그 기업은 언제 무너질지 모르는 모래성이 되고 만다.

충성파를 키워내는 데 일가견이 있는 삼성조차 여전히 골머리를 앓고 있는 문제가 바로 전 직원의 충성도를 어떻게 높일 것인가 하는 것이다. 삼성은 누구나 가고 싶어하는 기업이지만, 동시에 누구나 떠나고 싶어하는 기업이기도 하다. 그들이 지향하는 치열한 경쟁과 성과주의, 일등-일류주의에 지치기 때문이다. 그들이 제공하는 양질의 연수 교육과 철저한 업무 교육을 거쳐 썩 훌륭한 인재로 성장한 3년차, 4년차들의 이직률은 상상 이상이다.

이렇게 회사를 일종의 훈련소 또는 징검다리로 바라보는 시각을 없애기 위해 삼성은 장기근속률을 높이는 데 안간힘을 쓰고 있다. 게다가 삼성에게는 '김용철 변호사 사건'이라는 불에 덴 자리가 아직도 화끈거리고 있다. 물론 이 사건에는 기본적으로 기업의 도덕성 문제가 연루되어 있다. 그러나 기업에서 요구하는 충성도는 선악과 시시비비를 가려 그때그때 달라지지는 않는다.

실제로 그 사건 이후 삼성을 비롯한 많은 기업에서 인사의 외부 영입을 꺼리고 최대한 내부에서 믿을 수 있는 사람을 중용하는 쪽으로 방침이 달라졌다.

기업이 충성파를 키울 수밖에 없는 이유

이상하게 들릴지 모르겠지만, 인재 추천을 의뢰하면서 특별히 '의리'를 거론하는 이들이 있다.

"다른 건 다 알아서 해주시되, 대신 의리 있는 사람이어야 됩니다. 무슨 얘긴지 아시죠?"

한 번쯤 뼈아픈 배신의 경험을 한 기업의 사장이나 인사 책임자의 입에서 나오는 이야기다. 쉬운 주문이 아님에도 까다롭게 이력서를 추려 보내주면 그들은 그 이력서를 그대로 받는 것이 아니라 다음 단계로 넘어간다. 흔히 '평판 조회'라고 부르는 과정이 바로 그것이다. 그들이 알고 싶어하는 평판에는 여러 가지가 있지만 핵심은 두말할 것도 없이 조직을 '배신한 적이 있나', '배신할 가능성이 있나' 하는 점이다.

나와 친분이 있는 한 경영자가 금융감독위원회의 고위 간부 출신 인사를 좋은 조건으로 영입한 적이 있었다. 그런데 그가 얼마 뒤 회사 내부 사정을 바깥에 공개하는 바람에 회사가 심각한 경영 위기에 빠지게 되었다. 가까스로 위기에서 빠져나온 그는 한숨을 토하며 말했다.

"이제 유능한 사람이고 똑똑한 사람이고 다 필요 없어요. 내 등에 칼 꽂지 않을 사람이 필요해요."

능력 있고 야심찬 직원, 그런데 충성심이 전혀 없는 직원은 회사 입장에서 볼 때 마치 시한폭탄과 같은 존재다. 두산중공업과 STX중공업 사이에서 벌어진 기술 유출 분쟁은 기업이 왜 개인에게 한없는 충성도를 원할 수밖에 없는지를 잘 보여주는 사례다. 2008년 5월 STX중공업 산업

플랜트 부문 구 모 사장 등이 실형을 선고받았다. 재판부는 두산중공업에서 부사장을 지낸 그가 두산이 30여 년간 담수사업에 투자해 이룬 자체 기술을 빼돌렸다며 영업비밀 유출 혐의를 인정했다. 그러나 재판부의 판결이 나오기까지 STX중공업과 해당 사장 쪽에서는 혐의를 전혀 인정하지 않았다. 그가 회사에 제공한 자료는 비밀리에 불순한 의도로 입수한 것이 아니라 수십 년 동안 한국중공업과 두산중공업에서 일하며 자연스럽게 쌓인 업무 노하우일 뿐이며, 정당한 직급 및 연봉을 받고 STX중공업에 입사했으므로 의도적인 영업비밀 유출은 전혀 없었다는 것이다. 재판부의 판결로 양쪽의 분쟁은 일단 매듭지어졌지만 이 사건이 업계에 남긴 어마어마한 피해와 상처는 쉽게 가라앉지 않았다.

그뿐인가. 최근 포스코, 현대, 기아자동차에서도 나란히 핵심 기술을 중국으로 유출당한 일이 있었다. 모두 연구원이나 임원 등 기업의 요직에 있던 인재들이 이직을 하면서 생겨난 일이다. 그 때문에 특히 이직을 하는 핵심 기술 연구원을 기술 유출 가능성이 있는 잠재적 범죄자로 바라보는 시선이 생겨났을 정도다. 나라의 산업 기반을 받치고 있는 대기업들이 이런 지경이니 크고 작은 벤처기업들에서야 더 말할 것도 없다. 2008년 9월, MP3 플레이어 제조업체인 레인콤의 경우 공동 설립자인 부사장이 회사 기술을 이용해 경쟁업체를 차렸다가 구속된 일도 있었다. 이렇게 되면 연구자도 못 믿고 임원에, 사장, 심지어 설립자까지 못 믿는 어처구니없는 상황이 아닌가.

이제 사람을 평가할 때 덮어놓고 '의리'부터 따지는 기업이 존재하는 이유가 저절로 이해될 것이다. 경력 채용의 경우 면접 과정의 대부분은 그의 이직 사유를 알아보고 로열티를 판명해내는 작업이다. 신입 채용에서도 인·적성검사와 면접관의 질문에 대한 답변 방식을 통해 그가 회사를 대하는 태도를 판별하고 충성도가 얼마나 될 것인지를 예측하는 과정이 빠지지 않는다.

그렇다면 충성도가 높은 직원은 어떤 특성을 보일까? 그들은 비록 당장의 실적을 보여주지는 못한다 할지라도 조직을 위해 묵묵히 일한다. 조직에서 어려움을 겪거나 더 나은 조건을 제시하는 기회가 찾아와도 쉽게 조직을 떠나지 않는다. 그리고 결정적으로 위기가 닥치면 기꺼이 자신을 헌신하며 조직을 지켜내고자 한다. 그러니 공개적으로 드러내든, 이면에 감추고 있든, 모든 기업은 충성도를 인재 발탁과 승진의 기준으로 삼을 수밖에 없다.

특히 재무, 회계, 경리 등 자금 관리 부서와 기획·전략 부서, 비서실 등은 다른 무엇보다 신뢰가 중요하기 때문에 충성심이 없는 직원은 아예 발령을 내지 않으려 한다. 승진의 발판이 될 수 있는 조직의 핵심에 가까울수록 요구되는 충성심의 강도는 세지는 것이다.

회사에 뼈를 묻을 사람임을 보여줘라

당신이 잠시 회사에서 월급을 받다가 곧 다른 길을 찾을 사람이 아니라면 회사에 뼈를 묻을 사람이라는 것을 보여줘라. 아니, 먼저 뼈를 묻고 시작하라. 정상을 바라보는 긴 안목을 지닌 사람은 업무량이 많고 적고, 또 그에 비해 보수가 많고 적고를 따지지 않는다. 더군다나 눈앞의 이익에 현혹되어 저 앞에 기다리는 더욱 근사한 기회를 놓치는 바보짓은 절대로 하지 않는다. 일과 직장 앞에서 지나치게 계산적으로 대차대조표를 작성하곤 하는 풍조를 따라가다 보면 정작 자신이 꿈꾸던 모습에서 점점 더 멀어지는 스스로를 발견하게 될 것이다.

자신이 충분히 유능한데도 능력에 맞는 보직을 받지 못하고 주변부로만 돌거나 승진이 늦다고 생각된다면 특히나 자신이 임원들에게 어떤 모습으로 비쳐지고 있을지를 판단해봐야 한다. 충성심이라는 것이 눈에 보이는 것도 아닌데 임원들이 어떻게 알랴 하겠지만, 신기하게도 그들의 눈에는 직원들의 충성심이 보인다. 저 사람이 회사를 자기 자신의 일부로 여기고 그 가치에 동조하고 있는지 적당히 일하면서 보수를 받는 직장으로 여기며 늘 불만에 차 있는지 윗사람은 귀신같이 안다.

당장은 어느 쪽이나 업무를 수행하고 성과를 내는 데 큰 차이가 없기 때문에 지켜볼 뿐이지만 머지않아 회사에 꼭 필요한 사람을 가려야 할 순간에 그들은 냉정하게 등을 돌려버린다.

만약 회사의 정신과 가치에 동의할 수 없다면 한시라도 빨리 다른 곳을 찾아봐야 한다. 존중할 만한 최소한의 합리성도 보이지 않는 회사라고 판단될 때, 회사의 지향이 내 철학과 가치관과 정면으로 배치된다고 생각될 때는 누구도 진심으로 충정을 발휘할 수 없다. 실제로 황당하거나 무모한 기업들은 그리 오래가지도 못한다. 그런 경우가 아니라면 떠날 마음은 없지만 '올인' 할 마음도 없이 직장생활을 이어갈 생각일랑 이제 그만 집어던지자. 최선을 다해도 모자랄 인생인데 어정쩡하게 서 있을 이유가 없다. 한눈 팔 시간도 없다.

미국의 석유 판매원인 존 아치볼드는 거의 눈에 띄지 않는 직원이었지만 한 가지만은 남달랐다. 그는 서명을 할 기회만 생기면 꼭 '1갤런에 4달러 스탠더드 오일'이라고 썼다. 거래처 사람을 만날 때나 외출할 때, 쇼핑할 때, 심지어는 옛 친구에게 편지를 쓸 때조차 그렇게 했다. 어찌 보면 낯간지러운 그의 행동에 동료들은 그를 "1갤런에 4달러"라고 부르며 놀렸지만 그는 전혀 개의치 않았다.

그에게 주어진 보상은 무엇이었을까. 세계 최대 석유 회사인 미국 스탠더드의 2대 이사장 자리였다. 록펠러는 그의 애사심과 충성도야말로 자신의 회사에서 가장 중요한 요소임을 알았던 것이다.

다시 말하지만, 마음만 고쳐먹으면 된다. 뼈를 묻고 다시 시작하라. 불만 가득하고 피곤하기 짝이 없던 직장생활이 달라질 것이다. 장담하건대 곧 주변에서 그동안 몰라보던 당신의 유능함과 가능성을 알아봐줄 것이다. 그리고 새로운 기회들이 줄줄이 당신을 기다릴 것이다.

익숙한 일만 하면
낙오자가 되는 건 시간문제다

사람은 마음속에 정열이 불타고 있을 때가 가장 행복하다. 정열이 식으면, 그 사람은 급속도로 퇴보하고 무력하게 변한다.
　　　　　　　　　　　　　　　　　　　　　　　　　　　　　　　　　　　　　−라로슈푸코

　　　　　　　　　　　　　　같은 회사에서 일을 해도 그 대가로 받는 임금은 제각각이다. 똑같이 하루 8시간 일해도 누구는 더 받고 누구는 덜 받는다. 심지어 하루에 10시간을 일하는 사람보다 하루에 6시간만 일하는 사람이 훨씬 더 많이 받는 경우도 있다. 근무 연차나 경력에 따라, 직무와 직급에 따라 연봉은 판이하게 달라진다. 갓 사회생활을 시작한 수습사원과 업계에서 뼈가 굵은 부장 사이의 연봉 차이는 당연한 것처럼 받아들인다.

　그렇지만 비슷한 나이, 비슷한 입사 시기의 두 직원 사이에 연봉 차이가 벌어지면 은근히 불만을 품게 되기도 한다. '뭐야 이거? 일은 내가 더 많이 하는데 왜 저 사람이 나보다 더 많이 받아?' 그러나 이 사람은 하나만 알고 둘은 모르는 사람이다.

숙련도와 전문성은 다르다

,

같은 시간을 일해도 그에 대한 평가가 달라지는 것은 업무의 근본적인 차이 때문이다. 직무평가^{job evaluation}라는 것이 있다. 직무 분석을 통해 작성된 직무명세서에 의해 기업 내 각종 직무의 숙련성, 노력, 책임의 정도, 그리고 직무 수행의 난이도 등을 비교하고 평가함으로써 각 직무 사이의 상대적 가치를 결정하는 일이다. 직무평가는 직제를 정하거나 직급에 있어 임금의 비율을 정할 때 가장 기본적인 평가 자료로 활용된다.

기업에서 중요하게 따지는 것은 업무의 양이 아니다. 얼마나 부가가치가 높은 일을 하는가, 얼마나 난이도가 높은 일을 얼마나 효율적으로 수행하는가 하는 업무의 질이다. 누구를 데려다놓아도 금방 배워서 할 수 있는 일, 누가 하든 한 시간이 걸리는 일은 업무의 질이 떨어지는 일이다.

반면에 난이도가 높아서 쉽게 배울 수 없는 일, 누가 하느냐에 따라서 30분이 걸리기도 하고 열 시간이 걸리기도 하는 일은 업무의 질이 높은 일이다. 이런 일을 하는 사람을 우리는 전문가라고 부른다.

한 사람이 어떤 분야에서 오래 근무했다고 할 때 그가 해온 일이 난이도가 높고 부가가치가 많은 일이라면 그는 전문가다. 그러나 그가 단순 업무에만 종사해왔다면 아무도 그를 전문가라고 부르지 않는다. 다시 말하면, 전문성이란 전적으로 일의 양이 아닌 질의 문제다.

육체노동자에게는 일의 능률만을 따지는 것이 보통이다. 올바른 목표를 설정하고 효율적으로 달성하는 능력이 아니라 주어진 일을 제대로 해낼 수 있는 능력만을 보는 것이다. 예를 들어 한 켤레의 구두를 생산한다는 목표는 누구에게나 똑같이 구체적으로 주어지고, 그 결과 역시 산출물의 양과 질을 기준으로 언제든지 평가할 수 있다. 그러나 지식노동자의 업무는 이와 성격이 완전히 다르다.

피터 드러커는 지식노동자에게 중요한 것은 능률이 아니라 목표 달성 능력이라고 했다. 스스로 목표를 정하고 이를 달성하는 방안을 찾는 것이 지식노동자의 일이라는 것이다. 피터 드러커는 지식노동자가 머릿속으로 무슨 생각을 하는지는 겉으로 드러나지 않지만, 생각하는 것이야말로 그들의 고유 업무라고 강조한다. 지식노동자에게 동기를 부여하는 것은 숙련도나 생산량이 아니라 목표를 달성하기 위한 실행 능력이다. 목표 달성 능력이 있는 지식노동자들은 자신의 시간이 어떻게 사용되는지를 알고 철저하게 시간관리를 하며, 무턱대고 일을 분배하는 것이 아니라 자신과 동료, 상사, 부하 직원의 강점을 바탕으로 성과를 낸다. 그들은 마냥 열심히 일하는 것이 목표 달성 능력으로 연결되지 않는다는 점을 잘 알기에 의사결정 체계를 통해 효율적인 목표 관리에 힘쓴다.

이것이야말로 오늘의 기업이 원하는 전문성이다. 현대사회가 요구하는 생산성이란 남보다 더 많이, 부지런히 일해서 생산량을 증대시키는 종류의 것이 아니다. 업무의 양이 아닌 질, 투여된 시간이 아닌 효율성이 관건이다. 달리 지식정보의 시대가 아니다. 기술과 숙련도가 중요했던 시대는 오래전에 지나갔다.

오늘날의 비즈니스맨들에게 필요한 능력은 무엇인가? 바로 최단 시간에 남보다 창의적인 생각을 이끌어내는 능력이다. 소비자들에게 이런 생각의 과정과 결과를 알리고 가장 잘 설득할 수 있는 능력이다. 그러기 위해서는 자기만의 분야가 필요하다. 다른 어떤 사람보다 내가 잘할 수 있는 일이어야 한다. 다른 사람들은 쉽게 도전해올 수 없는 나만의 강점을 만들어야 한다. 그냥 일을 열심히 하는 사람은 이제 별 매력이 없다. 숙련도는 누구나 갖출 수 있다. 중요한 것은 '어떤' 일인가, '어떻게' 열심히 하는가이다. 전문성은 바로 여기에서 나온다.

오래 근무한다고 전문성이 생기는 것은 아니다

많은 사람들이 전문성 또는 전문가라는 말에서 '오랫동안 한 우물만 판 사람' 이라는 이미지를 떠올린다. 그래서 전문성을 고민하는 사람들은 대체로 이직과 전직을 자제하려고 노력한다. 그러나 과연 한곳에 오래 머무는 것만이 능사일까? 한 분야에만 매달리는 것이 자신의 전문성을 담보해줄까? 오래 있어야 한다면 얼마나 오래인가? 이직은 정말 전문성을 훼손시키는 일인가?

결론부터 말하면 '한 우물' 도 우물 나름이다. 아무도 물을 마시러 찾아올 일 없는 우물, 들입다 파도 물이 콸콸 나오지 않는 우물이라면 평생을 두고 판들 무슨 소용일까. 숙련도와 전문성은 다르다고 했다. 오래 일하면 누구나 그 일에 익숙해진다. 하지만 전문성을 얻기 위해서는 그것만으로는 부족하다. 의미 있는 지식과 경험이 쌓이고 네트워크가 확장되어야 한다. 그래야 생산성이 높아지고 부가가치가 커진다. 대개 한 분야에 오래 있어야 한다고들 말하는 것은 직무 습득에 필요한 기본 시간 때문이다. 하지만 직무를 장악하기 위해 필요한 시간은 직무마다 천차만별이다.

단순노동의 경우, 사실 기간은 큰 문제가 되지 않는다. 청소부나 상가 캐셔의 경우 무조건 오래 일했다고 해서 전문성이 인정되는 것은 아니다. 단 며칠, 또는 길어야 몇 달이면 직무에 필요한 기술과 일정 수준의 숙련도를 누구나 갖출 수 있기 때문이다. 10년 동안 청소부로 일했다고 해서 '청소 전문가'라고 부르는 경우는 없다. 그러니 짧게 일한 사람이나 오래 근무한 사람이나 임금 차이가 크지 않다.

그러나 전문성이 요구되는 직무일수록 난이도가 높기 때문에 짧게 일해서는 직무 수행 능력을 기르기 어렵다. 초보자와 경력자의 임금 차이도 매우 크다. 컨설턴트나 회계사 등은 경력이 올라갈수록 연봉이 큰 폭으로 뛰어오르게 된다. 같은 업무를 반복적으로 하면서 일한 기간만 더한 것이 아니라 직무 수행 능력이 질적으로 점점 더 올라가고 있다는 것, 즉 전문성이 더 커지고 있다는 것을 인정받기 때문이다.

전문성은 경험의 기간보다는 경험의 질에 더 좌우된다. 얼마나 오래 했는가보다는 얼마나 깊이, 강도 있게 일했는가가 관건이다. 컨설턴트들의 전문성을 평가할 때 얼마나 오래 일했는가만 보는 것이 아니라 어디에서 어떤 프로젝트를 맡았는가를 중요하게 따지는 이유도 이 때문이다. 세계적인 컨설팅 회사에서 국제 규모의 프로젝트들을 진행해본 사람과 국내 회사에서 작은 규모의 프로젝트만을 맡아온 사람은 똑같은 전문가가 아니다.

무형문화재의 반열에 오른 장인을 생각해보라. 수십 년 이상 한 가지 일에만 몰두해 큰 경지를 이룬 사람들이 바로 그들이다. 같은 분야에서 웬만큼 경력과 능력을 인정받으려면 수십 년은 아니더라도 상당히 오랜 기간 동안 장인과 도제 관계 속에서 일을 배워나가야만 한다. 만화 「머털도사」를 보면 도를 닦기 위해 입산해서는 끝없이 물 긷고 밥하고 청소만 하다 지쳐 나가떨어지는 수도승들이 등장한다. 그들이 꿈꾸는 대로 '득도'를 하려면 20년이 걸릴지, 30년이 걸릴지 알 수 없다.

전문성이 요구되는 직업에서도 마찬가지다. 내과의사가 있다. 한 명의 의대생이 직무 수행에 필요한 경험을 쌓으려면 족히 5년은 걸린다는 것이 일반적인 생각이다. 인턴과 레지던트, 전문의 제도 등은 그로부터 비롯된 결과다. 하지만 사람에 따라 정말 의사로서 충분한 경험과 지식을 쌓기 위해서는 10년이 걸릴 수도 있고, 20년이 걸릴 수도 있다. 최소한 5년 이상의 교육과 훈련, 그 다음은 개인의 능력과 노력에 따라 얼마간의 기간이 더 투자된 다음에야 비로소 전문성이 획득되는 것이다.

이렇게 직무에 따라, 그리고 같은 직무 안에서도 사람에 따라 전문성을 확보하는 데 필요한 기간은 다르다. 그러니 직무에 상관없이 무조건 오래 일한다고 해서 전문성이 쌓이고 점점 더 커진다고 생각해선 곤란하다. 물론 오래 일할수록 전문성이 강화되는 직무도 있다. 하지만 일정한 수준에 오른 다음엔 전문성이 커지는 데 한계가 있는 직무에서 그 이상 일하는 것은 어찌 보면 시간 낭비다.

헤드헌터들이 이직 제의를 하면 "아직 옮길 때가 안 됐다"거나 "전문성 문제가 걸려서 좀 더 있어야겠다"는 반응을 보이는 사람들이 있다. 전문성이 중요하다는 인식이 형성돼 있다는 점에서 반가운 소리이기도 하지만, 어떤 경우는 '저기 더 있다간 저 사람이 퇴보할 텐데', 또는 '이미 배울 것 다 배웠을 텐데 뭐하러 남겠다는 거지'라는 생각이 들 때가 있다. 전문성은 기간과 비례한다는 잘못된 공식을 만들어놓고 스스로의 가치를 축소하거나 가치 발전을 제한하고 있는 것이다.

만약 능력과 노력으로 남들보다 짧은 시간에 충분한 전문성을 확보했다면 망설일 것 없이 자리를 털고 일어나야 한다. 자신의 전문성을 더 키울 수 있는 곳으로 가야 한다. 일을 배우느라 헉헉대며 달려오는 동안에는 느끼지 못하던 여유가 생길 때, 뭔가 익숙해지고 편안해짐을 느낄 때 한번 잘 생각해봐야 한다. '이제 이 일을 충분히 배운 것은 아닐까?' '다음 단계의 일에 도전해야 할 때가 되었나?'

빨리빨리 옮기는 것만이 능사라는 말은 아니다. 일단 진득하게 오래 일하는 것은 기본이다. 당연한 말이지만 전문성을 획득하기 위해서는 어느 정도의 숙련성이 전제되어야만 한다. 아무리 위대한 피아니스트라도 악보를 보고 집요하게 연습하지 않았다면, 밤잠을 아껴가며 혹독한 손가락 훈련을 거치지 않았다면 자신의 천재성을 발휘할 수 없는 법이다. 피아노를 배우기 시작한 아이들은 대부분 바이엘을 떼는 데까지는 비슷하게 도달한다. 그러나 체르니 30을 넘어가면 중도 탈락자들이 속속 생겨나고 체르니 40이 넘어가면 몇 명 남아 있지 않게 된다.

이 단계에 이르기 위해 필요한 것은 타고난 음악성도, 피아니스트의 재능도 아니다. 다만 끊임없는 연습과 훈련만 필요할 뿐이다. 그 연습과 훈련이 어려워서 고비를 넘지 못하는 아이들이 대부분이다. 어른들도 마찬가지다. 직업에서도, 직무에서도 마찬가지다. 남보다 더 많은 노력, 고된 훈련은 필수적이다. 때로는 단순 작업에만 매달리는 기간이 필요할지도 모른다. 피터 드러커의 주장처럼 목표 달성 능력도 사실은 하나의 습관이며 습관적인 능력의 집합이다. 실행 능력도 믿기지 않을 정도로 단순해서 몸에 밸 때까지 반복적으로 훈련해야 한다. 더구나 그 능력을 유지하려면 피나는 반복 훈련을 필요로 한다. 결국 실행 능력은 선천적인 것이 아니라 연습과 훈련을 통해 습득하는 것이다.

그럼에도 전문성은 숙련성과 다르다. 숙련성을 넘어서야만 전문성을 얻을 수 있다. 거기서 멈추지 말고 더 앞으로 나가야 한다.

사원으로 남지 말고 전문가로 성장하라

직장을 떠난 뒤 가장 생존력이 떨어지는 직업이 뭘까. 대표적으로 공무원과 은행원을 들 수 있다. 공무원들은 잦은 보직 변경으로 업무에 대한 전문성을 쌓기 어려울뿐더러 조직의 특성상 개인의 목표 관리와 목표 달성 능력을 극대화하기가 쉽지 않다. 은행원은 어떤가? 전통적으로 은행원의 업무 대부분은 창구에 앉아 손님의 요청을 들어주는 단순 업무였다. 게다가 순환보직까지 한다. 그러니 몇 십 년을 근무해도 퇴사 후에는 어떤 전문성을 내세워야 할지 막막하다.

이런 문제 때문에 최근에는 입사 때부터 아예 고객 담당, 여신 담당, 국제 업무 담당 등 분야별로 채용하고 전문 직군제를 도입하는 등 은행권에도 변화의 바람이 불기 시작했다.

헤드헌터들이 기업에 추천할 후보자들의 이력서를 검토하며 제일 답답하게 여기는 점도 바로 이런 문제다. 나름대로 이름 있는 회사에서 직장생활을 10년, 20년 했다는 사람들의 이력서인데도 전혀 자기 전문성을 찾아볼 수가 없는 경우가 많다. 경력이 형편없이 흩어져 있어 수습이 어려운 지경에 이른 사람들도 종종 보게 된다. 제대로 된 헤드헌터라면 이런 이력서를 유망한 기업에 보낼 일은 결코 없다. 혹 추천한다손 치더라도 채용될 가능성이 없다.

딱히 이직이나 전직을 염두에 두지 않고 조직 내의 성장만을 생각해도 전문성은 커리어 관리에서 반드시 확보해야 할 부분이다. 어느 조직이든 전문성을 갖춘 직원은 그렇지 않은 직원보다 빨리 성장한다. 좋은 대접을 받고 오래 살아남는다.

그러면 전문성은 어떻게 해야 확보할 수 있을까? 기본은 일관성을 갖추는 데 있다. 일관성은 한 사람의 직장과 직업에 관한 목표를 보여주는 지표일 뿐 아니라 직장생활을 통해 그가 얻는 지식과 경험이 전문성으로 이어지고 있는지를 가늠할 수 있는 척도이다. 경력 관리에 있어

가장 중요하고도 어려운 부분이 바로 이 일관성을 지키는 문제다. 이런 저런 이유로 직장을 옮겨 다니다 보면, 또 한 직장 내에서라도 회사의 인사 발령에 따라 생각 없이 직무를 갈아타다 보면 일관성은 전혀 유지 될 수 없다.

일관성을 지키려면 어떻게 해야 하나? 한 직무의 수행 능력이 충분히 길러지기 전에는 일을 바꾸면 안 된다. 기본적으로 이직이 잦은 사람은 전문가는커녕 경력자로도 인정받지 못하는 경우가 많다. 한 분야에서 습득해야 할 지식과 경험, 네트워크를 충분히 갖추지 못한 것으로 평가되기 때문이다.

그러나 같은 일만 계속 오래 한다고 전문성이 절로 생기는 것은 아니라고 했다. 컨설팅은 그야말로 전문성의 직업이다. 그 안에서도 특히 전문성을 높이 평가받는 이들이 있는데, 예컨대 글로벌 컨설팅 회사에서 일하고 있거나 그곳 출신의 컨설턴트들이다. 어떻게 다르기에? 맥킨지 같은 세계적 컨설팅 회사들은 사내 컨설턴트들에게 여러 산업 및 기능 분야를 총망라해서 폭넓은 지식을 습득하게 한다. 일반적인 회사에서 직원들이 한 가지 특정 분야에만 집중하는 것과 달리, 글로벌 컨설팅 회사에서는 대폭 투자를 통해 구성원들에게 보다 많은 분야와 지식과 경험을 전문성의 기반으로 제공한다.

전문성을 키우려면 일관성을 유지하되 폭넓게 다양한 경험을 쌓는 노력이 필수적이다. 기업이 경영 능력을 갖춘 핵심 인재를 양성할 때 주요 보직에 배치하고 강도 높은 교육을 시키는 이유를 생각해보라. 그런 인재들의 경력기술서를 보면 2~3년마다 한 번씩 직무가 바뀐 것을 알 수 있다. 한 분야에서 일관되게 근무하되 꼭 같은 조건에서 같은 업무를 계속한 것은 아니다. 외부 환경이나 조직 구성, 근무지, 핵심 과제 등이 조금씩 다른 유관 업무로 옮겨가며 경험과 지식의 질을 달리해왔다. 이들은 과거의 경험을 토대로 하여 새로운 분야로 직무 영역을 확대해나감으로써 전문성의 폭과 깊이를 발전시킨다.

전체를 조망하고 문제를 찾아내고 해법을 제시할 수 있는 능력, 이런 능력은 폭넓은 경험이 전제되지 않고서는 결코 얻을 수 없다. 숙련도와 전문성을 비교해보자. 숙련도는 반복적인 상황에서 얼마나 빨리, 정확하게 대응하는가, 그리고 생산성을 높이는가의 문제이다.

반면 전문성은 기본적으로 복합적이고 돌발적인 상황을 전제하고 있다. 이런 상황, 저런 상황, 특수한 상황, 예측하기 어려운 돌발 상황 속에서 얼마나 민첩하게 적절한 해법을 찾아내고 실천에 옮길 수 있는 가. 이것이 바로 전문성의 척도이다. 이것은 모든 임원이나 CEO가 공통적으로 검증받아야 하는 척도이기도 하다. 이런 능력을 얻기 위해서는 다양한 경험이 필수적이다. 한 가지 직무에만 제한되지 말고 최대한 유관 분야의 경험들을 쌓아나가야 한다.

전문성과 관련해서 간과하지 말아야 할 점이 또 하나 있다. 가능하면 조직 문화와 조화를 이뤄야 한다는 것이다. 직장생활을 하다 보면 본인의 희망과는 상관없이 직무가 결정되는 일이 부지기수로 일어난다. 나는 이쪽 분야의 전문가로 성장하고 싶은데 회사는 조직적 필요에 따라서 다른 분야로 발령을 내는 것이다. 이때 너무 무리수를 두어선 안 된다. 한 번이야 쫓아가서 읍소하고 떼를 써서 자신의 요구를 관철시킬 수 있지만, 두 번이 되고 세 번이 되면 결국 조직으로부터 따가운 눈총을 받게 되고 '이기적'이라는 평판을 남기게 된다.

회사를 옮기면 되는 것 아니냐고? 물론 그렇기야 하지만 매번 이직으로 문제를 풀 수는 없다. 기본적으로 모든 회사는 이직자를 좋아하지 않기 때문에 그 역시 거듭되다 보면 얼마 안 가 더 이상 옮길 회사가 없는 사태에 직면할 수도 있다. 요컨대 전문성을 확보하겠다는 마음이 급해 조직의 눈 밖에 날 정도로 유난을 떨 필요는 없다는 말이다. 멀리 보고 한 박자 쉬면서 살짝 돌아가면 된다.

전문성을 자신만의 브랜드로 연결시켜라

자, 스스로 모자람이 없을 만큼 전문성을 쌓아가고 있다고 생각되는 사람이라면 경력 관리의 수준을 한층 높일 방안을 모색해볼 차례다. 어떻게 가능할까? 바로 브랜드를 통해 이룰 수 있다. 자기 분야에서 일관성 있게 쌓아온 전문성을 멋지게 포장해 설득력 있는 브랜드로 연결시켜라. 날로 엄혹해져가는 이 직장 사회에서 명실 공히 최고의 경쟁력을 꿈꿀 수 있을 것이다. 여기 이미 그 길을 가고 있는 사람들이 있다.

유용미 씨는 자신의 저서 『서른 살에 다시 쓰는 성공다이어리』에서 다음과 같이 자신만의 브랜드를 가져야 한다고 강조한다.

"다국적 생활용품 기업의 한국 지사에 근무하는 40대의 한 상무는 '상무'라는 직함보다 '외국계 생활용품 상품기획 전문가'라는 자기 브랜드를 훨씬 더 많이 사용한다. 다국적 기업에서만 15년 동안 근무해 온 그는 다국적 기업의 유통과 소비재 분야에 대한 생리를 그 누구보다 잘 알고 있다고 자부한다. 지금껏 그가 거쳐온 기업은 세 군데. 그는 대략 5~6년에 한 번씩 회사를 옮겼다. 첫 직장에 다닐 때부터 자신의 전문성에 대한 고민을 시작했고 이후에도 전문 경력을 절대 희석시키지 않겠다는 확고한 의지에 따라 움직였다. 이처럼 15년 이상 한 분야를 고수해온 사람이라면 시장의 흐름을 꿰뚫어보는 노하우와 해당 업계의 주요 네트워크를 충분히 갖추었다고 인정받기 때문에 어느 기업에서나 그 가치를 인정하고 '고수'로 받들어 모실 수밖에 없다.

칼럼니스트로도 잘 알려진 구본형 씨가 스스로를 '변화경영 전문가'로 포지셔닝한 사례나, 국제기업전략연구소 윤은기 소장이 자신을 '창업 전문가'로 자리매김한 사례 역시 전문성을 브랜드로 잘 연결시킨 경우다. 메타브랜딩의 박항기 사장은 마케팅 영역에서 전문성을 쌓으며 브랜드의 역할이 얼마나 중요한가에 주목해 '브랜드 네이밍' 사업을 개척했다. 그는 이 분야에서 독보적인 위치에 올라 통합적인 네이밍 컨설턴트로서 활약하고 있다. 이들은 자기 전문 분야에서도 특히나 '틈새시장'을 찾아내 집중적으로 공략했다. 그 결과 이들은 경쟁자들과는 비교되지 않을 만큼 훌쩍 앞서 나갈 수 있었다."

전문성을 브랜드화하고 싶다면 단순히 어느 분야에서 오래 일했다는 점만을 강조해서는 안 된다. 자신이 구체적으로 어떤 전문가인지를 발견해내고 자신 있게 내세울 수 있어야 한다. '국내 정보통신 기업에서 인사 업무를 완전히 통달한 성과급제 전문가'라든가 '유럽 패션업계의 마케팅 전문가', '전자업계의 중국 시장통'과 같이 오랜 기간을 투자해 얻은 자신의 노하우가 해당 분야에서는 최고라는 이미지를 갖추어야 한다.

대기업이나 공기업, 은행 등에서 일한 사람들이 조직을 떠났을 때 가장 큰 문제는 명확한 자기 분야가 없다는 점이다. 전문성에 관심을 두지 않고 조직이 시키는 일만 해왔기 때문에 조직을 떠나면 생존 능력이 떨어지는 것이다. 이 부서, 저 부서 계통 없이 움직이다 계획 없이 직장을 옮겨 다닌 사람들이라면 그야말로 답이 없다.

조직의 울타리를 떠나면 개인이란 약하디약한 존재가 된다. 누구나 마찬가지다. 그러니 어떻게 해야 할 것인가? 힘을 기를 수 있을 때 자신의 힘을 키워야 한다. 온실 속 화초처럼 회사라는 울타리 안에서 만족하지 말고 지금 몸담고 있는 조직의 브랜드가 걷혔을 때 나의 경쟁력이 어느 정도일지, 시장에서 과연 가치를 인정받을 수 있을지를 냉정하게 따져봐야 한다. 정말 자신 있는가?

갈수록 고도근시 환자들이 늘고 있다. 그런데 이 근시의 원인 중 하나가 시력을 주로 한곳에 고정하기 때문이라는 이야기가 있다. 눈이 제 기능을 훌륭히 다하기 위해서는 멀리 있는 것도 보고, 오른쪽 왼쪽에 있는 것도 보고, 흐릿한 풍경도 보고, 선명한 물체도 보아야 한다. 그런데 텔레비전 앞에 자리를 고정하고 하루, 이틀, 사흘, 나흘 내리 비슷한 화면만 본다고 생각해보자. 눈의 적응성이 서서히 떨어질 것은 당연한 일 아닌가? 나중에는 결국 망막에 올바른 상이 맺히도록 기민하게 움직여야 할 홍채의 기능이 떨어지게 된다는 것이다.

조물주의 손길이 빚은 인체의 일부도 이렇거늘 우리 인간의 습성이야 더 말해 뭐하겠는가. 직장생활을 어느 정도 하다 보면 지금껏 해온 것만을 지금까지의 방식대로만 하고 싶어지는 때가 있다. 안정을 깨고 싶지 않은 것이다. 안전지대 밖으로 나가기 싫은 것이다.

그러나 이런 식으로는 더 이상 아무것도 얻을 것이 없다. 전문가가 되고 싶다면 새로운 도전과 개척을 거듭해야 한다는 점을 잊지 마라. 바로 지금 10년 후, 20년 후에 어떤 전문가가 될 것인지를 구체적으로 고민하라. 미리부터 브랜드를 만들고 단계별로 실천해나가라. 일관성 이라는 큰 지침 속에서 최대한 다양한 경험들을 찾아가라. 한곳에 안주 해서는 결코 당신이 원하는 것을 얻을 수 없다. 기억하라. 목표는 전문 성이라는 것을.

일과 삶의 균형을 원한다면 연봉을 포기하라

살아남으려면 남들보다 조금 더 고민해야 한다. 적절한 고민과 스트레스는 인류 역사를 발
전시킨다. 결국 그렇지 않은 사람은 불평불만만 가지고 잘하는 사람의 발목만 잡을 뿐이다.
—김순택, 전 삼성SDI 대표이사

모든 직장인들에게 공통된 관심
사를 딱 한 가지만 꼽으라면 무엇일까? 단연 연봉일 것이다. 대학 졸업
생이 직업을 택할 때 가장 먼저 알아보는 것이 연봉이고 경력사원이 직
장을 옮길 때 가장 먼저 고려하는 것도 연봉이다. 연봉이 얼마나 올랐느
냐를 통해 이직의 성공 여부를 판단하고 조금이라도 연봉을 올리기 위
해 몇 년에 한 번씩 메뚜기 뛰듯 직장을 옮기며 연봉여행에 나서는 이들
도 적지 않다. 백이면 백, 직장인이라면 누구나 많은 연봉을 꿈꾼다. 그
러나 대부분 연봉의 액수에만 관심을 가질 뿐 그 안에 포함되어 있는 성
과나 직무에 대해서는 큰 관심을 갖지 않는다.

연봉은 스트레스에 비례한다

어떤 기업이 연봉을 많이 준다면, 또 어떤 직종이 특히 연봉이 높다면 거기에는 당연히 그럴 만한 이유가 있다. 바로 성과와 스트레스다. 기업에서 많은 연봉을 주는 것은 그만큼 그 직원의 성과가 많기 때문이거나 성과가 많을 거라고 기대하기 때문이다. 그 이외의 요소들은 아예 무관하다고 생각해도 좋다. 직원이 사내외에서 어떤 평가를 받느냐, 얼마나 중요한 자리에 있느냐는 직급이나 직책으로 보상하는 것이지 연봉과는 전혀 상관이 없다는 말이다. 성과가 나쁘면, 즉 회사에 직접적인 수익을 가져다주지 못하면 아무리 높은 직급에 있건 아무리 중요한 보직을 맡건 연봉을 올리는 데는 한계가 있다.

그럼 성과를 많이 내려면 어떻게 해야 할까? 그만큼 투입을 많이 하는 수밖에 없다. 업무시간과 업무량이 많아지고 업무강도도 세진다. 짧은 시간 동안 가볍게 일하고도 큰 성과를 거둘 수 있는 일을 본 적이 있는가? 그런 직업이나 직무가 있다면 헤드헌팅 회사 사장인 나부터 당장 그 일로 옮기고 싶다.

하지만 유감스럽게도 그런 일은 없다. 많은 업무시간과 업무량, 업무강도는 고스란히 스트레스로 이어진다. 흔히 교사들이 "수업만 안 하면 교사는 정말 좋은 직업이다"라고 말한다. 기자들은 "기사만 안 쓰면 기자만큼 좋은 직업도 없다"라고 말한다. 누구나 자기 직업의 기본 업무에서 받는 스트레스가 가장 크다는 뜻이다. 바꿔 말하면 그 스트레스가 바로 자기 직업의 핵심이고 자신이 받는 연봉의 실 내용인 셈이다.

실례를 들어보자. 변호사나 의사, 회계사 등 고소득 전문직 종사자들의 실상은 어떤가? "의사는 마누라를 위한 직업"이라는 말이 있다. 통장에는 돈이 쌓일지언정 본인은 온종일 육체적으로, 정신적으로 피폐한 사람들을 상대하며 큰 위험 부담을 감수해야 한다. 그러다 보면 의사 자신도 피폐해지기 일쑤다. 변호사 역시 범죄자, 범법자, 복잡한 소송 사건에 휘말린 사람들을 상대하기 때문에 그들을 위해 일하다 보면 업무 강도는 둘째치고라도 '사람 사는 게 이래서야 되겠나' 싶어 심각한 회의에 빠지는 경우가 많다.

회계사는? 아침부터 밤까지 일한 뒤 자정이 가까운 시각에 회사로 복귀해 그날 작업한 내용을 리포트로 작성하는 사람들이다. 결산 시즌이 되면 새벽에 집에 들어갔다가 두세 시간 뒤 나가는 일이 반복된다.

요즘 고수익 직종으로 떠오르는 학원 강사는 어떨까? 소위 '잘나가는' 강사치고 건강하고 활기찬 사람을 본 적 있는가? 이들은 주로 밤에 일하기 때문에 12시에 강의가 끝나면 일찍 마치는 것이고 2시에 끝나는 게 보통이다. 가족들과 저녁시간을 보낼 수도 없고 친구들을 만나 어울릴 수도 없다. 정상적인 사회활동이 어렵고 수험생과 마찬가지로 얽매인 생활을 하다 보니 스트레스가 보통이 아니다. 새벽 2시부터 술을 마시고 아침에 집에 들어가는 생활을 반복하는 경우도 많다. 대개는 비쩍 마르고 골골해서 나이보다 한참 더 들어 보인다. 학원 강사며 변호사, 회계사, 증권사 직원 등이 폭탄주의 대가가 될 수밖에 없는 이유가 다 있는 것이다.

우리 회사 컨설턴트 가운데 SI 회사의 영업 담당으로 일하던 두 분의 전무가 있었다. 잘나가던 두 분이 헤드헌터로 전업한 이유는 똑같았다.

젊어서부터 영업직 임원을 하던 한 분은 접대 술에 녹아나 종종 병원 신세를 지기도 했는데 "이대로 가면 죽을 것 같다"며 전업 선언을 했다. 다른 한 분도 허구한 날 계속되는 술자리와 밤늦게까지 걸려오는 고객 회사들의 전화에 노이로제에 걸릴 지경이 되었다. 결국 그분 역시 "돈은 많이 받았지만 더는 이렇게 못 살겠다"고 토로하며 몸담았던 회사를 그만두고 말았다.

연봉이 높은 직업이나 직장에서 일하는 사람은 대개 일주일을 '월화수목금금금'으로 보내야 한다. 새벽에 퇴근했다가 새벽에 출근하는 일이 다반사이고 점심을 햄버거로 때우며 식사시간을 쪼개 일하는 날도 허다하다. 많은 보상에는 어떤 식으로든 그에 상응하는 스트레스가 따르게 마련이라는 사실. 아주 당연한 사실인데도 대부분의 직장인들은 이를 쉽게 간과하곤 한다.

높은 연봉과 편안한 직장은 공존할 수 없다

미국의 한 로펌에서는 변호사를 뽑을 때 사장이 그의 부인을 만난다고 한다. 채용을 확정짓기 전에 다짐을 받아두기 위해서다.

"지금부터 내가 하는 말에 동의하면 우리 회사가 당신 남편을 채용할 것이오. 남편을 포기하시오. 앞으로 당신 남편은 일 년의 절반은 해외 출장에 나가 있을 것이고, 나머지 반년의 절반은 야근을 하고 있을 것이고, 남은 절반의 절반은 업계 인사들의 파티에 있을 것이오. 당신이 남편과 함께하는 삶을 포기하면 좋은 집과 차를 제공하고 평생 돈 문제로 걱정하지 않게 해줄 수 있소. 동의하겠소?"

생각할수록 씁쓸한 이야기지만 그렇다고 특별히 생소할 것도 없는 얘기다. 아직 우리 사회에서는 사장이 직접 가족을 불러 대놓고 약속을 받는 경우가 없어서 그렇지 이미 웬만큼 연봉이 높은 가장을 둔 가족들은 다들 잘 알고 있는 내용 아닌가.

사회가 분화될수록 '일과 삶의 균형^{Work-life Balance}'에 대한 요구가 커지고 있다. 예전에야 생계를 책임져주는 직장이 최고의 가치였지만 이제는 취미와 여가생활도 중요하고 가족과 함께하는 시간도 중요하다. 회사와 일에 치여 삶이 팍팍하게 말라붙지 않을까 걱정하는 사람들이 점점 더 늘어나고 있다.

나도 물론 일과 삶의 균형을 추구한다. 제발 좀 그랬으면 좋겠다. 우리 회사의 직원들에게도 그렇게 해주고 싶다는 생각을 자주 한다. 그러나 현실적으로 그런 삶이 과연 얼마나 존재할까? 또 어디까지 가능할까? 여기에 대답하기는 자신이 없다.

종종 전화나 이메일을 통해, 또는 술자리를 통해 이직이나 전직에 관해 자문을 구하는 대기업 임원들이 있다. 가볍게 이야기를 건네는 경우도 있지만 정색을 하고 유료 컨설팅을 신청하는 경우도 적지 않다. 그들이 빼놓지 않고 하는 말은 "업무강도가 약한 곳으로 옮기고 싶다"는 것이다. 요즘 대기업 임원이 느끼는 업무강도가 거의 살인적인 수준이라는 점을 익히 알고 있으니 그들이 얼마나 힘겨울지 충분히 이해가 된다. 고개를 끄덕거린 뒤 내가 그들에게 해주는 말은 단 한 가지다.

"그렇다면 연봉을 포기하세요."

연봉을 포기하면 업무강도는 낮출 수 있다. 반대로 연봉을 더 받고 싶다는 사람들에게도 내가 해줄 수 있는 말은 정해져 있다.

"업무량과 업무시간은 늘어날 겁니다."

이 말을 들으면 상대방은 망설이는 표정이 된다. 그가 원하는 연봉에 맞추려면 주말과 휴일 근무를 할 수 있고 야근은 밥 먹듯 하게 될 것이라고 덧붙이면 대개는 말을 멈춘다.

일과 삶의 균형이 불가능한 것은 아니다. 단, 연봉은 포기해야 한다. 연봉을 추구하면서 일과 삶의 균형을 이루겠다는 것은 신기루를 쫓겠다는 소리일 뿐이다. 왜? 연봉은 성과와 스트레스의 대가이기 때문이다. 성과와 스트레스는 업무시간과 업무량, 업무강도에서 나오는 것이다. 하나를 얻으려면 다른 하나를 포기해야 하는 것이 자명한 세상 이치가 아니던가.

그럼에도 많은 이들이 이직을 통해서 '보다 적은 스트레스와 보다 많은 보상' 이라는 두 개의 떡을 움켜쥘 수 있을 거라고 기대한다. 그런 사람들이 알아보는 회사는 대개 현재의 회사보다 조금 작은 곳, 후발 주자, 이제 막 성장하는 회사들이다. 지금의 연봉을 유지하거나 조금 올리는 대신 업무 스트레스는 줄일 수 있을 거라고 착각하기 때문이다.

하지만 절대 섣불리 행동하지 말아야 한다. 사표를 던지기 전에 옮길 만한 곳이라고 생각되는 회사의 속사정을 찬찬히 잘 들여다보라. 기업이 경쟁을 뚫고 발전하려면 경쟁 회사보다 더 투입해 쏟아붓는 방법밖에 없다. 성장하는 회사, 발전하는 회사치고 노동강도가 약한 곳은 없다. 그곳으로 옮길 경우 오히려 이전과는 다른 세세한 업무 프로세스까지 떠안고 씨름해야 하기 때문에 스트레스는 더 커진다고 봐야 한다. 그럼에도 기업의 내부 사정을 잘 살피지 않고 겉모습만 보고 이직했다가 낙담하는 사람들을 심심찮게 보게 된다. 가장 안타까운 이들은 한두 번 실패를 맛보면 정신을 차려야 하건만 그러지 못하고 '혹시' 하며 이직을 계속하다가 경력을 완전히 망가뜨리는 사람들이다.

또 한 가지, 일과 삶의 균형이란 결코 혼자서 이룰 수 있는 것이 아니다. 동료와 함께, 조직과 함께 공동의 노력과 실천으로 이루어야 하는 것이다. 간혹 혼자서만 일과 삶의 균형을 추구하는 사람도 있기는 하다. 옆자리 동료가 야근을 하건 주말 근무를 하건 아랑곳하지 않고 '칼퇴근'을 고수하는 이들, 그리고 여가활동이나 자기계발에 주력하는 이들. 내 일만 알아서 하면 그만이지 회사에 대해 그 밖의 신경은 쓰지 않겠다는 태도다. 규정상으로는 문제될 것이 없을지 몰라도 이런 사람은 결국 조직 내에서 마찰을 일으키고 적응력이 떨어져 결국은 조직을 떠나게 된다.

어떻게든 일과 삶의 균형을 이루어보려는 노력은 높이 살 만하다고 할 수 있겠다. 그러나 문제는 그것이 혼자서는 이룰 수 없는 일이라는 데 있다. 일과 삶의 균형은 직장문화 자체가 바뀌지 않고서는, 최고경영자를 비롯해 임직원 전체의 사고방식과 일상이 바뀌지 않고서는 달성하기 어려운 목표다. 신입사원이나 경력사원이 새로 회사에 입사한 뒤 얼마간은 주변 시선을 의식하지 않고 자기 시간을 누릴 수 있을지 모른다. 그러나 그런 사람이 조직에서 따돌림 받지 않기란 쉽지 않다. 당연히 조직의 핵심 인재로 성장하기란 하늘의 별 따기이다.

두 마리 토끼는 불가능!
연봉이 높으면 안정성이 떨어진다

최근 취업 전선에서 공기업이 크게 각광받고 있다. 취업을 앞둔 대학 졸업 예정자들 사이에서는 공무원이나 공기업에 대한 정보들이 상상을 초월할 만큼 엄청나게 떠돌고 있다. 한국직업능력개발원이 전국 35개 4년제 대학 3~4학년생 3849명을 대상으로 조사한 결과를 보면 국영기업이나 공사를 희망 직장으로 꼽은 이들의 비율이 23.9%, 정부기관이 20.5%였다. 전체의 44.4%가 정부기관이나 공기업에 취직하기를 원한다고 답한 것이다. 이에 반해 대기업을 희망 직장으로 꼽은 이들은 19.2%, 외국계 기업은 10.7%에 그쳤고 벤처기업은 3.6%에 불과했다.

공기업 선호 현상은 기업에서도 화제다. 대기업 신입사원들의 상당수가 공기업 입사시험을 준비하고 있다. 대표적인 공기업 입사시험일에는 시험을 치르기 위해 직원들이 집단적으로 휴가계를 내는 사태까지 벌어지고 있다. 어렵게 뽑아놓은 신입사원들의 마음이 콩밭에 가 있으니 그 모습을 지켜보는 기업에서 속이 편할 리 없다. 당장 몇몇 대기업은 대책 마련에 부심하고 있다는 이야기도 들린다.

최근 들어 헤드헌팅 회사에 들어오는 이직 의뢰 내용을 보아도 마찬가지다. 그야말로 전도유망한 대기업 핵심 인력들이 공기업으로 이직하고자 하는 경우가 종종 눈에 띄는 것이다.

이런 현상은 두 가지 이유 때문이다. 첫 번째는 근래 몇 년간 공무원과 공기업 임금 수준이 높아지면서 일반 기업과의 격차가 많이 좁혀졌기 때문이다. 실제로 일부 공기업의 경우에는 임금 수준이 상위권 대기업 수준에까지 이르고 있다. 반면에 공기업의 업무강도나 업무량은 일반 기업에 비해 한참 낮은 선이라고 볼 수 있다. 그러니 적은 스트레스와 많은 연봉이라는 두 마리 토끼를 다 잡고 싶어하는 사람들이 몰리는 것은 당연지사다.

그러나 세상에 공짜란 없다. 공기업이 언제까지고 두 마리 토끼를 다 줄 수 있겠는가? 알다시피 이미 대기업에서는 이른바 '고용 없는 성장'이 자리 잡은 지 오래다. 심지어 '고용 감소 성장'을 추구하고 있기 때문에 기업의 생산성은 늘어도 인원은 줄어들고 업무강도는 더욱 늘고 있다.

공기업이라고 해서 이 추세를 비껴갈 수 있을까? 높은 연봉 수준과 복지 수준을 제공하면서 느슨한 업무강도와 업무시간이 계속된다면 공기업은 곧 생산성이 떨어져 둘 중 하나를 포기할 수밖에 없다. 아니, 어쩌면 지금의 거북이걸음을 만회하기 위해 일정 기간 동안 둘 다를 포기해야 할지도 모른다.

더욱 근본적인 이유는 안정성 때문이다. 공기업이나 공무원과 함께 인기 직종으로 떠오른 교사를 생각해보자. 교사의 급여는 민간 기업의 급여 수준에 비해 상당히 떨어지는 편이다. 그럼에도 대학생들 사이에는 교사가 최고의 직업으로 여겨지고 직장인들 중에도 야간에 학원을 다니며 교원임용고시를 준비하는 사람들을 쉽게 볼 수 있다. 그 가장 큰 이유는 정년이 보장된다는 점에 있다. 게다가 민간 기업만큼 업무 성과에 대한 스트레스가 크지 않고 급여와 복지 수준도 차츰 높아지고 있다.

분명히 말하건대 안정성과 높은 연봉을 동시에 제공할 수 있는 직장은 없다. 일부 공기업에서 그 가능성을 점치는 이들이 많지만 앞서 말했 듯 허상에 불과한 면이 크다. 연봉이 높은 곳은 그만큼 안정성이 떨어지 게 되어 있다. 정년 보장은커녕 30대, 40대에도 밀려나고 탈락하기 일쑤 다. 조직의 기본 생리가 성과를 향한 치열한 경쟁에 있으니 어쩔 도리가 없다. 반면에 안정성이 높은 곳은 많은 연봉을 줄 수가 없다. 연봉은 성 과에 대한 보상이라고 했으니 안정성을 보장하는 직장은 기본적으로 성 과 위주로 굴러가지 않아도 좋은 조직뿐이다.

많은 보상을 바란다면 안정성에 대한 기대를 버리고 그만큼 치열하게 노력하고 더 많은 성과를 만들어내야 한다. 하지만 높은 연봉을 포기할 수 있다면 안정성을 추구하는 것도 현명한 길이다. 실제로 정년이 보장 되는 직장의 연봉을 평가할 때는 한 해의 연봉이 아닌 생애임금의 개념 으로 접근해야 한다는 이야기가 설득력을 얻고 있다. 많은 연봉을 받는 다 해도 받는 기간이 짧다면 총 연봉은 많은 것이 아니지만 적은 연봉을 받더라도 평생 받을 수 있다면 총 연봉은 적다고 할 수 없다는 것이다.

그래도 많이 받고 싶다면 희소성과 전문성을 키워라

연봉. 이 초미의 관심사 앞에서 어떤 이는 연봉 협상의 기술을 배워야 한다고 주장하고, 어떤 이는 이직과 전직을 적절히 배합해 몸값을 올리 라고 조언한다. 어느 정도는 일리가 있는 말들이다. 그러나 이런 기술적 인 방법만으로 연봉을 올리는 데는 한계가 있다. 게다가 일시적인 방편이기 때문에 지속적인 연봉 인상을 기대할 수도 없다. 이미 짐작했겠지만 내가 하고 싶은 말은 "지나치게 연봉을 좇으려 하지 말라"는 것이다. 부족한 인식과 잘못된 판단으로 인해 연봉을 따라다니다 미래를 망치는 사람들을 너무나 많이 보아왔기 때문이다.

물론 연봉을 많이 받고 싶다는 것은 자연스러운 욕망이다. 하지만 괜히 연봉을 많이 주는 회사는 아무 데도 없다는 점을 꼭 기억하길 바란다. 회사에서 1억 원을 받으면 당신은 회사에 10억 원을 벌어주어야 한다. 그 기대치를 채우지 못하면 연봉은 절대로 유지되지 않는다.

그렇다면 연봉을 많이 받을 생각일랑 아예 접으라는 말인가? 그렇지는 않다. 연봉은 성과에 앞서는 것이 아니라 성과에 뒤따라오는 것이다. 충분한 성과를 통해 자기 브랜드를 튼튼히 쌓아올리면 연봉도 따라오게 되어 있다. 연봉을 많이 받고 싶으면 전문성과 성과에 기초한 브랜드 관리에 힘쓸 일이다. 근본적으로 자신의 가치를 높여야지 기술적으로 연봉을 올리기 위한 꾀를 내서는 별 영양가가 없다는 뜻이다.

경력을 망가뜨리지 않으면서도 더 많은 연봉을 설계할 수 있는 가장 좋은 방법은 희소성을 키우는 것이다. 차별화를 통해 다른 사람으로 대체할 수 없는 존재가 된다면 더할 나위가 없다. 그렇고 그런 인물이 아니라 없어서는 안 될 인물이라면 기업에서도 그에 상응하는 대우를 해주게 된다. 헤드헌팅 회사에서 인재를 찾을 때 가장 애를 먹는 경우 중 하나가 영어를 잘하는 엔지니어나 재무회계 전문가를 찾는 일이다. IT나 기계, 재무 분야에서는 일반적으로 영어를 사용할 일이 별로 없기 때문에 분야 종사자들도 영어에 무관심한 편이다.

그러나 최근 들어 외국 기업의 한국 진출이 늘고 한국 기업의 글로벌화도 빠르게 추진되면서 상황이 달라지고 있다. 영어를 능숙하게 구사하는 엔지니어와 재무 담당자의 수요가 크게 늘어 이들의 몸값이 가파르게 뛰고 있다. 희소성이 연봉 상승으로 이어지는 사례다. 엔지니어나 재무 분야뿐 아니라 변호사, 의사, 회계사 등 전문 직종에서도 생각 외로 영어를 잘하는 사람이 많지 않다. 그래서 단지 영어를 할 수 있다는 이유만으로 이직시 연봉이 30% 이상 높게 책정되는 경우도 꽤 있다.

희소성을 확보한다는 것은 알고 보면 그리 어려운 일이 아니다. 주변을 잘 살펴보면 도처에 기회가 놓여 있다. 그것 하나만 보면 큰 점수를 주기 어려운 기술이나 자격도 다른 것과 합해질 때 큰 효과를 내는 경우가 많다. 틈새시장을 잘 잡는다면 희소성을 통해 얼마든지 자신의 가치를 올릴 수 있다. 최근의 경제 교류 확대 분위기를 감안할 때 중국어나 러시아어, 인도어 등을 틈틈이 배워두는 것도 좋겠다.

자신의 가치를 올리는 또 다른 방법은 전문성을 끌어올리는 일이다. 직무와 관련된 자격증을 따거나 교육을 받아 전문성을 강화하면 자기 가치도 재평가 받을 수 있게 된다. 예를 들어 네트워크 분야에서 일하고 있는 사람이 시스코의 기술인증 프로그램인 CCNP나 CCDP, CCIE 같은 자격증을 취득했다면 그의 가치는 이전보다 한 단계 이상 높아질 것이 틀림없다. 은행이나 증권사 직원이 공인재무분석사CFA 자격증을 따게 되면 자신에 대한 주변의 시선이 달라질 것이다. 만약 이런 전문성 확보의 노력과 그 성과에도 회사가 자신의 가치를 평가해주지 않는다면? 그동안 신중하게 기다려온 이직의 시점이 왔다고 봐야 한다. 전문성이 있는 사람은 어느 기업에서나 우선적으로 영입하려 들기 때문에 보다 좋은 조건으로 직장을 옮기는 일이 어렵지 않다.

나만의 경쟁력을 만들기 위해서는 신규 사업이나 과제에 적극적으로 도전하고 직무의 난이도가 높은 일을 지향하는 것이 좋다. 지금이 어떤 시대인가. 기업의 생산 공정은 물론 전화 상담, 연구개발 업무까지 저임금 국가로 아웃소싱하는 것이 현재의 추세다.

자, 다음은 호랑이굴로 뛰어들 차례다. 희소성이나 전문성 확보를 통해 조금씩 탄탄하게 연봉을 높이는 걸로 만족할 수 없는 사람, 아무리 업무강도와 스트레스가 세다 해도 기꺼이 감수할 준비가 되어 있는 사람, 일과 삶의 균형이나 안정성 대신 최고의 연봉에 도전해보고자 하는 사람, 당신이 만약 이런 사람이라면 토끼 사냥을 하며 불만을 토로할 것이 아니라 호랑이를 잡으러 호랑이굴로 뛰어들어야 한다.

잦은 이직은 직장생활의 수명을 단축시킨다

마음에서 일어나는 욕구만을 좇은 사람은 시간이 지나면서 태도를 바꾼다. 그는 곧바로 자기가 한 일에 불만족하게 된다.

―톨스토이

10여 년 전만 해도 우리 사회에서 이직이란 '부도덕'하거나 '비정상적'인 것, 또는 적어도 '특이한' 현상이었다. 그러나 10년 사이에 이직은 놀라운 속도로 보편화되었다. 변화의 핵심 요인은 90년대 말에 불어닥친 외환위기였다. 폭풍우가 불어도 끄떡없을 것 같던 거대 재벌들이 픽픽 쓰러지고 부모 같던 회사가 가족 같은 동료를 내모는 현실 속에서 평생직장의 신화는 와르르 무너져내렸다. '내가 경쟁력을 갖지 않으면 아무리 좋은 직장에 다녀도 언제 밀려날지 모른다'는 위기감 속에서 자기계발 열풍이 불었고, '언제 어떻게 될지 모르는 직장생활을 계속해야 할까' 하는 회의가 커지며 창업 바람이 일었다. 그리고 직장인들은 쉽게 회사를 옮기기 시작했다.

실제로 가능한 이직 횟수는 정해져 있다?

이제 직장인들은 평균 3~5년에 한 번씩, 평생 5~6회에 걸쳐 직장을 옮기고 있다. 몇 손가락 안에 꼽히는 회사에서도 신입 입사자의 절반가량은 3년 이내에 회사를 떠나는 것이 일반적이다. 심지어 샐러리맨들 사이에서는 이직이 능력의 척도로 여겨지기까지 한다. 유능한 인재라면 어느 정도 일을 배운 뒤 더 많은 연봉, 더 높은 직급 등 좋은 대우를 보장받으며 다른 회사에 스카우트되는 것이 마땅하다는 인식이 광범위하게 퍼져 있다.

이직 사유가 꼭 이렇게 '배부른' 것만은 아니다. 때로 직장생활에서 이직은 불가피하게 느껴진다. 적성에 맞지 않는 일을 미련하게 떠안고 있을 수도 없고 전망이 없는 회사나 직업을 마냥 고수할 수도 없다. 주어진 업무량이 너무 많은 데 비해 근무 조건은 턱없이 열악하기도 하고 앞뒤가 꽉 막힌 상사가 사사건건 괴롭히는 바람에 회사에 출근하는 일 자체가 고통스럽기도 하다.

좋다. 몸값을 올리기 위해서건, 숨 막히는 회사에서 탈출하기 위해서건 이제 이직은 불가피해 보인다. 그러나 어떤 경우이건 이직을 하려는 사람이라면 꼭 알아야 할 점이 있다. 이직은 무한정 가능한 것이 아니라는 사실이다.

형식적으로야 다섯 번이고 열 번이고 끝없이 회사를 옮겨 다닐 수 있을 것처럼 보인다. 하지만 실제로 가능한 이직 횟수는 정해져 있다고 보아야 한다. 무슨 말일까? 처음 한 번이야 아무런 걸림돌 없이 자신의 입맛에 맞게 옮길 수 있을지 모른다. 그러나 두 번, 세 번 거듭되다 보면 점점 갈 곳이 없어진다는 말이다.

전체 기업 구조와 직장인의 연령·경력대별 분포도를 생각해보자. 중견 기업에서 직장생활을 시작한 사람이 능력을 인정받아서 더 큰 기업으로 이직할 수 있을 것이다. 그러나 그런 기회는 처음 한 번, 많아야 두 번에 그친다. 그가 임원급으로 성장할 상위 1~2% 이내의 인물이 아니라면 그보다 더 큰 기업, 더 좋은 조건으로 직장을 옮기기란 쉽지 않다. 옮길 곳이 널린 것처럼 보일지라도 중요한 것은 그를 받아줄 곳은 현재의 회사보다 더 작은 규모의 회사들이라는 점이다. 결국 그가 갈 수 있는 곳은 위쪽이 아니라 아래인 셈이다.

그 다음도 마찬가지다. 이번에는 선택의 폭이 더 좁아진데다 이직자 본인의 불만은 더 커져 있다. 작은 기업일수록 복리후생과 근무 환경이 열악하고 업무 시스템이 잘 갖추어져 있지 않아 직장에 대한 만족도는 큰 폭으로 떨어지기 때문이다. 그래서 또 옮기지만 역시나 마찬가지. 그뿐인가? 점점 나이가 들면서 본인의 적응력과 유연성은 크게 줄어들게 된다.

이쯤 되면 직장을 옮긴 횟수에 따라서 그에게 남은 직장생활의 수명을 짐작할 수가 있다. 직장생활 15~16년 동안 다섯 번 이직한 사람이 있다면 그에게 남은 직장생활의 수명은 3년쯤이다. 몇 년 뒤, 불만족스러운 직장생활을 이어가다가 습관대로 다시 옮길 시점이 오면 이제 더이상 그를 받아줄 곳은 없다. 또 그에게 옮길 힘도 남아 있지 않다. 이제 그는 잦은 이직의 종착역인 자영업의 길로 들어서는 것 말고 다른 도리가 없다.

요점인즉, 이직이란 회사에 다니다가 유사시마다 꺼내 들 수 있는 비장의 무기가 아니다. 그보다는 직장생활을 시작할 때 미리 정해진 양을 받아서 하나씩 사용하는 쿠폰 같은 것이라고 할 수 있다.

하지만 아무리 그렇다 한들 정말 옮길 곳이 없을까? 능력만 있다면야 남들보다 더 노력하고 더 기민하게 움직인다면야 쿠폰을 더 많이 받을 수 있는 것 아닌가? 이직을 줄여야 한다고 말하면 "이직이 왜 문제가 됩니까?" 하고 되묻는 사람이 있다. 하지만 직장생활의 경험을 더 쌓아가다 보면 현실이 자신의 생각과는 다르다는 것을 알게 된다.

큰 고민 없이 몇 번 회사를 옮긴 사람 중에는 정말 이직을 해야 할 순간에 하지 못하고 뒤늦게 신중하지 못했던 자신의 결정을 후회하는 경우도 많다. 횟수가 쌓이다 보니 지금 다시 회사를 옮긴다면 절대로 웬만한 조건의 회사로 갈 수는 없을 것이라는 현실의 벽을 확인한 사람이다. 무엇보다 가장 높은 벽은 기업에서 잦은 이직자를 바라보는 시선이 그리 곱지 않다는 데 있다.

"세 번 넘은 사람은 이력서 안 받습니다"

비록 샐러리맨들 사이에서는 이직이 일상화되었다 해도 기업들은 여전히 이직에 대해 부정적인 입장을 가지고 있다. 직원들의 이직률이 높으면 회사는 생산성이 떨어져서 경쟁력이 약화되는 것이 당연한 결과다. 그런데 이직을 여러 번 한 사람일수록 다른 회사로 다시 옮길 확률이 높다. 회사마다 채용과 승진에서 장기근속을 중요한 판단 기준으로 삼는 것은 이직이 조직의 생산성과 직결되는 문제이기 때문이다.

그 밖에도 기업에서 이직자를 기피하는 이유는 아주 많다. 한번 나열해보자.

- 자기 담당 분야에서 충분한 교육훈련을 받지 못했을 것이다.
- 충분한 직무 경험을 쌓지도 못했을 것이다.
- 조직 적응력과 조직에 대한 충성도가 떨어질 것이다.
- 조직생활에 따르는 스트레스에 대한 내성이 약할 것이다.
- 총체적으로 보건대 업무에서 성과가 떨어질 것이다.
- 지금까지 그랬듯 곧 다른 회사로 옮겨갈 것이다.

이직을 많이 한 사람이 보아도 불쾌할지언정 딱히 반박할 만한 논리는 마땅치 않을 내용이다. 본인은 아무리 업무 능력과 성과가 뛰어나고 새로운 조직에 온 힘을 쏟을 준비가 되어 있다고 여긴다 해도 정작 기업에서 그를 바라보는 잣대를 뛰어넘을 수 있는 설득력을 갖추기가 어려운 것이다. 헤드헌팅 회사에서도 이직 횟수가 세 번을 넘어가면 그의 이력서를 더 꼼꼼히 살피고 기업에 보내기 전에 그의 이직 사유를 면밀히 분석해내는 것이 상식으로 되어 있다. 어느 대기업에서는 인재 추천을 의뢰하면서 아예 이렇게 단언하기도 한다.

"세 번 이상 이직자는 이력서 보내지 말아주세요."

입사 지원자의 이직 경험이 두 번만 되어도 면접관은 많은 시간을 들여 '대체 왜 옮겼는지'를 꼬치꼬치 캐묻곤 한다. 그 과정에서 면접자가 이직을 자주 하는 이유가 연봉 때문인지, 상사와 갈등을 겪었기 때문인지, 근무 환경에 불만이 있었는지, 일이 적성에 맞지 않았는지 등을 파악하고 '과연 이 사람이 우리 회사에서는 어떨 것인가'를 예측하기 위해서이다. 그럴 법한 이유를 들어 이직 사유를 설명한다 해도 기업의 입장에서는 "그 정도도 몰랐나" 하며 도리어 지원자의 단견과 경솔함을 부각시킬 가능성이 높다. 만약 면접자가 충분히 납득할 만한 근거를 제시하여 설득해내지 못한다면 면접관은 그를 습관적인 이직자로 결론 내리고 채용 우선순위에서 뒤로 멀찌감치 밀어놓게 된다.

그런데 놀라운 것은 실제로 이직이 아예 습관이 되어버린 사람들이 많다는 점이다. 헤드헌팅 회사에 이력서를 등록하고 헤드헌터들을 찾아오는 사람들이 제시하는 이직 사유는 각양각색이다. 누구나 제각각 자신의 삶을 살고 있기 때문에 천 명이면 천 가지, 만 명이면 만 가지 이유가 존재한다. 그러나 면담을 해보면 그들이 주장하는 이직 사유의 절반 이상은 시간이 지나면 저절로 해소될 성질의 것이거나 직장을 옮긴다 해도 해결하기 어려운 것들이다.

또한 그 천 가지, 만 가지의 이직 사유가 따지고 보면 거기서 거기다. 연봉이 문제가 되는 사람, 상사나 동료와 불화를 겪는 사람, 근무환경이 불만인 사람, 직무에 적응하지 못하는 사람 등……. 게다가 이렇게 몇 가지 유형으로 정리되는 이직 사유는 결정적으로 유독 그 사람에게만 반복적으로 일어난다! 왜 그럴까? 다른 사람들은 모두 좋은 직장에 다니고 있는데 왜 그 사람만 늘 괴상한 직장이 걸리는 걸까? 그러면 그 괴상한 회사에 잘 다니고 있는 사람들은?

원인은 이직이 습관이 되어버린 그 자신에게 있다. 조직 내에서 문제를 해결하려 하지 않고 조직을 갈아치움으로써 해결하려 드는 사고방식이 몸에 배어버렸기 때문에 어떤 회사에서도 오래 일할 수가 없는 것이다. 그는 매번 '이 문제만 해결되면 정말 열심히 일할 수 있다'고 생각하지만 아무런 문제도 없는 조직이란 존재하지 않는 법이어서 그는 또 떠날 수밖에 없다. 당연한 말이지만 조직도 '모든 조건을 갖추어 줄 테니 열심히 일할 사람'이 아니라 '모자란 조건 속에서도 열심히 일할 사람'을 원한다.

세상에 쉬운 일이 없는데 조금 힘들다고 금세 나가떨어지면 되겠냐고 젊은 직장인들의 근성 없음을 탓하고자 하는 소리가 아니다. 이직을 하지 말라는 소리도 아니다. 꼭 필요할 때 적절한 시기에 맞추어 이직을 해야지 습관적으로 이직을 해서는 절대로 원하는 바를 이룰 수가 없다는 이야기다. 그럼, 이직은 언제 어떻게 해야 할까?

이직 시점은 최소한 3년 후가 좋다?!

경력 관리 전문가들은 흔히 "한 직장에서 3년 이상 근무한 뒤에 옮기라"는 말을 하곤 한다. 일단은 맞는 말이다. 재직 기간 3년 미만의 이직자는 자신을 수상쩍게 바라보는 기업의 눈빛으로부터 자유롭기 어렵기 때문이다. 하지만 왜 하필 3년인지에 대해서는 뾰족한 근거가 보이지 않는다. 물론 '대략 3년쯤 되면 일을 어느 정도 익혔다고 볼 수 있다'거나 '3년도 안 되어 직장을 옮기는 데는 뭔가 문제가 있다'는 식의 공감대가 형성되어 있기는 하다. 하지만 최적의 이직 시점을 말하려면 좀더 정확한 문제 인식이 필요하다.

기업에서 특정 직무와 관련해 임직원을 뽑을 때 제일 중요하게 여기는 것은 후보자가 해당 직무를 수행할 수 있는 역량을 충분히 갖추고 있는가 하는 점이다. 이 역량이란 단순히 이전에 해당 직무를 맡아서 수행해본 일이 있는가를 뜻하는 것이 아니다. 관련 프로세스와 시스템을 두루 경험함으로써 해당 직무에 대한 포괄적인 이해가 끝난 상태를 말한다. 따라서 기업은 그를 영입할 경우 기존의 것보다 개선된 시스템을 정비하고 선진 프로세스를 도입할 수 있는 수준을 기대한다.

그런데 어떤 직무의 프로세스와 시스템을 경험하고 포괄적으로 이해하기 위해서는 일정한 정도의 시간이 걸리게 마련이다. 슈퍼마켓에서 물건 값을 계산하는 것처럼 비교적 단순한 직무라면 몇 달이면 족하다. 반대로 병원 컨설팅이나 골프장 디자인처럼 다양한 변수가 많고 아직 그 일의 일반적인 속성들이 정돈되지 않은 직무라면 5년 이상 10년까지 걸릴 것이다. 이렇게 각 직무마다 충분한 역량을 갖추는 데 필요한 시간은 모두 다르다. 그러니 단순히 3년이다, 4년이다 하는 식의 재직 기간을 정해놓고 이직 시점의 적절성을 판단할 수는 없다. 해당 직무의 특성에 따라 수행 역량을 충분히 갖춘 뒤라야 자신 있게 이직을 택할 수 있고 그만큼 선택의 폭도 넓어진다.

다만, 일반적으로 '최소한 3년'이라는 기준이 통용됨을 기억해두자.

신입사원이 1, 2년 만에 회사를 옮기게 되면 새로운 회사에서는 그를 확실한 경력사원으로 인정해주지 않는다. 그는 여전히 배우는 중이기 때문에 새로 키워야 할 직원이지 일을 믿고 맡길 수 있는 직원은 아니다. 2년마다 회사를 옮기는 사람이라면 직장생활 경력 10년이 넘었다고 해도 그의 전문성을 의심하게 된다. 통상 한 직장에서 주어진 직무를 장악하기 위해서는 2년 이상의 시간이 필요하고 3년이 넘어가야 비로소 그가 그 회사의 업무 시스템과 프로세스 등을 완전히 이해할 수 있다고 생각되기 때문이다.

반면에 경력이 5년이건 10년이건 이직에는 완전히 관심을 끊고 지내는 것도 바람직하지 않다. 장기근속에만 비중을 둔 나머지 적절한 이직 시점을 놓쳐선 안 된다는 뜻이다. 아니, 이직을 하지 말라고 할 땐 언제고 안 해도 곤란하다니? 현명한 경력 관리자라면 자신의 경력을 최고로 끌어올릴 줄 알아야 한다는 소리다. 이는 주식 투자의 두 가지 원칙이 조화를 이루는 방식을 떠올리면 이해하기 쉽다.

주식 투자에서 가치투자자와 기술투자자는 항상 대립하는 양상을 보인다. 가치투자자는 기업의 내재적 가치를 보고 투자해야 손실을 줄이고 수익을 늘릴 수 있다고 주장하며 주가 등락에 연연하지 말고 긴 안목으로 우량 기업에 투자하라고 권한다. 하지만 기술투자자는 주가는 결국 수급의 영향에 좌우되는 것이기 때문에 언제 사서 언제 파느냐가 가장 중요하니 기술적 분석을 통해 매매 시기를 잘 정하라고 조언한다.

그러나 주식 시장에서 어느 한쪽만을 고집하는 투자자는 드물다. 가치투자자도 결국 기술적 분석을 통해 매매 시점을 정하고 기술투자자도 투자 대상을 정할 때는 기업의 내재적 가치를 평가한다. 가장 현명한 투자자는 어느 한쪽의 논리에 휘둘리지 않고 가치투자와 기술투자를 병행할 줄 아는 사람이다.

인재시장도 마찬가지다. 경력 관리에 실패하는 사람들은 대개 어느 한쪽 논리에 치우쳐 있는 경우가 많다. 인재시장에서 가치투자자는 자기계발을 통해 자신의 가치를 키우고 성과를 많이 내면 연봉이나 직급, 직책은 자연히 따라온다고 여긴다. 자신의 가치를 평가받고 다음 목표를 향해 한 단계 올라설 시점이 되었는데도 그 신호를 알아채지 못하고 헤드헌터의 제안을 외면한다.

그러나 시장이 어디 나만을 위해 존재하던가? 스스로 이제쯤은 성과도 더 쌓았고 경력도 많아졌으니 인재시장에 뛰어들어도 좋겠다고 생각할 때면 시장도 이미 변해 있게 마련이다. 헤드헌팅 회사에 이력서를 등록하는 사람들 중에는 자격을 갖춘 뒤 더 좋은 제안을 받고 옮기려다 기존 수요가 사라져 당황하는 경우가 적지 않다.

반대로 인재시장의 편협한 기술투자자, 즉 시장 상황에 맞춰 이직을 거듭하는 사람들은 앞서 강조했듯 얼마 안 가 땅을 치며 후회하게 된다. 충분한 업무 지식과 직무 역량을 갖추어 자신의 내재적 가치를 키우는 데 소홀했던 결과다.

성공적인 경력 관리를 위해서는 가치투자를 기본으로 삼되 기술투자에도 무관심해선 안 된다. 전문성을 쌓으면서 자신의 가치와 브랜드를 키우는 데 주력하되 적절한 시점에서 과감하게 이직의 기회를 잡아야 한다. 이직 시점을 잡지 못해 한 회사에서 20년이 넘도록 같은 직무에 종사한 사람이라면 아무리 훌륭한 경력이 줄줄이 쌓여 있다 해도 이직이 쉽지 않다. 이미 다른 회사에서 받아들이기에는 적응력이 떨어져 부담스러운 존재가 되었기 때문이다.

꼭 지켜야 할 이직의 세 가지 원칙

그럼 어떻게 해야 이직을 통해 더욱 성공적인 경력 관리를 해나갈 수 있을까? 무방비 상태에서 조직 내에 문제가 불거졌을 때 직장을 옮기는 수동적인 자세를 취할 것이 아니라, 자신의 전체 직장생활을 내다보며 경력 지도Career Map를 그리고 그에 맞추어 계획적으로 이직을 선택해야 한다. 그 방법을 좀 더 구체적으로 살펴보자.

경력이 길다는 말은 어떤 분야에 오래 근무해서 그 분야의 지식과 경험, 네트워크 등을 많이 확보하고 있다는 뜻이다. 경력 관리가 잘 되어 있다는 말 역시 일관된 업무를 통해 해당 분야의 전문성을 갖추고 있다는 의미와 다름없다. 반대로 잦은 이직은 업무 지식과 경험의 축적을 어렵게 해 경력을 엉망으로 만드는 주범이다.

첫 번째 원칙, 횟수를 최소화할 것

내가 CEO로 일하고 있는 헤드헌팅 회사에는 하루 평균 100여 통의 이력서가 접수된다. 그만큼 직장을 옮기려는 사람들이 줄을 서 있는 것이다. 정확한 통계를 내본 것은 아니지만 이렇게 이력서를 등록하는 사람들의 이직 횟수는 평균 5회가 넘는 것으로 추정된다. 더구나 이들의 이직 횟수는 갈수록 늘어나고 있다.

그러나 분명히 말하지만 이직의 만족도는 횟수와 반비례한다. 이직이 문제의 근본적인 해법이 될 수 없는 경우가 대부분인데다가 이직 횟수가 늘어날수록 갈 수 있는 직장의 수준은 낮아지고 입사 뒤 적응력도 떨어지기 때문이다.

너무 빠른 판단은 경력을 망친다. 눈앞에 주어진 상황만 가지고 판단하려 하면 오류가 생기는 것이 당연하다. 섣부르게 판단하는 사람들은 스스로에게 직장이나 동료, 업무에 익숙해질 시간을 허용하지 않는다. 그러나 등산의 맛은 최소한 능선에 올라봐야 비로소 느낄 수 있다. 능선에 이르기까지는 나뭇가지와 수풀, 가시덩굴에 가려 주변을 조망할 수가 없다. 시야가 트이지 않으니 답답하고 몸이 풀리지 않아 힘도 많이 든다. 그러나 그것만으로 그 산을 말할 수는 없는 노릇이다. 땀이 나더라도 더 올라가다 보면 어느 순간 몸이 풀리고 사방이 탁 트인 곳에 도달해 경관이 시원해진다.

그제야 산은 제 특유의 모습을 드러내며 즐거움과 보람을 안겨주기 시작한다. 능선에 이르기 전에 쉽게 판단하고 포기하지 마라. 답답하고 힘들다고 도중에 내려가는 사람은 그 어떤 산의 묘미도 제대로 맛볼 수 없는 법. 그런 사람에게 등산의 이력이 붙을 리가 있겠는가?

두 번째 원칙, 일관성을 지킬 것

한때 장기신용은행은 금융권 내에서도 가장 연봉이 세고 똑똑한 사람들만 뽑아가기로 소문난 곳이었다. 그런데 금융위기와 함께 장기신용은행이 무너지자 그곳에 몸담고 있던 최고의 인력들도 뿔뿔이 흩어지게 되었다.

그들은 지금 어디에서 무엇을 하고 있을까? 기존 업무의 연속선상에서 은행권으로 들어간 이들이 한 부류였다. 이들은 망한 회사에서 방출된 불리한 입지를 딛고 오히려 자신의 브랜드를 상승시키며 성공적인 경력 관리를 해오고 있다. 은행권을 떠나 일반 대기업으로 입사하여 업종을 바꾼 또 한 부류. 이중에도 큰 탈 없이 직장에서 인정받으며 승진하는 이들이 있지만 은행권으로 들어간 이들과 비교하면 후배뻘 되는 경력밖에 쌓지 못한 경우가 대부분이다.

마지막 부류는 직종과 직무를 막론하고 높은 직급이나 연봉 등 좋은 대우를 보장받고 중소기업으로 들어간 이들이다. 그러나 안타깝게도 이들의 직장생활은 그리 길지 못했다. 순식간에 자영업자가 되거나 자신에게 맞는 일을 찾지 못해 이리저리 전전하는 신세가 되어버렸다. 시작은 같았으나 끝은 확연히 달라진 이 세 부류의 차이는 바로 일관성에 있다.

이직을 할 때는 가능한 한 직무의 일관성을 유지하라. 자주 이직을 했더라도 이력서에 일관성이 보이면 면접관들은 호의적인 태도를 취한다. '습관적 이직자'가 아니라 목적의식적으로 움직인 사람으로 평가받기 때문이다. 반면 일관성 없이 여러 직무를 옮겨 다닌 사람은 어떨까. 비록 그는 이력서에 '풍부하고 다양한 경험이 자산'이라고 쓰지만 그 실상은 전문성이 없다는 뜻이다.

설령 그의 말이 맞다 해도 기업에서는 그토록 다양한 경험을 가진 인력을 활용할 일이 별로 없다. '이 사람은 창업을 할 셈인가?' 이런 생각이 드는 사람을 굳이 뽑고 싶어할 면접관이 있겠는가.

만약 일이 적성에 맞지 않아 부득이하게 이직을 결심한 경우라면 직무를 바꾸되 신중하게 선택해서 다음 이직 때도 꼭 같은 직무를 이어가겠다는 생각을 가져야 한다. 이 경우 직무의 일관성을 놓치는 대신 업종의 일관성을 유지하는 방법을 고려해볼 만하다. 자동차 회사에서 영업마케팅 일을 하던 사람이 다른 자동차 회사에서 전략기획 일을 하고 싶다고 하면, 그는 무난히 경력을 이어갈 수 있다. 하지만 자동차 회사 영업마케팅 일에서 식품 회사 전략기획으로 옮기고자 한다면 당장 그의 경력에 의문이 생길 것이 뻔하다.

세 번째 원칙, 브랜드를 망가뜨리지 말 것

횟수가 거듭될수록 포물선을 그리게 되는 것이 이직의 기본 생리다. 개인이 아무리 노력해도 계속해서 지금보다 더 나은 직장을 향해서만 움직일 수는 없다는 점은 이미 설명했다. 연봉도 어느 선까지는 올릴 수 있지만 꼭짓점에 다다르면 서서히 다시 떨어지게 마련이다. 그러니 더더욱, 이직을 할 때는 자신의 기존 브랜드를 유지하며 한 걸음 발전된 단계로 가야 한다.

이력서를 추리다 보면 그 사람의 경력이 어디에서 꺾였는지 한눈에 들어오는 경우가 종종 있다. 두 번째, 세 번째 이직에서 브랜드를 방어하지 못해 쇠락의 길로 접어든 사람들도 많지만 의외로 첫 번째 이직에서 완전히 잘못 판단한 경우도 상당하다. '대체 이때 왜 이렇게 옮겼을까. 이것만 아니면 지금 크게 달라져 있을 텐데……'라며 안타까워한들, 이미 그의 브랜드를 되살릴 방도는 보이지 않는다.

2000년도를 전후해서 벤처 붐이 일었을 때 신생 벤처 회사로 흘러들어간 인력들 중 상당수는 붐이 가라앉자 경력이 완전히 끊겨 아직도 어려움을 겪고 있는 모습을 보게 된다. 또 한 번 강조하거니와 이직은 하면 할수록 브랜드가 망가지게 되어 있다. 이 사실을 잊지 말고 첫 번째와 두 번째 이직에서 부디 신중에 신중을 기하라.

이직의 목표 수정 – '행복'을 좇으라, '성공'은 따라온다

얼마 전 한국의 대표적 공기업에 입사한 K씨(30)는 요즘 직장을 다시 알아보고 있다. 그가 이전에 근무하던 회사는 중견 유통회사였다. 그는 3년 동안 경영기획실에서 기획 업무를 담당했는데 자신의 직무나 회사의 문화는 마음에 들었지만 연봉이 적은 것이 늘 아쉬웠다. "조직에서 능력을 인정받고 있는데 왜 옮기느냐"는 주변의 만류를 들으면서도 그는 사표를 냈고 1년의 시험 준비 기간을 거쳐 공기업 입사에 성공했다.

그러나 새 직장에서 그는 만족하지 못하고 있다. 4년 아래 후배들과 같은 대우를 받으며 군대식 권위주의 문화 속에서 생활하는 것도 힘들고 맡은 업무도 단순하고 반복적이어서 전혀 흥미를 느끼지 못했다. 게다가 내년부터는 몇 년 동안 지방 근무를 해야 해서 가족과 떨어져 살아야 할 형편이다.

호주 출신 여성 변호사 세이퍼스타인(31)은 영국의 유명 로펌에서 인수합병 전문 변호사로 활동해왔다. 로펌에서 일할 당시 그녀의 연봉은 대략 1억 5천만 원선. 그러나 그녀는 3년 전 로펌을 그만두고 전혀 새로운 인생을 살기 시작했다. 지금 그녀는 영국 아마추어 선수권대회 라이트급(60kg)에서 우승한 것을 비롯해 10전 전승의 아마추어 전적을 가진 프로복서다. 이전 직장과 지금의 직업에 대해서 그녀는 한마디로 요약했다.

　"좋은 월급을 포기했지만 내가 원하는 것을 하고 싶었기 때문에 변호사에 대해 전혀 미련이 없다."

　한창 열정적으로 일할 시기에 있는 직장인들의 이직 횟수가 점점 더 늘어가는 것은 그만큼 이직 실패율이 높다는 사실을 반증하는 것이다. 아무리 이직이 쉬워졌다 한들 충분한 고민과 저울질 없이 기분대로 회사를 옮겨 다니는 사람은 없을 것이다. 그런데도 많은 이들이 이직에 실패하는 이유는 무엇일까. 가장 큰 원인은 바로 이직의 동기에 있다. 많은 사람들이 직장생활이나 이직의 목표를 '성공'에 두고 있다. 이때 성공의 핵심 잣대는 연봉이나 직급이다. 적성이나 직책, 직무, 더 나아가 직업은 후순위로 밀려나버린다. 직장을 선택할 때도 회사의 문화가 합리적인지, 자기계발을 장려하고 지원할 의지가 있는지, 상사나 동료들은 어떤 사람들인지, 내부 만족도는 어떤지 등에는 크게 관심 두지 않는 경우가 많다. 그러나 한번 잘 생각해보라. 이러한 요소들이야말로 직장생활의 '행복'을 구성하는 가장 중요한 요소들이 아닌가?

위의 두 사례는 직업이나 직장생활의 목표가 성공이 아니라 행복이라는 자명한 진리를 잘 보여준다. 규모가 작고 브랜드가 화려하지 않지만 합리적 기업 문화를 갖춘 회사라면, 또 비록 연봉이 적고 직급이 낮지만 자신의 적성에 맞는 일을 할 수 있는 회사라면 백 번이고 옮기는 게 좋다. 더 행복해질 수 있으니까. 그러나 이직을 통해 아무리 연봉이 많아지고 직급이 높아진다고 해도 자신의 적성과 경력의 목표에 맞지 않다면 아무 소용없다. 만족도가 떨어져 머지않아 다시 직장을 알아보게 될 수밖에 없을 테니까. 그러니 먼저 행복을 좇으라. 그래야 이직에도 성공할 수가 있다.

얼마 전 내가 일하는 회사에서 '이직 준비과정' 강좌를 마련한 일이 있다. 나는 내 강의 시간의 절반 가까이를 '왜 옮기려 하는가' 라는 질문에 할애했다. 경력 지도와 계획에 따라 이루어져야 할 이직이 연봉이나 직급에 좌우되지 않도록 한 번 더 생각해보라는 말을 전하고 싶었기 때문이다.

이 책의 독자들에게도 똑같이 말하고 싶다. 그럼에도 꼭 지금 직장을 옮겨야겠다고 생각하는 사람에게는 다음 세 가지 질문에 답해볼 것을 권한다. 만약 자신 있게 답할 수 없다면 당분간은 직장을 옮기려는 생각을 접어두고 스스로에 대해 좀 더 관심을 기울이는 것이 좋겠다.

"자신의 적성이나 경력 목표Career Goal에 대해 고민해본 적이 있는가?"
"옮기려는 이유가 적성이나 경력 목표 등 경력 지도에 부합한가?"
"현재의 직장에서는 전혀 길이 없는가?"

학력의 굴레를 벗어나려면
판을 바꿔라

*조급하게 굴지 마라. 행운이나 명성도 일순간에 생기고 일순간에 사라진다. 그대 앞에 놓인
장애물을 달게 받아라. 싸워 이겨나가는 데서 기쁨을 느껴라.*
                                                              ─앙드레 모아

자신의 인생에서 꼭 돌이키고 싶
은 한 가지가 있다면? 굳이 설문조사까지 하지 않아도 분명 많은 이들이
이것이라 말할 것이다. 바로 학력이다. 도대체 학력이 뭔지, 그놈의 학
력 때문에 평생을 두고 괴로워하는 직장인들이 참 많다.

학창 시절 잠시 한눈을 팔다가, 공부가 별로 재미없어서, 공부보다 더
중요한 일이 많아서, 담임선생님이 꼴도 보기 싫어서, 돈도 없고 도와줄
사람도 없어서 등 이런저런 이유로 대학 진학을 하지 못했거나, 이름 없
는 대학을 나온 뒤 직장생활을 하면서 뒤늦게 설움을 겪는 이들이 많다.
'그깟 대학이 무슨 대수라고. 일만 잘하고 성과만 잘 내면 되지.' 이렇
게 자위해보지만 학력 때문에 번번이 손해를 보게 되는 현실 앞에서는

어쩔 수 없이 작아지게 된다. 공부를 안 하게 만든 친구가 밉고, 선생님이 원망스럽고, 이럴 줄 뻔히 알면서 대학 공부를 시켜주지 못한 부모님이 싫어진다.

학력의 벽은 여전히 높다

그렇다고 뒤늦게 대학에 다시 가는 일이라고 만만할 리 없다. 한참 어린 학생들과 어울려 공부한다는 것은 보통 피곤한 일이 아니다. 더구나 직장을 다니면서 대학 공부를 하려면 야간대학이 아니고는 불가능하다. 그렇지 않으면 과감히 사표를 쓰고 온전히 대학생으로 살아야 한다. 하지만 생활비야 적금통장에서 꺼내 쓴다 치더라도 몇 천만 원씩 하는 학비는 어떻게 마련할 것인가. 힘들게 공부를 마친 뒤에 직장에 쉽게 복귀할 수 있을지도 알 수 없다.

그리고 무엇보다 중요한 문제는 '뒤늦게 공부한 과정을 과연 직장에서 인정해줄까'라는 사실이다. 갖은 노력 끝에 학위를 받는다 해도 졸업한 뒤에 과연 무엇이 달라질지는 확신할 수가 없는 것이다.

그냥 야간대학을 다닐까? 사이버대학은? 방송통신대학은 어떨까? 직장을 그만두고 아예 외국으로 유학을 갈까? 대학원이 나으려나? 도대체 어떻게 해야 이 지긋지긋한 학력 스트레스에서 벗어날 확실하고도 효과적인 방법을 찾을 수 있단 말인가? 뭐가 됐든 일단 저질러봐?

안 된다. 큰일 날 소리다. 그러기 전에 스스로 원하는 것이 정말 무엇인지, 그리고 자신이 선택한 방법을 통해 실제로 얻을 수 있는 것들은 무엇인지 면밀하게 따져봐야 한다. 스트레스에 떠밀려 억울하고 답답한 심정을 보상받으려는 심리로 대학이나 대학원에 진학했다간 정말 앞날이 제대로 꼬이는 수가 있다.

자, 우선 일반적인 통념부터 확인하고 넘어가자.

방송통신대학이나 사이버대학을 다닐 필요가 있을까? 관공서나 공기업은 모르되 일반 기업체에서는 이들 대학의 학위를 잘 인정해주지 않는다. 즉 4년제 대학을 졸업한 것으로 간주하고 대졸 사원으로 간주하지 않는다는 뜻이다. 방송통신대학, 사이버대학, 독학사는 공공 분야에서만 인정해주는 학위라고 보는 것이 현실적이다.

그러면 다른 일반 대학의 졸업장을 받으면 괜찮을까? 그렇지만도 않다. 직장생활을 하는 중에 대학이나 대학원을 졸업했다고 해서 학력을 다시 평가해주는 일은 거의 없다. 학력은 입사할 때 적용되는 평가 기준이다. 직장에 다니던 중에 학교를 졸업했다고 해서 직무 능력이 크게 향상되었다고 보기는 어렵기 때문에 학력이 바뀌었다고 해서 보상 기준이 달라지지는 않는다. 직장생활을 하면서 자격증을 딴 사람에게 그에 대한 보유 가치를 가산해 보상하지 않는 것과 마찬가지다. 세무사, 회계사, 변호사, 변리사 등 어떤 그럴듯한 자격증도 똑같다.

물론 이후 승진이나 전배 등에서 긍정적 영향을 미치기 때문에 효과가 없다고는 할 수 없다. 그러나 입사 때의 학력처럼 곧바로 보상과 연결되는 직접적 효과를 거둘 수 있다고 생각하면 곤란하다. 따라서 새로 학위를 딴 뒤 학력을 재평가받고 싶다면 직장을 옮기는 수밖에 없다. 재입사를 하면 고졸이 아닌 대졸 사원으로 평가받을 가능성이 커진다. 그러나 반드시 보장되는 것은 아니며 이직에 따른 위험도 있다는 점을 염두에 두어야 한다.

다음, 대학원 진학을 통해 직무를 바꿀 수 있을까? 역시 쉽지 않다. 영문학과를 졸업한 뒤 총무로 직장생활을 하다 경영대학원을 졸업했다고 해서 재무나 회계, 마케팅 경력자로 취급되는 일은 없다. 많은 이들이 대학원을 경력 바꾸기나 경력의 업그레이드 기회로 여기곤 한다.

그렇지만 대학원은 대학원일 뿐 업무와는 사실 별 관련이 없다. 총무 담당자로 일하다 재무 전문가로 직무를 바꾸고 싶다면 경영대학원에 가서 학위를 따는 것으로는 부족하다. 대학원을 졸업한 뒤 재무 분야에서 초급자로 다시 시작해야 한다. 그런데 문제는 나이가 많고 재무 경력이 없는 사람을 재무 담당자로 뽑으려는 기업이 별로 없다는 데 있다. 따라서 대학원을 나왔다고 해서 곧바로 직무를 그 분야로 바꿀 수 있으리라는 기대는 순진한 생각일 뿐이다.

그래도 대학원을 나오면 적어도 학력을 높이 평가받을 수는 있겠지? 글쎄…… 일반적으로 기업에서 학력을 바라볼 때는 대학을 기준으로 삼는다. 졸업 대학과 대학원이 다른 경우라면 대학을 먼저 본다는 뜻이다. 즉 알려지지 않은 지방 대학을 졸업한 뒤 직장생활을 하다가 서울의 이름 있는 대학원을 나왔다면 기업에서는 그 사람을 볼 때 '서울 모모 대학'이 아닌 '한 지방 대학' 출신으로 간주한다는 얘기다. 대학원은 상대적으로 입학하기 쉽고 다니는 사람이 많기 때문에 일반적으로 학생을 평가하는 잣대로서 신뢰성과 중요도가 떨어진다.

그래서 대부분의 직장은 학부를 기본 평가 기준으로 삼고 대학원 학위는 '어느 대학인가'를 따지지 않고 학위 유무만을 보는 것이 현실이다. 결국 대학원만으로는 소위 '학력 업그레이드'를 이루기 어렵다. 정말 이것만이 목표라면 차라리 대학을 다시 다니는 것이 나을지도 모른다. 아니면 석사 과정을 넘어 박사 과정까지 이름 있는 대학에서 마치는 것이 보다 확실하다. 이쯤 되지 않고서는 쉽게 학력을 바꾸거나 끌어올릴 수 없다.

MBA는 아무것도 보장해주지 않는다

하지만 MBA라면 이야기는 다르지 않을까? 최근 MBA는 고급 인력들의 필수 이수 과정으로 자리 잡고 있으니 손꼽히는 대학에서 MBA를 마치면 단번에 학력을 보란 듯이 뒤집어엎을 수 있는 것 아닐까? 그야말로 위험한 발상이다. 내가 아는 어떤 여성은 미국 버클리대학에서 국제관계학을 전공한 뒤 기업의 영업관리 분야에서 일하다가 한국의 유명 대학 MBA 과정을 이수했다.

그런데도 대부분의 기업에서 그녀를 채용하려 하지 않아 재취업에 상당히 애를 먹었다. MBA와 관련한 근거 없는 기대와 환상은 대체 어디서 오는 것일까? 이 문제는 좀 구체적으로 살펴볼 필요가 있다.

최근 글로벌 MBA의 첫 졸업생을 배출한 서울의 한 경영전문대학원에서는 졸업생 전원이 취업했고 이들의 평균 연봉이 입학 전에 비해

50% 이상 높아졌다고 밝혔다. 이들의 절반 이상이 경력이 전혀 없던 분야로 전직하는 데 성공했고 기존 직무와 관련된 분야로 취업한 이들의 경우에는 높은 직급 상승을 이루었다고 했다. 이 발표만 보면 이 경영전문대학원은 마술 지팡이다. 신기루 같은 신분 상승의 꿈을 현실로 만들어주는 신데렐라의 유리 구두다.

그러나 기업에 인재를 추천해주는 헤드헌팅 회사의 대표로서 내가 바라보는 관점은 전혀 다르다. 그들의 발표는 현실과는 상당히 동떨어진 사탕발림이다. 왜 그럴까? 아직까지 대부분의 국내 기업들은 MBA 졸업생에 대해 일반 대학원 졸업생처럼 1년 정도의 경력을 인정해주고 있을 뿐이다. 간혹 글로벌 TOP 10이나 미국 TOP 5에 속하는 대학의 MBA 출신자들을 파격적으로 대우하는 곳도 있기는 하다. 일부 글로벌 투자은행IB과 몇몇 세계적 경영컨설팅 회사에서는 유명 MBA 졸업생들을 억대 연봉자로 받아들이고 기존 경력이 전혀 없는 분야에 전격 배치하기도 한다. 그러나 이는 극히 일부의 사례일 뿐 확대 해석해선 곤란하다.

내가 대표로 일하고 있는 커리어케어에서 2006년 294개 기업의 인사 담당자들을 대상으로 설문조사를 한 적이 있다. 그 결과 조사 대상 기업의 70%는 MBA 졸업자에 대한 특별한 보상이 없었고, 58%는 앞으로도 그럴 계획이 전혀 없다고 답했다. MBA는 결코 요술램프가 아니었던 것이다. 학력에 대한 부담감이 있거나 브랜드가 약한 직장에 다니는 사람들, 직무를 변경하고자 하는 사람들은 MBA를 '극적인 경력 발전의 계기'로 여긴다.

그러나 기업은 이런 신데렐라적 발상에 전혀 동의하지 않고 있는 것이다. 기업의 대답은 냉정했다. '유명 MBA를 졸업했다면 학부와 무관하게 채용하겠느냐'는 질문에 대해서도 전체의 55%가 '그렇지 않다'고 답했다. '이전 경력과 관계없이 유명 MBA를 마쳤다면 채용하겠느냐'는 질문에는 무려 83%가 '채용할 수 없다'고 답했다.

아니, 그러면 MBA를 나오나 안 나오나 별로 다를 것도 없단 말이네? 그럼 왜들 그렇게 성화인 거야? 하지만 분명 다른 점은 있다. 국내 기업들은 MBA를 교육보다는 선발의 관점에서 평가하고 있다. 1~2년의 MBA 과정을 통해 개발된 능력보다는 그 까다로운 선발 과정과 빡빡한 교육 과정을 통과한 사람이 갖고 있을 것으로 보이는 기초 능력에 더 관심이 있다는 뜻이다.

직무를 바꾸려 하거나 몸값을 높이고자 하는 직장인들, 돌이킬 수 없는 학력을 변경하고자 하는 직장인들에게 MBA는 분명 매력적인 곳이다. 그러나 꼭 알아둘 것은 "MBA는 아무것도 보장해주지 않는다"라는 사실이다. 기업에서 유명 MBA 졸업자를 원하는 것은 그들을 중장기적 핵심 인재로 키울 수 있는 가능성 때문이지 당장 해당 분야의 전문성을 인정하고 파격적인 보상이나 직급을 주고자 함이 아니다. MBA는 자기 계발과 재충전의 계기이자 목표를 향해 한 단계 도약하기 위한 출발점일 뿐 결코 성공의 열쇠나 완결점이 될 수 없다.

결론인즉, 직장에서 학력에 대한 평가는 보통 보수적인 게 아니다. 웬만큼 발버둥을 쳐서는 좀처럼 바뀌지 않는다. 따라서 학력 콤플렉스를 극복하고자 한다면 좀 더 체계적이고 긴 안목으로 접근해야 한다. 그리고 보다 전략적으로 움직여야 한다. 앞서 말했듯 대학을 바꿀 수 있다면 그것이 가장 빠르고 직접적인 길이다. 대학을 나오지 않았다면 마지막 기회라는 생각으로 이를 악물고 공부해서 이름 있는 대학에 진학하라. 전문대학을 졸업했다면 4년제 대학에 입학하거나 편입을 고려할 수 있다. 4년제 대학을 나왔다면 편입제도를 적극적으로 활용해 몇 손 안에 꼽히는 대학으로 들어가는 게 가장 좋다.

그러나 이런 경우들을 통해 얻을 수 있는 것은 순전히 학력을 변경하는 일뿐이다. 이 과정에서 더욱 자기계발에 힘쓴다는 데 의미가 있을 뿐 그로써 직장생활에서 직접적인 보상이나 직급 상승 등을 기대해서는 안 된다. 또한 뒤늦은 학업을 통해 대학 생활의 중요한 결과물 중 하나인 네트워크가 새로 형성될 가능성도 높지 않다. 직장에서 학력을 따지는 이유 중 큰 비중을 차지하는 것이 바로 이 네트워크다. 한 사람을 고용할 때 그의 학력은 곧 그가 가진 네트워크이기 때문에 이를 보고 고용한다는 말이다. 따라서 뒤늦게 공부하기 때문에 생기는 네트워크의 부족분은 다른 방법으로 더욱 노력해서 보완하는 수밖에 없다.

대학원에 진학하고자 한다면 무조건 명문대학의 문을 두드려야 한다. 앞서 대학원 졸업은 학력에 크게 영향을 주지 않는다고 했다. 누구나 인정하는 명문대학이 아니면 별 의미가 없다. 여건이 허락한다면 외국 유학도 생각해보라. 어정쩡한 석사 학위로는 학력 콤플렉스를 극복할 수 없다. 공연히 돈과 시간, 노력만 낭비할 뿐 돌아오는 소득은 거의 없을 것이다. 또 대학원에 진학할 때는 졸업 뒤의 커리어 관리 계획을 꼭 세워놓아야 한다.

특히 대학원을 계기로 직무 변경을 원하는 사람이라면 사전, 사후 경력 관리가 필수적이다. 입학 전에 관련 경력을 조금이라도 쌓으면 유리하다. 그러나 졸업 뒤에는 반드시 관련 분야로 옮겨야 한다. 초보자로 시작해도 좋다는 각오 역시 필수다. 박사 과정에 진학하거나 자격증 취득 등을 통해서 직무 전환에 따른 다른 이들의 의구심을 해소하려는 노력도 필요하다. 맞다. 쉽지 않은 길이다.

학력을 커버하고 싶다면
희소가치가 있는 자격증을 따라

보다 현실적인 효과를 원하는 사람들, 또는 나이가 많거나 가족 관계 등의 이유로 학력 보강이 어려운 사람들은 어떻게 해야 할까? 학력이 중요한 이유는 대학 입시가 한 사람을 평가하는 잣대로서 사회적으로 가장 보편적으로 통용되고 있기 때문이다. 그에 비해 대학원은 그만큼 인정받지 못한다. 국내 MBA는 외국의 유명 대학 MBA만큼 인정받지 못한다. 같은 영어 자격 인증 시험이라도 텝스는 토플이나 토익처럼 보편성을 띠지 못하는 것과 같은 맥락이다.

그런데 만약 대학처럼 사회적으로 인정을 받는 또 다른 평가 잣대가 있다면 어떨까? 그런 게 있기는 할까? 있다. 바로 자격증이다. 변호사, 변리사, 회계사, 감정평가사 등 희소가치가 있고 관리가 엄정하게 이루어지는 자격증은 대학 졸업장 못지않은 힘을 발휘한다. 어떤 사람이 이름도 잘 알려지지 않은 지방대를 졸업했다고 해도 위의 자격증 중 하나를 가지고 있다면 그에 대한 평가는 대학이 아닌 자격증을 통해서 이루어진다.

생각해보라. 주변에서 흔히 볼 수 있는 일이 아닌가? 학력을 바꾸기 위해 쏟아부어야 할 노력들, 그에 비해 미미한 가시적 효과들에 비한다면 자격증은 충분히 2~3년의 시간과 온 공력을 쏟아부을 만한 가치를 지닌 도전 대상이다. 불안한 경쟁 구도를 떠나 자신만의 가치를 확보하고자 하는 전략, 바로 학력의 블루오션 전략이다.

하지만 자격증도 희소가치가 없는 것이라면 큰 의미가 없다. 따라서 가능한 한 희소가치가 크고 관리가 꼼꼼한 자격증을 확보해야 한다. 적을 알고 나를 알아야 필승 전략을 짤 수 있는 법이다. 자신이 꿈꾸는 미래의 직무, 직장이 원하는 자격증이 무엇인지를 면밀히 조사하고, 그것을 얻기 위해 투자해야 할 비용, 얻은 뒤 누릴 수 있는 효과까지 분석한 뒤 적극적으로 도전하라.

일단 1300여 종이 넘게 범람하고 있는 자격증 중에서 어떤 것을 선택할 것인지가 관건이다. 최근 가장 인기 있는 자격증 중 대표적인 것으로 국제공인정보시스템보안전문가CISSP 자격증, 프로젝트관리전문가PMP 자격증이 있다. CISSP Certified Information System Security Professional는 인터넷 해킹, 바이러스 등 정보화의 역기능이 커짐에 따라 보안의 중요성과 함께 수요가 급증하고 있는 국제자격증이다. PMP Project Management Professional는 비용 절감을 위해 체계적인 프로젝트 관리에 대한 기업들의 관심이 높아지면서 그 역할이 커지고 있는 기업 프로젝트 관리 · 감독 자격증이다. 이 자격증을 가진 인재를 많이 확보하고 있는 기업일수록 국제적 공신력이 높아지기 때문에 국내 대기업들은 자격 수당을 따로 책정하고 있을 정도다.

그 밖에 전문가들이 추천하는 유망 자격증으로 IMF 이후 국내에서 매우 인지도가 높아진 미국공인회계사AICPA 자격증, 최근 금융위험 관리의 중요성이 커지면서 부쩍 인지도가 높아지고 있는 재무위험관리사FRM 자격증, 이 시대 최고의 국제공인자격증이라 해도 과언이 아닐 공인재무분석사CFA 자격증, 기업의 경영 투명성 및 효율성을 확보하는 역할을 통해 국내 수요를 늘리고 있는 공인내부감사사CIA 자격증 등이 있다.

특히 IT 업계는 자격증과 밀접한 관련을 맺고 있는데 정보 시스템에 대한 감독 역할을 하는 국제공인정보시스템감사사CISA 자격증, 보안 전문가인 CISSP 자격증, IT 분야의 최고 명예 자격증 자리를 고수하는 기술사 자격증 등이 대표적이다. 그 외에도 IT 쪽에서는 글로벌 기업에서 부여하는 자격증이 존재한다. 마이크로소프트, 선마이크로시스템스, 오라클, 시스코, SAP, 어도비 등 세계적인 IT 기업은 자사 제품을 잘 활용하는 전문가에게 자격증을 부여하는데 그 활용성이 높아 국제공인자격증으로 자리매김했다고 할 수 있다.

참고로 IT 분야는 유난히 트렌드 주기가 짧기 때문에 새로이 요구받는 기술과 자격증에 대해 지속적으로 관심을 기울여야 한다. 2000년도에 벤처 붐이 일던 시절에는 오라클 OCP를 가지고 있으면 연봉 5천만 원은 따놓은 당상이라고 했다. 또 시스코의 CCIE 자격을 갖고 있으면 연봉 1억 원을 호가했다.

하지만 그로부터 1~2년 사이에 이들 자격증은 해당 분야의 취업 자격증처럼 일반화되었다. 물론 엔지니어의 몸값에도 영향을 미치지 못하게 되었다. 그러나 한 기술이 널리 퍼지기 시작하면 반드시 새로운 기술이 부상하게 되어 있기 때문에 새로운 핵심 기술을 갖춘 인력에게는 언제나 최고의 보상이 뒤따른다. 그만큼 자격증 시장에 예민하게 촉수를 세워야 하는 곳, 또한 자격증만으로도 최고의 경력을 쌓아나갈 수 있는 곳이 바로 IT 분야다.

마케팅의 거장 알 리스와 잭 트라우트는 『마케팅 불변의 법칙』에서 시장을 분류하라고 강조했다. 시장을 더 작게 분류할수록 새로 도전할 만한 참신한 영역이 많이 발견되기 때문이다. 왜 새로 도전할 영역이 필요한가? 그래야 선구자가 될 수 있고, 그것이 최고가 될 수 있는 가장 확실한 지름길이기 때문이다. 그들은 단언한다.

"더 좋은 것보다 맨 처음 것이 낫다."

학력으로 경쟁력이 없다면 마냥 실망하고 불만에 차 있을 일이 아니다. 학력이 아닌 다른 잣대를 찾아 실력을 키워야 한다. 시장을 세분하고 그 안에서 나를 차별화해야 한다. 충분히 권위를 갖춘 여러 종류의 자격증들이 이때 당신의 편이 되어줄 것이다. 그것도 마뜩지 않다면 진정한 선구자가 될 각오를 다져야 한다. 그리고 스스로 평가 잣대를 개척해내야 한다.

학력 기준이 통하지 않는 새로운 영역에 도전하라

요즘 피겨스케이팅이 아주 인기다. 온 국민이 김연아 선수의 몸동작 하나에 열광한다. 그런데 언제부터 우리나라에서 피겨스케이팅에 이렇게 관심이 많았던가? 피겨스케이팅이 지금처럼 사회적 관심과 호응을 받아본 적이 단 한 번이라도 있었던가? 그뿐 아니다. 골프나 축구, 수영 등 각 종목에서 경쟁력 있는 선수가 출현할 때마다 또 한류니 월드스타니 하는 이름으로 세계 무대를 누비는 가수나 배우가 등장할 때마다 운동선수나 연예인에 대한 사회적 인지도가 점점 달라지고 있다.

불과 몇 십 년 전만 해도 운동선수는 공부 못하고 가난한 아이들이나 선택하는 직업이었고, 연예인은 공부 못하는 날라리들이나 꿈꾸는 직업이라고 했다. 하지만 지금은 어떤가? 아무도 함부로 그런 식으로 말하지 못한다. 그만큼 평가가 바뀌었기 때문이다. 평가는 항상 평가의 잣대에 따라 달라지는 법이다. 과거의 평가 기준과 지금의 평가 기준이 달라졌기 때문에 그에 따라 사람이나 사물, 가치에 대한 평가도 달라진 것이다.

학력도 마찬가지다. 학력이 약해서 정말 문제가 된다면 해결해야 한다. 학력이라는 잣대를 인정할 수 있거든 그 안에서 개선 방안을 찾고 그렇지 않으면 학력에 버금가는 평가 잣대인 자격증으로 승부를 걸어라. 그도 아니라면? 이 한국 사회의 학력 기준이 전혀 통하지 않는 새로운 영역에 도전해보라. 나만의 특별한 잣대, 색다른 논리를 만들어내라.

무슨 말인가? 예를 들어보자. 쌀을 가지고 벌어지는 치열한 경쟁 구도 속에서 성공하려면 남들보다 가격을 낮추거나 배송을 좀 더 빨리하는 정도로는 안 된다. 쌀의 품종을 개량해서 생산성을 높이는 정도로도 승부는 나지 않는다. 그 정도가 아니라 바다에서 경작하는 쌀, 물에 담가 불리지 않고 뜸 들이지 않아도 되는 쌀을 만들어내야 한다. 허황되게 들릴지 모르겠지만 그만큼 완전히 다른 잣대와 전혀 새로운 발상이 요구된다는 뜻이다.

보통 외국으로 유학을 떠나는 나이는 중학교 1~2학년 때이다. 그런데 고등학교 2학년 때 자녀를 외국으로 유학을 보내는 부모들이 있다. 기왕에 학창 시절을 외국에서 보낸 것이 아니라면 굳이 대학 진학을 준비해야 할 시기에 부적응의 위험을 무릅쓰고 유학을 보내는 이유가 뭘까. 바로 정형화된 평가 기준에서 벗어나겠다는 뜻이다. 지금 한국의 대학은 인 서울in-seoul 대학과 지방 대학으로 나뉘거나 서울대학교와 서울대 약대(서울에서 약간 떨어진 대학교), 서울대 상대(서울에서 상당히 떨어진 대학교)로 나뉠 뿐이라는 우스개가 괜한 소리만은 아니다. 이런 상황에서 아예 판을 벗어나는 다른 논리가 아니고서는 학력의 굴레를 벗어나기 어렵다. 이 때문에 아예 한국의 서열화된 대학들을 벗어나 평가 기준 밖으로 넘어서려는 것이다.

물론 최근에는 미국 유학이 워낙 일반화되어 어설픈 미국 대학 학위를 받아서는 학력에 대한 부담에서 자유로워질 수 없다. 하지만 만약 인도나 러시아, 스페인의 대학에서 그 지역의 특성을 반영하는 학과를 졸업한다면 어떨까? 사람들은 한국의 학력 기준으로 평가하려는 시도 자체를 아예 하지 않을 것이다. 오히려 그의 특수성과 희소성 때문에 높은 절대평가 점수를 받게 될 것이 분명하다.

제대로 한판 승부를 내볼 각오라면 질 싸움에 섣불리 끼어들어선 안 된다. 기존 룰 안에 들어가서 불리한 싸움을 하려 들지 말라는 말이다. 모든 사람이 '길이'로 평가하려는 자리에 어설픈 길이를 가지고 끼어들 필요가 없다. 적당히 묻어서 가려면 모르되 한번 제대로 해볼 요량이거든 차라리 '넓이'로 붙어보자고 주장해야 한다.

뭘 하려 해도 학력이 발목을 붙드는 지경이라면 학력으로 평가받지 않는 분야를 찾아 옮겨라. 만약 점쟁이를 평가한다면 누가 학력을 들고 나서겠는가? 더 나아가서는 스스로 평가 기준을 제시할 수 있는 분야를 개척하라. 스스로 평가 기준을 만들 수 있다면 자신이 바로 1등이 아니겠는가?

얼마 전 온 사회가 떠들썩할 정도로 학력 위조 파문을 만들어냈던, 신정아 씨 사건만 해도 그렇다. 그가 교수라는 사회에 진입하지 않았던들 그렇게까지 그의 삶이 난장판이 되었을까? 학력을 가장 많이 따지는 교수 사회에 들어섰기 때문에 그 잣대에서 벗어날 방도가 전혀 없었던 것이다. 다른 잣대가 통하는 곳에서 자기만의 잣대로 겨룰 일이지 왜 승산이 없는 곳에 들어가 파란을 자초했는지 모르겠다.

반면, 역사상 최고의 전략가로 일컬어지는 이순신은 이기는 싸움을 하기로 둘째가라면 서러운 인물이었다. 그는 40여 차례의 해전에서 단 3회를 빼고는 모두 수적으로 우세한 싸움판을 만들어놓고 전투를 벌였다. 유명한 옥포해전도 91척의 배로 왜선 500여 척을 상대했던 싸움이었다. 그 밖에도 전투에서 유리한 장소와 시간을 선택하고 지형의 이점을 십분 활용하는 것이 그의 특기였다.

이를 두고 선승구전先勝求戰, 즉 먼저 이겨놓고 나중에 싸우는 전략이라고 부른다. 가장 이길 확률이 높은 싸움, 그것은 두말할 것도 없이 유리한 싸움이다. 학력이라는 견고한 평가 잣대 앞에서 이기고 싶다면 자신에게 유리한 판을 만들라. 그리고 이기는 싸움을 하라. 그래야 이길 수 있다.

마지막으로 학력의 굴레를 탈피하려고 고군분투 중인 분들께 한마디 덧붙이고 싶다. 나는 고등학교를 졸업한 뒤 경제 사정 등의 이유로 대학 진학을 하지 못했다가 직장생활을 거쳐 대학을 졸업한 사람들을 좋아한다. 그들의 도전정신과 개척정신을 매우 높이 산다. 남들보다 생존 능력과 돌파 능력이 월등히 뛰어난 건 당연하다. 그래서 사업 초기에 이런 이들은 많은 성과를 내곤 한다.

그러나 한편으로는 이들에게서 너무 방어적이라는 느낌을 받기도 한다. 일전에 가졌던 조바심과 콤플렉스 때문인지 몰라도 여유가 부족하고 타인에 대한 포용 능력이 약한 편이다. 때론 고집스럽고 인색해 보일 때도 있다. 그것은 그만큼 그가 고단한 과정을 지나왔다는 증거일 것이다. 그러나 진정으로 학력의 굴레를 벗어나고자 한다면 그런 스스로의 단점도 보완해야 한다. 더군다나 남들보다 훨씬 힘들게, 더 많은 노력을 통해 학사 학위, 석ㆍ박사 학위를 얻었다면 그만큼 당당해지고 너그러워질 필요가 있다. 적극적이고 도전적인 정신과 함께 포용적이고 상대방을 배려하는 모습도 함께 갖춘다면 그야말로 학력이라는 지긋지긋한 굴레에서 완전히 벗어날 수 있을 것이다. 어디서도, 누구라도 당신을 높이 평가하고 환영할 것이다.

임원 가능성이 희박하면
부장이 되기 전에 옮겨야 한다

인생의 경영은 마라톤 경기와 같다. 따라서 그 중간 지점에서 도달할 목표를 명확히 설정해
서 정열을 불태워야 한다.
—일본 미쓰비시 상사의 다부 회장

한국의 50대는 다 어디에 있을까.
헤드헌팅 회사에 접수되는 이력서들을 볼 때마다 머릿속에 맴도는 생
각 중 하나다. 내가 이력서에서 가장 많이 보는 직급은 부장급이다. 물
론 기본적으로 헤드헌팅 회사가 임원급을 많이 다루기 때문이기는 하
다. 그러나 그 이면에는 서글픈 현실이 존재한다.

한번은 대표적인 생활건강식품회사의 부장급 이력서가 한꺼번에 다
섯 통이나 접수된 적이 있다. 다섯 명 모두 어디에 내놓아도 손색없을
쟁쟁한 학력과 경력을 갖춘 무게감 있는 이들이었다. 그런데 이들은 어
쩌다 동시에 인재시장에 뛰어들게 된 것일까? 기업에 신임 사장이 들어
오면서 부장급 인사들을 대거 방출한 까닭이었다. 알고 보니 이들과 입

사 시점이 비슷한 동기생들 중 선발 그룹은 이미 상무보로 승진한 지 3년이 넘어 상무 후보에까지 오른 상황이었다. 이쯤 되면 제아무리 훌륭한 이력서를 가진 부장들이라도 회사로서는 골칫덩이에 불과하다. '우리를 내보내기야 하겠어, 설마?' 그러나 설마가 사람 잡는다고, 회사는 사장이 바뀌면서 미련 없이 그들을 정리했다.

그 많은 50대는 다 어디에?

요즘 웬만한 기업에서 50대 이상의 직원들은 찾아보기가 쉽지 않다. 어쩌다 눈에 띄는 50대는 몇 안 되는 임원들뿐이다. 기업 임직원의 평균 연령대를 보자면 30대가 단연 최다이고 40대 후반까지 그 수가 서서히 줄다가 50대에 이르면 급격히 줄어들어 바닥에 가까워진다. 그렇다면 그 많던 사람들은 순식간에 다들 어디로 사라지는 것일까.

대기업에서 50세가 넘으면 보통 부장 고참이나 임원이 되어야 마땅하다. 그런데 임원의 숫자는 극히 제한되어 있다. 결국 신입사원이 훗날 회사의 임원이 되는 비율은 단 1%에 불과하다. 즉 100명의 신입사원이 입사한다고 할 때 그중에서 임원이 되는 사람은 단 한 명뿐이라는 이야기다. 나머지 99명의 신입사원들은 임원의 반열에 오르지 못한 채 사원으로서 직장생활을 마감해야 한다.

그럼 나머지 99명은? 그렇다. '삼팔선'이니 '사오정'이니 하는 말들이 어디 괜한 호들갑이겠는가. 직장인의 상당수는 채 50세가 되기 전에 직장을 떠나야 한다.

임원의 반열에 들지 못하면 위에서는 슬슬 눈치를 주고 아래에서는 후배들이 치고 올라온다. 내부의 압력이 만만치 않기 때문에 자의 반 타의 반으로 회사를 그만둘 수밖에 없다. 그런데 이들이 자신이 일하던 기업과 비슷한 규모의 대기업이나 그에 못지않은 중견 기업으로 몸만 가볍게 옮겨 기존의 연봉이나 복리 혜택 등을 그대로 누릴 수 있는 가능성은 높지 않다. 이미 현업에서 떠난 지 오래되어 실무 능력을 상실한 이들을 반겨줄 곳은 사실상 별로 없다. 또한 기본적으로 관리자급 이상의 자리는 어디나 많지 않다.

이런 사정 때문에 50세를 전후해서 직장을 그만둔 사람들의 상당수는 중소기업의 문을 두드리거나 자영업자로 변신할 수밖에 없다. 하지만 아무런 준비가 안 되어 있는 직장인, 그것도 나이가 많은 직장인들이 이런 식의 이직이나 전직에서 성공할 확률이 높을 리 없다. 모든 시스템이 잘 갖추어져 있는 대기업의 조직 구조에 익숙한 사람이 시스템이 취약하거나 아예 갖추어져 있지 않은 중소기업에 적응한다는 것은 결코 쉬운 일이 아니다. 이전에 별스럽지 않게 해오던 일을 하려는 것 뿐인데도 중소기업에서는 기반 시스템이 없기 때문에 하나부터 열까지 직접 만들면서 추진해야 한다. 더구나 대기업에서라면 새로운 시스템을 만드는 일 자체를 업무로 포괄할 수 있지만 성과에 목마른 중소기업들은 마냥 느긋하게 기다려주지 않는다.

한창 나이라면 이 모든 어려움을 감수하고라도 두 팔 걷어붙이고 새로 뛰어볼 텐데 이미 몸도 마음도 청춘에서 멀어진 50대에게는 매사가 벅차고 고달프기만 하다. 어렵게 중소기업에 입사한 사람들 중 많은 수가 결국 몇 달을 버티지 못하고 뛰쳐나오는 것은 바로 이런 사정 때문이다.

그렇다고 자기 사업인들 쉬울까. 우선 퇴직금만으로 시작할 수 있는 사업부터가 그리 많지 않다. 더구나 잘못 뛰어들었다가 얼마 안 되는 퇴직금마저 날려버린다면? 그야말로 식구들과 함께 당장 길바닥에 나앉을지도 모르는 일이다. 이러지도 저러지도 못하고 시간만 보내다가 통장 잔액이 서서히 바닥을 드러내게 되면 지푸라기라도 잡는 심정으로 자신을 받아줄 수 있는 곳을 찾아 나서게 된다.

헤드헌팅 회사에 들어오는 50대의 이력서 중 90% 정도는 이런 안타까운 사연을 담고 있다. 안정적인 직장에서 좋은 대우를 받으며 걱정 없이 지내다가 어느 날 덜컥 막다른 골목에 선 자신을 발견하게 된 사람, 그동안 열심히 살았고 별로 잘못한 것도 없는데 순식간에 지나온 인생이 오류투성이로 몰리게 된 사람의 이력서다. 참으로 황당하고 억울한 노릇이다.

뭔가 기업이 더 책임져주었으면 좋겠고 사회가 대안을 고민해주면 좋겠다. 그런데 문제는 이런 상황이 남의 일만은 아니라는 점이다. 기업의 속성과 직장생활의 사이클을 알고 미리 자신이 갈 길을 준비하지 않으면 누구라도 한순간 이렇게 막막한 처지에 놓일 수가 있는 것이다.

기업이 가장 좋아하는 직급은 과장

갈 길을 준비해야 한다고 했다. 그렇다면 언제 준비해야 할까? 일을 배우고 능력을 키우는 데 전념했던 시기를 벗어나 서서히 내가 놓인 위치와 내 앞에 펼쳐진 길이 조망되기 시작할 때 해야 한다. 어딜 가도 환영받는 존재여서 선택받기를 기다리지 않고 내가 선택할 수 있을 때 해야 한다. 50대에 어디서 무엇을 하기로 결정하든 차근히 그 일을 준비해나갈 수 있는 시간이 충분할 때 해야 한다.

"우리는 철저한 능력주의를 추구한다. 회사에 남고 싶은 사람은 남아 있어도 상관이 없지만 능력이 없으면 월급 인상이나 승진은 기대하지 마라. 회사를 그만두고 싶은 사람에게는 1000만 엔을 줄 것이다. 그 돈으로 창업을 하든 전직을 하든 자신이 결정하라."

일본 리크루트사의 정년제도에 대한 설명이다. 그런데 웬만한 조직의 정년과 달리 리크루트사의 정년은 32세다. 이 회사는 직원이 근무한 지 만 10년이 되면 자신의 가능성과 남은 인생을 걸고 앞으로의 회사생활에 대해 스스로 판단하도록 한다. '아니다'라는 결론이 나오면 과감히 회사에서 나가 자신의 길을 개척하라는 것이다. 이 파격적인 제도의 근간에는 입사 후 10년이면 이미 모든 것이 완성되어 있다는 생각이 깔려 있다.

경영전략가로 명성을 얻고 있는 오마에 겐이치는 『하프타임』에서 "입사 후 10년이면 회사에서 더 이상 배울 것이 없다"면서 이 시기를 "본격적으로 자신만의 목표가 설정되고 가동되어야 하는 시점"이라고 했다. 이때부터는 회사의 조직원으로서 갖는 목표와 자신만의 목표를 향한 준비가 병행되어야 한다는 것이다.

직장인으로서 절정기에 오른 10년차, 이때가 바로 다시 새로운 인생을 준비해야 할 시점이다. 나이로 치면 30대 중반에서 40대 초반까지의 시기다. 공자는 40세를 불혹不惑이라 하여 세상사에 미혹됨이 없는 나이라고 했다. 옛날 사람들은 40세면 이미 현업과 사회에서 떠날 때라고 여겼던 것이다. 그러나 현대인에게 40세는 인생 후반전, 곧 세컨드 커리어Second Career가 시작되는 나이다. 이 시기를 제대로 보내지 못하면 10년쯤은 어찌어찌 전반전의 연장으로 이어갈 수 있지만 50대를 맞이할 즈음이면 속절없이 뒤통수를 맞고 나가떨어지게 된다.

그래서 직장생활 10년을 넘어서면 직장인의 커리어는 중대한 전기를 맞이하게 된다. 지난 10년 동안 자신이 닦아온 길에 의해 앞으로 내가 어디까지 올라갈 수 있을지는 이미 정해져 있다. 당연히 나에 대한 회사의 판단도 거의 끝나 있다. 이때 최소한 20년을 내다보고 경력 지도를 꺼내 들어야 한다. 수정할 곳이 있으면 수정하고 새로 작성할 내용이 있으면 면밀히 써 넣어야 한다.

하지만 그 시기에 이르기 전까지는 아직 자신이 어디에 서 있는지, 자기 앞에 놓인 길은 무엇인지 선명하게 판별해내기 어렵다. 또 자신이 고민 끝에 결정을 내린다고 해도 아직 주가가 최고치에 이른 시기가 아니기 때문에 선택의 폭은 넓지 않다. 신입사원은 보통 1년에서 2년 동안 교육과 훈련을 받는다. 대리급이 되어도 아직은 독자적인 업무 수행 능력이 없다고 볼 수 있다. 물론 많은 일을 하는 것은 분명하지만 일종의 보조 인력으로서 기능한다는 것이다.

그러나 과장이 되면 이전과는 여러 가지가 달라진다. 이미 교육훈련이 완벽히 끝난 상태에서 자신의 책임하에 독자적인 업무 수행을 해나갈 수 있고, 그에 더해 아랫사람을 관리하는 능력까지 겸비하게 된다. 가장 왕성히 일하고 누구보다 유능한 시기이고 주가가 최고치에 올라 조직 내에서도 인정받고 외부에서도 가장 평가받는 직급이 바로 과장급이다. 과장급은 자기 몸값에 비해 훨씬 많은 일들을 하며 투입 대비 산출의 최고치를 보여주기 때문에 인재시장에서도 제일 잘나가는 인력이다. 이 빛나는 시기가 바로 직장생활 10년차 전후이다.

하지만 과장급이 지나면 어떤가? 최고치에 달했던 주가는 서서히 떨어져간다. 기업 내부에서는 점차 임원 선발의 시기에 다가서는 이들의 경쟁률을 줄이기 위해 차장급부터 급하게 숫자를 줄여나간다. 과장이 회사를 나간다면 쫓아다니면서 말리지만 차장부터는 나간다는 사람 붙드는 법이 없다. 실무에 큰 도움이 안 되면서 연봉만 높은 부장급이라면? 나간다는 소리를 환영할뿐더러 은근히 나가라는 압력을 가하기까지 한다.

회사 밖의 시선도 마찬가지다. 과장급은 이력서가 나오자마자 여기저기서 선뜻 뽑아가려 들지만 차장만 되어도 까다롭게 고개를 갸우뚱거린다. 부장이라면 특수한 포지션이거나 눈에 띄게 뛰어난 사람이 아니면 이력서를 받으려 들지 않는다.

직장생활 10년차란 얼마나 중대한 시기인가? 나머지 직장생활의 명운이 걸렸다고 해도 과언이 아닐 결정적인 시기, 그러나 가장 실무 능력이 뛰어나고 자신감에 넘쳐 왕성하게 일할 때라서 세컨드 커리어에 대한 고민을 쉽게 할 수 없는 시기다. 그래서 더욱 이 시기를 놓쳐서는 안 된다.

직장생활 10년차에 꼭 결정해야 할 세 가지

10년차가 되면 주변을 살피고 앞날을 내다보며 크게 세 가지 결정을 해야 한다.

첫 번째, 앞으로 계속해서 직장생활을 할 것인가, 아니면 조직의 울타리를 떠나 독립할 것인가를 결정하라

나는 기본적으로 창업을 권하는 입장이 아니다. 하지만 지난 10여 년의 경험과 자신의 특성, 자질에 비추어볼 때 남은 삶에 있어서만큼은 자기만의 승부를 꼭 봐야겠다고 결심한 사람이라면 한시라도 빨리 준비를 시작하라고 충고하고 싶다. 실제로도 50대에 회사에서 밀려나듯 퇴직해서 창업하는 경우보다 일찍부터 자신의 길을 정하고 준비 기간을 거쳐 창업하는 경우 성공률이 훨씬 높다.

30대 후반인 O씨는 2008년에 작은 식품회사를 창업해 성공적으로 자립했다. 대형 식품회사의 팀장으로 일하던 그는 2년 6개월 동안 퇴직을 준비했다. 그가 퇴직과 창업을 결심하게 된 동기를 들어보면 그의 성공은 어쩌면 당연한 것이라는 생각마저 든다.

"10년 후 내 모습을 내다봤다. 선배들을 많이 만났다. 퇴직한 사람들, 직장 상사, 임원, 다른 회사에서 일하고 있는 대학 동창 등을 지켜보면서 직장생활의 끝을 생각했다. 지금 그만두는 게 10년 후인 40대 후반에 그만두는 것보다 새로운 일을 시작하기에 유리할 거라고 확신했다."

두 번째, 직장생활을 계속한다면 지금의 조직에 그대로 남을 것인가, 아니면 다른 곳으로 옮길 것인가를 결정하라

대개 과장급 이상에서는 자신이 조직에서 어느 위치까지 오를 수 있는지 예상할 수 있다. 자신의 입지나 주변 분위기에 다소 둔감한 사람이라도 과장 고참이나 차장 단계에서는 확연하게 알 수 있다. 자신이 충분히 임원을 바라볼 수 있다고 판단되면 현재의 업무에 더욱 매진해 임원 승진 경쟁에서 우위를 점해야 한다. 이때 중요한 것은 승진에 필요한 성과를 만들어내는 일과 함께 임원의 자격 조건을 갖추는 일이다. 부족한 점이 있다면 미리미리 보완해서 약점을 줄여나가야 한다.

그러나 임원 승진이 어렵다고 판단된다면 부장이 되기 전에 임원이 될 수 있는 다른 조직으로 옮겨야 한다. 이미 말했듯이 기업에서 부장이라는 직책은 대개 관리자급이기 때문에 급격히 자리가 줄어든다. 따라서 수요가 많고 정착 가능성도 높은 과장, 차장 시기에 앞으로 10년 이상 근무할 곳을 찾아야 한다.

세 번째, 현재의 직무에 대해서 고민해보고 앞으로 갈 길이 제너럴리스트인가 스페셜리스트인가를 결정하라

HRD^{인적자원개발}와 HRM^{인적자원관리}의 역할을 생각하면 양자의 차이가 금방 이해될 것이다. 스페셜리스트의 전형인 HRD 인력들은 어느 시점 이후부터는 기업의 중심에서 벗어나 강의 등을 통해 자신의 전문성에 집중한다. 따라서 이들은 임원으로 승진하기는 쉽지 않지만 전문성에 기반해 자신만의 탄탄한 진로를 획득한다. 반면에 HRM 인력들은 경영과 직결되어 있다. 새로운 인재를 뽑고 평가하고 관리하는 작업을 통해 조직의 중심에 서게 된다. 이들은 제너럴리스트로서 성장해가며 임원도 이 속에서 발탁된다. 스페셜리스트는 기본적으로 자기 브랜드에 기반하며 직무지향성을 갖는다. 하지만 제너럴리스트는 조직 브랜드에 기반해 성장하고 조직지향성을 갖는다.

현재 기획 분야 또는 R&D나 기술 분야에서 일하고 있다면 스페셜리스트로 성장하는 것이 가장 좋다. 그러나 이 같은 특수 분야의 경우 위로 올라갈 수 있는 자리가 매우 제한되어 있다는 점을 기억해야 한다. 만약 전문성을 계속해서 담보해내기가 어렵겠다고 생각된다면 상대적으로 영역이 넓은 영업 쪽으로 방향을 전환할 필요가 있다. 영업은 기업이 존재하는 한 절대 사라지지 않는 분야다. 스스로 마음만 먹는다면 은퇴할 때까지 눈치 보지 않고 직장생활을 할 수 있다.

또 전문성이 부족하더라도 노력 여하에 따라 성과가 뚜렷하게 나타나는 분야이다. 그만큼 보상도 많이 주어지고 성과가 좋으면 임원으로 승진할 수도 있다. 게다가 은퇴 이후에 자기 사업을 꾸려볼 가능성을 생각한다면 일부러라도 경험할 필요가 있는 분야다.

지금껏 제너럴리스트로서 성장해왔다면 앞으로 어디서 임원을 할 것인가 하는 질문에 답해봐야 한다. 혹시 임원 경쟁의 부담을 벗어버리고 스페셜리스트의 길로 들어서야겠다는 생각이 든다면 지금이 마지막 시점이라는 것을 염두에 두고 남보다 더 많은 노력을 기울여야 할 것이다.

박수 받을 때 떠나라!

1997년 동양 창단 멤버로 코트에 서기 시작해 10여 년 동안 정상급에서 뛰어온 농구 선수 전희철. 그는 오리온스와 전주 KCC, 서울 SK를 거치면서 '국내 최고의 파워 포워드', 고무줄 같은 탄력을 지녔다고 하여 '에어본'이라고 불리며 눈부신 활약을 했다. 2002년 부산아시안게임에서 중국과 결승전을 벌일 때는 중요한 고비마다 3점포를 꽂아넣어 20년 만에 금메달을 탈환하는 데 주도적인 역할을 하기도 했다. 그런 그가 2007년 시즌에는 허벅지 부상으로 벤치를 지키는 일이 많았고, 2008년 시즌에는 새로 영입된 신인 선수와 포지션이 겹치는 문제까지 맞닥뜨리게 되었다.

당시 35세인 그가 선택한 길은 현역에서 은퇴하고 2군 감독으로 새 인생을 시작하는 것이었다. 그는 자신의 선택에 대해 이렇게 말했다.

"다른 팀에서 선수로 뛸 수도 있었다. 또 외곽에서 플레이를 한다면 2~3년 더 활동할 수 있을 것이다. 하지만 그렇게 하면 평가가 안 좋아질 게 뻔했다. '박수 받을 때 떠나라' 라는 말처럼 고민 끝에 지도자의 길을 택하게 됐다. 아쉬움은 남지만 이제는 지도자로 돌아섰기 때문에 최고의 2군 감독이 되겠다."

스포츠맨은 선수생활을 할 수 있는 기간이 그리 길지 않기 때문에 일반인보다 제2의 인생에 대한 고민을 많이 하게 된다. 하지만 실력이 떨어지고 체력이 바닥난 것도 아닌데 최고의 자리에서 더 뛸 수 있는 기회를 포기한다는 것이 어찌 쉬운 선택이겠는가. 그가 과감하게 지도자의 길을 선택할 수 있던 것은 현재보다 미래를 생각하고 "박수 받을 때 떠나라"는 금언에 충실했기 때문이다. 직장인도 이와 별다를 것이 없다. 직장생활 10년차, 실무에서 절정기에 올라 가장 주가가 높고 좋은 평가를 받을 때이지만 앞날을 생각하고 곧 내리막길로 접어들 것에 대비해야 한다.

그러나 현실은 정반대다. 많은 직장인들이 이 시기를 잠정적인 수확의 시기로 받아들이고 있다. 마치 대학 신입생들이 중고생 시절 내내 대입에 시달렸으니 당분간은 좀 즐겨야겠다고 생각하는 심리와 비슷하다. 그동안 쌓아온 업무 수행 능력에 안주한 채 새로운 시도나 도전을 멈추고 조직 내의 네트워크로 서서히 빠져드는 것이다. 게다가 회사는 나를 가장 필요로 하고 있고 내가 아니면 일이 아예 돌아갈 것 같지가 않다.

회사 안에서 목소리가 제일 크고 발소리마저 활기가 넘치는 것이 바로 과장이다. 심지어 술자리에서도 가장 말이 많고 당당한 이들이 바로 과장이다.

"우리 회사가 나 없으면 되겠어?" 이 자신감 넘치는 이들에게 "이제 미래를 고민하고 준비하라"는 말이 귀에 쉽게 들어올 리 없다. 솔직히 고백하자면 나 자신도 한창 기자로서 왕성하게 뛰던 30대 중·후반에 이런 충고를 들었더라면 "응, 그래?" 하고 말았을 것이다. 하지만 그 시기가 언제까지 계속되지는 않는다. 아니, 사실은 눈 깜짝할 사이에 지나버린다. '뭔가 이상한데'라고 느껴질 때쯤이면 이미 자신은 정상을 지나 산 중턱까지 떠밀려가고 있다.

사람은 40세가 넘으면 헤어스타일도 잘 바뀌지 않는다고 한다. 그만큼 40세 이후는 미래를 바라보며 산다기보다는 과거를 기반으로 사는 것이라고 할 수 있다. 인생에서 변화의 가능성도 많지 않다. 40대를 맞기 전에 세컨드 커리어에 대해 진지하게 고민하고 준비를 시작해야 한다.

"박수 받을 때 떠나라!"

어려운 말이다. 그래서 더 새겨들어야 하는 말이다. 박수를 받을 때 꼭 떠나야 하는 것은 아니지만 적어도 박수가 언제까지 계속될 것인지는 생각해야 한다. 그 고민의 시점을 놓쳐서는 안 된다. 언제? 박수를 받는 바로 지금, 고민해야 한다.

Part 2

직장에서의
인간관계는 곧
승진 대기표이다

_인정받는 사람이 되기 위한 관계의 노하우

CEO 가까이 가면 살고 멀어지면 죽는다 | 네트워크는 안 되는 일도 되게 한다

상사와 맞서려면 회사를 떠날 각오를 하라 | 사내정치에 무감해선 조직의 중심에 설 수 없다

상가와 회식 장소에서 운명이 결정된다 | 혼자서 일하려거든 조직을 떠나라

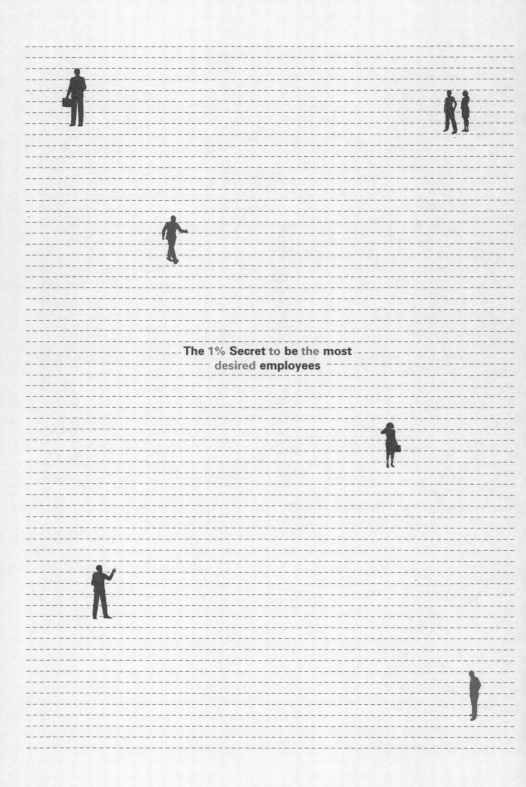

The 1% Secret to be the most
desired employees

CEO 가까이 가면 살고
멀어지면 죽는다

출세를 하려면 정신보다도 습관이나 경험이 필요하다. 그런데 사람들은 그것을 너무 늦게 깨닫는다. 그리고 그것을 깨달았을 때는 이미 저지른 온갖 실수를 돌이킬 여유가 없다. 성공하는 사람이 매우 드문 까닭이 여기에 있다.

—라브뤼예르

모든 직장인들이 회사 내에서 공통적으로 가장 마주치기 싫어하는 사람은 누굴까? 저 멀리서 그 사람의 얼굴이 보일라치면 대개는 슬며시 돌아서거나 걸음을 재촉해 피해버린다. 어쩔 수 없이 마주하게 되면 묻는 말에만 간단히 답하곤 최대한 빨리 자리를 뜬다. 어쩌다 엘리베이터에 단둘이 남겨지기라도 하면? 그 시간만큼 긴 게 또 있을까. 불편하고 부자연스러운 나머지 목구멍으로 침이 꼴깍꼴깍 넘어갈 지경이다.

대체 이 사람이 누구기에? 맞다. 사장이다. 또는 회장이나 상무를 비롯한 임원들이다. 신입사원만 그런 것이 아니다. 대리에 과장, 심지어 차장, 부장이 되어도 고위 간부나 사장은 일단 피하고 싶은 존재인 것이다.

CEO는 유능한 사람이 아니라
자주 보는 사람을 발탁한다

이 때문에 사장은 외롭다. 사전에 약속하지 않으면 마음 편히 식사 한 끼 같이할 직원을 찾기도 어렵다. 다들 넥타이 끈을 풀고 먹고 마시는 회식 자리에서도 사장이 나타났다 하면 저절로 기합이 들어가기 때문에 함부로 그런 자리에 끼어들 수도 없다. 미리부터 함께하기로 약속된 자리에서도 한사코 사장으로부터 멀찍이 떨어져 앉으려고 눈치싸움을 벌이는 직원들을 반강제로 끌어당겨야만 옆자리가 비지 않는다.

이런 상황을 모를 리 없는 사장이나 임원들은 내심 '어떻게 해야 직원들과 편하게 지낼 수 있을까'에 대해 고민한다. CEO들을 대상으로 한 유머 강좌가 인기를 끌고 사장이 직원들 앞에서 우스꽝스러운 분장과 퍼포먼스로 '망가지는' 모습을 연출하는 등의 시도가 바로 이런 고민의 산물이다.

그런데 진지하게 한번 생각해보자. 왜 사장을 피하고 싶은가? 부담스러우니까? 좋다. 그럼 왜 부담스러운가? 그야 사장이니까……? 다른 이유가 있는가? 이렇게 답할 수도 있겠다. "혹시라도 책잡힐 일이 있을까봐 두려워서." "사장과 친한 척하면 남들 보기에 아첨하는 것 같으니까." 하지만 이런 것들은 별로 이유라고 내세울 만한 것들이 못 된다. 사실은 뚜렷한 이유도 없이 모두들 '괜히' 사장이나 임원을 피하고 있는 것이다. 그러나 그에 반해 사장과 임원을 피하지 말아야 할 이유는 분명히 있다. 그것도 있는 정도가 아니라 엄청나게 크다!

미국의 한 헤드헌팅 회사가 경영자 1300명을 대상으로 조사를 했는데 사장과 임원을 멀리하는 직원은 제대로, 즉 자신의 능력에 따라 승진하기가 어렵다는 결과가 나왔다. 이 조사에 따르면 경영자들의 68%는 자신이 '자주 보는 직원'을 발탁했다. 유능한 직원이나 성실한 직원보다 자주 만나고 소통하는 직원을 먼저 승진시킨다는 것이다.

미국 기업에서만 그런 게 아니다. 사실 '자주 보는 사람'이 우선시되는 것은 동서고금을 막론하고 모든 인간관계와 조직생활에서 지극히 당연한 현상이다. 늘 권력자의 주변에 있는 사람들이 먼저 인정을 받고 좋은 평가를 받아 빨리 성공한다. 그래서 출세를 꿈꾸는 관료들이나 정치인들은 최대한 대통령을 비롯한 권력의 실세 주변으로 모여들게 마련이다. 기업에서는 비서실이나 기획실이 바로 이런 공간이 되어준다.

기업의 핵심 전략과 조직 운영의 원리가 생산되고 전파되는 요지이기도 하지만, CEO나 오너와 자주 얼굴을 대하고 가장 많은 대화를 나눌 수 있는 공간이기 때문이다. 반대로 경영자로부터 멀리 떨어지고 마주칠 기회가 없는 공간에서는? 승진이나 보상의 기회가 줄어드는 것은 물론이거니와 기업에 어려움이 닥칠 때 제일 먼저 구조조정의 대상이 되고 만다.

사장도 사람이다. 있는지 없는지도 모르는 아무개가 아니라 매일 얼굴 보며 농담하는 김 과장을 더 인정하고 배려하는 것은 인지상정이고 어찌 보면 당연한 일이다. 그런데 직장인들은 너무나 당연한 이 사실을 아예 잊고 살거나 그 중요성을 가볍게 넘겨버리곤 한다. 승진하고 싶고 발탁되고 싶으면서도 일상에서는 어쨌건 사장이나 임원에게서 멀어지고 피하려 든다. 보이지도 않는 곳에 가서는 '왜 나를 몰라주느냐'고 답답해하고 원망한다. 사장에게 가까이 다가서는 사람을 질시하고 비난하기도 한다. 때론 그래도 진심은 통하게 되어 있으니 더 열심히 해보자고 마음먹는다. '내가 능력만 있으면 되지.' '더 열심히 해서 성과만 내면 되겠지.' 안타깝게도 천만의 말씀이다.

능력과 성과로만 승진할 수 있다면 승진할 사람은 정말 쎄고 쌨다. 주위를 둘러보라. 나보다 더 능력 있고 더 성과가 좋은 이들이 없는가? 그들이 모두 차례차례 승진한 뒤 내게도 순서가 올까? 아니, 그보다 먼저 회사 안에 그들 모두를 승진시킬 만한 자리가 충분히 있기나 한가? 그런 회사는 어디에도 없다.

능력과 성과가 있다고 다 승진하는 것은 아니다

조직에서 인정받는 사람, 승진하고 발탁되는 사람은 누구인가? 여러 답이 있을 것이다. 하지만 분명한 점은 일단 사장과 가까운 곳에 있는 사람에게 기회가 많아진다는 것이다. 또는 사장이 아니더라도 결정적 인사권을 쥐고 있는 사람 근처에 있어야 가능성이 커진다.

직장인에게 능력과 성과는 매우 중요하다. 두말할 것 없이 가장 중요한 조건이다. 그러나 이것은 기본 조건이다. 기본에 충실하다고 해서 치열한 경쟁에서 곧장 우위를 점할 수 있는 것은 아니다. 왜? 기본에 충실한 사람들은 나 말고도 많다. 기본기만으로 남과 다른 경쟁력을 발하기란 감나무 아래서 감 떨어지기를 기다리는 것과 비슷한 일이다. 조선시대에 힘없는 가문의 선비들이 왜 유능한 관리로 평가를 받았는데도 지방관서로만 돌아야 했을까. 이들 중 상당수가 어떻게든 임금이 계신 한양과 가까운 곳으로 오려고 뇌물도 쓰고 연줄을 동원한 것은 왜일까. 지방에 있으면 기본적으로 승진에서 불이익을 당하기 때문이다.

대부분의 기업에서 승진은 본부 중심으로 이루어진다. 삼성의 CEO는 대부분 비서실 출신이다. 다른 기업들도 비서실이나 회장실 출신들이 나중에 조직의 핵심 간부로 성장한다. 주요 보직에 근무하다가 다시 회장실이나 기획실로 들어가고 또 승진한 뒤 나오는 식이다. 은행권도 마찬가지다. 본점에서 근무하다가 승진을 한 뒤 일선 영업점에서 잠시 근무하다가 다시 본부로 돌아온다. 검사들은 사법연수원 성적에 따라 가장 좋은 점수를 낸 이들이 서울중앙지검에 배치된다. 판사라면 서울중앙지법에 발령받는다.

이렇게 본부, 중앙, 핵심 부서에서 일하다 보면 자연스럽게 조직 내 유력 인사들과 접촉하게 되고 그들의 눈에 띄게 되면 이래저래 많은 기회를 얻게 된다. 행여라도 얻어먹을 떡고물이 많아진다는 뜻으로 알아듣지 말길 바란다. 똑같이 일해도 내 능력을 알아줄 사람이 많고, 성과도 금방 표시가 나고, 인정받고 평가받기가 다른 곳보다 상대적으로 훨씬 쉬워진다는 말이다. 평가의 결과가 가장 빨리 현실로 반영된다는 얘기다.

현대자동차의 최한영 부회장은 사내에서 초고속 승진 기록을 보유하고 있다. 그런데 그 과정이 참 재미있다. 그가 홍보실 이사로 재직하던 99년 정몽구 회장과 복도에서 스쳐 지나가게 되었다. 그때 정 회장이 우연히 마주친 최 이사에게 말했다.

"아참, 할 말이 있는데 자네 방으로 가서 차나 한 잔 할까?"

당시 현대자동차는 상무부터 개인 직무실을 배정하고 있었기 때문에 최 이사에게 따로 '방'이 있을 리 없었다. 최 이사가 "저, 제가 아직 방이 없습니다" 하고 답하자 정 회장은 "그런가? 몰랐군" 하고 말을 받았다.

그리고 얼마 뒤 최 이사는 상무보 단계도 거치지 않고 곧바로 상무로 승진했다. 그 뒤 5년 만에 그는 사장의 자리에까지 올랐고 순식간에 부회장으로 승진했다.

물론 최한영 부회장이 단지 정 회장과 복도에서 마주친 사건만으로 고속 승진의 길을 타게 된 것은 아니다. 정 회장은 평소부터 그의 상황 판단력과 뛰어난 화술, 균형감각 등을 높이 사고 있었다. 하지만 그날 복도에서 그에게 '방이 없다'는 사실이 부각되지 않았던들 그가 상무가 되기까지 1년이 걸렸을지 2년이 걸렸을지 알 수 없는 일이다. 이렇게 인사권자나 권력자와 우연히 얼굴 한 번 마주치는 일, 짧은 대화 한마디 나누는 일조차 결과적으로는 아주 큰 효과를 가져올 수도 있는 것이다. 실제로 그런 효과를 확인할 수도 있을까? 물론이다.

삼성의 호텔신라 사장 출신들이 승승장구하는 이유가 뭘까. 바로 이런 효과 때문이다. 이건희 회장을 비롯한 주요 임원들이 사람을 만날 경우 호텔신라를 약속 장소로 잡는 경우가 많다. 이곳에 근무하고 있으면 자연스럽게 주요 인물들이 방문할 때마다 인사를 하며 자신의 존재를 알릴 수 있다. 비단 삼성 임원들뿐 아니라 정부의 장차관, 국회의원, 주요 경영인 등 사회 유력 인사들이 드나드는 곳이기 때문에 그들과 마주칠 기회도 많아진다. 자연스럽게 그들의 눈에 띄고 그것이 연줄이 되어 어느 순간엔가 힘을 발휘하는 것이다.

뿐만 아니다. 어느 조직에 있건 뉴욕과 워싱턴에서 해외 근무를 하는 사람들은 승진이 가장 빠른 편이다. 공무원이건, 기업인이건, 언론인이건 가릴 것 없이 똑같다. 왜? 기관장, 장관, 사장 등의 방문이 잦은 지역이기 때문이다. 현지 근무자가 그들을 안내하고 보좌할 일이 많이 생기고 그러다 보면 자연스레 눈에 띄고 인정받게 되는 것이다. 심지어 언론사에서는 담당 기자들의 승진이 제일 빠르다는 말이 전해진다. 발행인이나 오너 등이 공항을 오갈 때 그곳에 나와 있는 기자들이 마중도 하고 안내도 하면서 얼굴을 익히고 말을 트게 되기 때문이다. 정부 부처에서는 대통령과 마주칠 기회가 많은 청와대 파견 근무를 하는 경우 보통 승진해서 돌아오거나 돌아와서 승진하게 된다.

물론 능력과 성과도 중요하다. 하지만 기본만 갖춰서는 경쟁력이 떨어진다. 눈에 띄어야 한다. 나의 존재를 알려야 한다. 내가 준비되어 있음을 기꺼이 입증해야 한다.

자신의 존재를 적극적으로 어필하라

대중의 인기를 먹고사는 연예인들에게는 사람들에게 잊힌다는 것은 곧 사형선고를 의미한다. 제아무리 재주가 많고 매력적이고 멋진 외모를 가지고 있은들 봐주고 인정해주는 사람들이 없으면 존재하지 않는 것이나 마찬가지기 때문이다. 하지만 연예인들만 그런 것은 아니다. 퇴직한 공무원들은 기회만 생기면 신문 칼럼난에 기고 글을 실으려고 애를 쓴다. 잊힌다는 것만큼 무서운 것이 없음을 알기 때문이다. 어떻게 해서든 자신이 살아 있음을, 여전히 건재함을 알리고 싶어하는 것이다.

헤드헌팅 회사 사장인 내게도 많은 사람들이 이메일이나 편지를 보내온다. "내가 어떤 자리를 그만두게 되었다"거나 "어디든 갈 수 있고, 자신 있다"라고 말한다. 또는 당장 직장을 새로 구하는 것이 아니면서도 "내가 이번에 어디로 옮겼다", "요즘은 이런 일을 새로 시작했다", "전무로 승진했다"는 등의 소식을 보내온다. 자신을 잊지 말라는 뜻이다. 가끔씩 전화를 해서 함께 술 한잔하자고 언제 골프나 치자고, 딱히 기약 없는 약속을 하기도 한다. 책을 보내오고 여행지에서 카드를 보내기도 한다. 자신을 늘 기억해달라는 뜻이다.

수많은 사람들이 있다. 인사권자가 그들을 일일이 다 기억할 수는 없다. 그중에 유독 당신만을 콕 집어내주는 기적은 쉽게 일어나지 않는다. 시야에 들어오는 사람, 가까운 곳에 있는 사람을 주목하고 그에게 기대를 걸고 큰일을 맡기게 되어 있다. 그러니 일단, 무조건, 힘을 가진 사람의 눈에 띄어야 한다. 그의 주변을 맴돌아야 한다. 아니꼽고 구차하다고 생각하는가? 비굴하게 살긴 싫단 말부터 튀어나오는가? 그렇다면 승진에 연연하지 마라. 조직에서 핵심이 되고 중책을 맡아보겠다는 마음도 비워라.

그렇지 않고 승진을 하고 싶다면 중요한 일을 맡아 신나게 능력 발휘를 해보고 싶다면 당신을 승진시키고 당신에게 중요한 일을 맡길 수 있는 사람의 근처로 옮겨라. 적극적으로 당신의 존재를 알리고 그에게 쉽게 잊히지 않을 기억을 남겨라. 제대로 한번 일을 같이 해볼 만한 사람, 같은 배에 타고 운명을 함께할 만한 사람이라는 인상을 심어주라. 적극적으로 자신의 생각을 밝히고 경영진과 커뮤니케이션을 시도하라. 모든 상사는 묻고 상의하고 자신의 의견을 말하는 아랫사람을 좋아하는 법이다. 비록 귀찮게 느끼는 사람일지라도 이 과정을 통해 그들 역시 자신의 존재를 확인하고 보람을 얻는다.

　누구나 기본적으로 자신을 닮은 사람에게서 편안함을 느낀다. 자신과 코드가 잘 맞는 사람을 좋아하게 된다. 사장도 마찬가지다. 자신을 닮은 사람을 발탁하고 중용하게 된다. 임원도 다르지 않다. 자신을 닮은 부장을 선호하고 아랫사람들을 자신의 스타일대로 이끌려고 한다. 결국 회사의 문화는 사장으로부터 형성된다고 할 수 있다. 기업의 문화는 여러 사람의 스타일이 어우러져 하나의 방식으로 조합되는 것이 아니다. '톱다운' 방식으로 CEO나 오너의 스타일과 철학을 회사 전체가 나름대로 공유하는 방식으로 만들어진다.

　CEO에게 가까이 다가가는 데 성공했다면, 이제 그의 장점과 탁월함을 발견할 차례다. 그리고 그를 닮으려고 노력해야 한다. 그가 눈곱만큼도 존경할 구석이 없고 전혀 마음을 주고 싶지 않은 사람이라면? 지금껏 너무 오랜 시간 낭비를 해온 셈이다. 당신이 사장을 신뢰하지 않고 존경하지 않는다면 그 사장 밑에서는 임원이 될 수 없다. 설령 임원이 된다해도 부질없는 일이다. 동의할 수 없는 사장과 그가 이끄는 회사에서 무슨 대단한 일을 하고 무슨 꿈을 실현하겠는가. 또 회사는 당신을 통해 어떤 발전을 이룰 수 있겠는가. 더 늦기 전에 다른 회사를 알아보는 것이 현명한 선택이다.

사장과 거리를 두고 그에 대한 평가와 입장을 유보해두고서는 절대로 회사의 중심에 설 수 없다. 기업에서 이는 아주 기본적인 원칙인데도 많은 직장인들은 이를 모른 척한다. 이러거나 저러거나, 사장은 사장이고 상사는 상사이며 나는 나일 뿐이라는 식이다. 사장을 어떻게 바라보고 그에 대해 어떤 평가를 품고 있는가가 직장생활의 기반이 되어야 하는데도 문제를 정면으로 응시하려 들지 않는다. 대신 술자리에서 사장이나 상사들을 싸잡아 폄하하고 투덜거리며 스스로 존재감을 확인하려 할 뿐이다.

이제는 달라지자. 더는 이런 식으로 직장생활을 이어가선 안 된다. 이렇게 해서는 직장에서 이룰 수 있는 것이 아무것도 없다. 사장과 임원을 욕하고 멀리해서는 승진할 수도 없고 조직의 중심에 설 수 없다. 그것은 결국 무기력하고 무능력한 사람의 자위일 뿐이다. 후배나 동료들이 맞장구를 치는 것은 술자리나 면전에서 일뿐이다. 그들도 돌아서서는 '참 이상한 사람이네, 절이 싫으면 중이 떠나는 법인데……'라고 생각한다.

아무리 답답해 보이는 사장, 괴짜처럼 보이는 사장도 바보는 아니다. 다 생각이 있다. 그 생각이 회사를 움직이고 이끌어 나가는 기본 동력과 철학으로 이어지고 있다. 그를 믿을 수 있다면, 믿기로 했다면, 애정을 가져라. 그를 따르고 그로부터 배우고 싶다는 마음이 가득해야 한다. 그리고 그 마음을 적극적으로 표현할 줄도 알아야 한다. 남세스러운 일이 아니다. 당신이 그의 신뢰를 받을 준비가 되어 있음을 알려주어야 한다.

왜? 그래야 아니까. 표현하지 않는 사랑은 사랑이 아니라고 하지 않던가. 당신이 사장이라도, 임원이라도 마찬가지일 것이다. 그들도 당신과 똑같은 감정을 가지고 있는 인간이다. 그의 입장에서 내가 믿음직스럽도록 만들어야 한다. 내 존재가 필요하고 중요하다고 느낄 수 있도록 해야 한다.

초고속 승진의 신화는 어떻게 만들어지는가

가끔씩 매스컴에 역경을 딛고 성공한 기업인들의 이야기가 신화처럼 소개되곤 한다. 그들에게는 어떤 특성이 있을까. 성공 신화의 주인공들은 대개 초고속 승진을 한 인물들이다. 자신과 같은 시기에 입사한 동기들보다 몇 단계씩 빨리 승진해 임원과 사장이 되었거나 뒤늦게 합류했음에도 앞서가던 선배들을 저 뒤로 제치고 핵심 간부가 되었다.

두어 해 전 나는 국내 기업인 중 고속 승진자 100명을 추려 그들의 속성을 분석한 적이 있다. 무엇이 그들의 빠른 승진을 가능케 했는지, 기업은 그들로부터 어떤 점을 발견하고 높이 산 것인지를 알기 위해서였다.

그 결과, 고속 승진자의 가장 두드러지는 특징 두 가지를 알 수 있었다. 첫째, 그들은 모두 분명한 목표를 가지고 있는 '자기 고용자'들이었다. 그들은 누가 시켜서 일을 하지 않았다. 자기 목표를 달성하기 위해 일에 빠져들었다. 자발적인 일벌레, 일중독자들이었다.

둘째, 그들에게는 재능과 태도를 인정하고 끌어준 사람들이 있었다. 자기 목표를 이루기 위해 부단히 노력하는 과정에서 선배나 상사, 사장의 눈에 띈 것이다. 이명박 대통령은 정주영 현대 회장의 눈에 띄어 입사 13년 만에 CEO가 됐다. 40이 다 되어서 첫 직장생활을, 그것도 파트타이머로 시작해서 결국은 외국계 회사의 마케팅 임원 자리에 오른 어떤 사람은 자신을 눈여겨본 직장 선배의 후원으로 이직과 전직을 통해 성공가도를 걸을 수 있었다.

관심을 끄는 것은 이들이 자신을 발탁한 윗사람의 조언을 충실하게 이행했다는 점이다. 좋은 멘토^{Mentor}를 만나는 행운을 얻었을 뿐 아니라 당사자들 역시 멘토링을 진지하게 받아들였기 때문에 성공 신화의 주인공이 될 수 있었던 것이다.

박현주 미래에셋 회장의 이야기는 유명하다. 그는 젊은 시절, 좋은 상사 밑에서 일을 배우고 싶어서 당시 최고의 스승감이라 점찍어둔 동양증권의 상무를 세 번씩이나 찾아간 일이 있다. 당연히 문전박대가 이어졌지만 그는 포기하지 않았고 결국 가르침을 받기 원했던 상무의 앞자리에 자신의 책상을 얻을 수 있었다. 세계적으로도 성공한 경영자들은 대개 탁월한 상사를 스승으로 두고 있다. 그로부터 비즈니스와 조직 운영의 원리를 배우고 일의 감각을 터득한다.

제프리 이멜트 GE 회장은 전임 회장인 잭 웰치로부터 직접 일을 배웠다. 지금 글로벌 기업들은 CEO와 주요 임원들이 직접 핵심 인재들의 멘토가 되어 교육과 훈련을 시키고 있다. 그들의 고민을 들어주고 문제의식을 확장시켜주며 조언하는 과정을 통해 그들이 조직의 중심축으로 자리 잡도록 이끌고 있는 것이다.

다시 한 번 말하건대, 사장과 임원을 멀리하지 마라. 최대한 그들과 가까운 곳으로 옮기고 그들에게 당신의 존재를 알려라. 그들을 닮고 그들로부터 배워라. 그래야 성장할 수 있다. 승진하고 성공할 수 있다.

그러나 아무 준비도 없이 가까이 갔다간 괜한 낭패만 겪고 말 것이다. 가까이 있으면 상대를 잘 알게 되는 법이다. 불성실하고 성과가 부진하고 태도가 미진하다면 아무도 눈여겨봐주지 않는다. 오히려 승진 부적격자로 영원히 낙인 찍힐지도 모른다.

이렇게 볼 때 CEO와 접촉한다는 것은 기회이자 시험이다. 적당히 대충 직장생활을 하려거든 굳이 CEO와 가까워지려 할 필요가 없다. 그렇지 않다면 전력투구해야 한다. 결과를 만들어내고 충성도를 보여주어 자기 존재의 가치를 증명해야 한다. 그런 사람들이 CEO 주변에 머물 수 있고 CEO와 함께 회사를 발전시켜나갈 수 있는 것이다. 그런 결심이 없다면 함부로 사장이나 임원의 곁을 맴돌려 하지 마라. 그저 승진하고 보상을 많이 받겠다는 욕심이라면 당장 포기하라. 사장과 임원의 눈에 띄는 사람은 조직의 핵심이 되겠다는 의지, 이 회사와 함께 보란 듯이 한번 성장해보겠다는 비전이 보이는 사람이다. 그 의지와 비전을 직접 행동과 성과로 보여주고 있는 이들이다. 지금 당신은 어떤가? 그런 사람이 될 준비가 되어 있는가?

네트워크는 안 되는
일도 되게 한다

전 직장 상사들과 점심을 먹고, 알고 지낸 모든 이에게 가끔 안부를 물으라. 평소에 이렇게
부지런히 연락하고 지내면 해고당한 뒤에도 비교적 쉽게 새 일자리를 잡을 수 있다.
―「CNN 머니」 기사 중에서

1960년 미국 인구의 8%에 불과했
던 대졸자 비율이 2000년대에 25%까지 늘어나게 된 이유, 그게 뭘까?
고등교육의 중요성이 더 커지고 있기 때문에? 혹은 학문에 대한 사회적
욕구? 아니면 부모들의 막연한 교육열 때문에? 전 미국 대통령 빌 클린
턴의 오랜 친구이자 클린턴 행정부에서 노동부 장관을 지낸 로버트 라
이히 교수는 그 이유를 아주 단순명쾌하게 설명한다.

"진실을 말하자면 직장을 구하는 데 있어서 대학 교육이 갖는 진정한
가치는 대학에서 배운 것보다는 대학에서 만난 사람과 더 큰 관계가 있
다. 아르바이트를 구할 때나 첫 직장을 얻을 때, 그리고 나중에 사업상
고객을 만들 때 친구의 부모는 그 주변인들을 소개해줄 것이다. 동창회

136

가 잘 조직된 학교를 다니면 더 앞서나갈 수 있다. 명문대학이라면 인맥의 가치는 더 높을 것이다. 아이비리그 대학의 교육이 다른 곳보다 뛰어난 점이 있다면 웅장한 도서관이나 교수들의 능력보다는 대학에서 얻게 되는 인맥 쪽일 것이다."

인맥은 한국에서만 중요하다?

결국 대학에서 얻을 수 있는 것은 인맥이라는 말이다. 미국 사회에서 인맥의 힘이 얼마나 강력한지를 증명해주는 산증인이 사회의 정점에 떡 버티고 있으니 바로 세계를 호령하다 막 권좌에서 내려온 조지 부시다. 그야말로 인맥으로 세상을 얻은 인물이다. 그는 머리가 뛰어나다는 평도 듣지 못했고 펑펑 놀며 공부도 별로 안 했다. 하지만 고급 인맥이 보장되는 좋은 학교들을 거치며 사교술을 발휘해 화려한 인맥을 쌓은 것이 그를 다른 누구보다 특별한 인물로 만들어주었고 결국 미합중국의 대통령이라는 자리까지 올려놓은 것이다.

미국이야 원래 겉으로는 민주주의와 다원주의를 내세우면서도 속으로는 백인 상류층끼리만 똘똘 뭉쳐 다 해먹는 동네 아니었나? 좋다. 그렇다 치고 이번엔 중국으로 가보자.

현재 베이징대학 재학생의 10%가 공산당원이라는 사실을 알고 있는가? 참고로 1991년에는 그 비율이 5%였다고 한다. 그렇다면 중국 사회에 다시 때 아닌 공산주의의 물결이 일고 있다는 건가? 그건 아니다. 공산당에 가입하는 학생들이 공산주의 이론에 대해 이전 세대보다 더 열광적인 면은 없다. 이들의 관심은 중국의 개방경제 속에서 유망한 일자리를 얻는 것뿐이다. 그런데 왜 공산당일까? 공산당이야말로 중국 최고의 구직 네트워크이기 때문이다. 중국의 한 30대 여성은 「뉴욕타임스」에 실린 인터뷰에서 이렇게 말했다.

"뛰어난 노동자가 되는 것만으로는 좋은 일자리를 얻는다고 확신할 수 없다. 사람들이 나를 조금이라도 인식할 수 있도록 하려면 당에 들어가는 것이 유일한 수단이다."

중국에서 인맥의 중요성은 가히 절대적이다. 특히 외국인이 중국에서 활동을 할 때 그 위력은 엄청나다. 중국에서 인맥을 구축하는 일은 '꽌시關係'라는 말로 통한다. 흔히 중국을 두고 "안 되는 일도 없고 되는 일도 없는" 사회라고 말한다. 바로 꽌시 때문이다. 꽌시가 있으면 안 되는 일도 되게 할 수 있고 꽌시가 없으면 될 일도 안 된다는 뜻이다. 그렇다고 꽌시가 우리 사회에서 통용되는 '빽'과 같은 것은 아니다.

한국 사회의 '빽'은 높은 사람의 권력을 통해 아래로 내려오는 형태의 압력이지만 꽌시는 실무 담당자와의 관계를 통해 직접 해결하는 형태를 띤다. 내 아버지가 높은 사람이라고 해서 명절 때 매표구 담당자로부터 기차표를 구할 수 있는 경우는 없어도 매표구 담당자와 평소 끈끈한 인간관계가 있는 사람을 알면 그를 통해 금방 표를 구할 수 있다는 말이다.

그럼 우리와 가까운 또 한 나라, 일본은 어떤가? 일본도 '코네コネ'가 지배하는 사회다. 코네라는 말은 영어의 커넥션connection에서 비롯된 말로 사회 초년생이 취업을 할 때나 직장인이 다른 사업체와 거래를 할 때,

사업상 새로운 계약을 트거나 프로젝트에 참여할 때 코네는 대단한 영향력을 발휘한다. 또 일본 사람들은 자신을 도와줄 만한 깊은 인맥이나 연줄을 두고 '파이프'라고 부른다. 일본 기업에서는 정부 고위직에 파이프를 확보하기 위해 관련 인사를 낙하산 채용하는 경우도 많다.

이 시대의 경쟁력은 연줄이 아니라 네트워크다

그렇다면 한국에서는? 지금 젊은 부모들은 자녀의 초등학교, 아니 유치원부터 가리고 또 가려서 보내려 든다. 그 인맥이 평생을 간다는 점을 알기 때문이다. 서울에서는 왜 다들 강남이나 목동으로 들어가지 못해 안달을 하겠는가. 물론 학력 차이가 크게 나기 때문이다.

하지만 그 밖에도 중요한 이유가 있다. 바로 친구들이다. 자녀가 어떤 친구들과 놀면서 자라느냐, 자라서 어떤 이들과 어울리고 서로 도움을 주고받을 것이냐를 고민하는 것이다.

내가 아는 한 가장은 대전에 가족을 두고 혼자만 서울에서 직장생활을 하면서 지낸다. 아이들을 대전의 연구단지에서 고등학교까지 마치게 하기 위해서다. 그곳은 한국 최고의 두뇌를 자처하는 연구원들의 자녀들이 모인 대전의 명문 학군이다. 그의 자녀들은 12년간이나 학창 시절을 함께한 아이들과 남은 일생 동안 친구로 지내게 될 것이다. 그는 자식에게 그런 친구들을 주는 것이야말로 부모로서 줄 수 있는 가장 큰 유산이라고 생각하고 있다. 현대판 맹모삼천지교라고 할 수밖에.

이젠 대학이나 과의 선택 기준 중 하나도 거기 모이는 사람들이다. 그 대학의 그 학과에 가면 어떤 배경을 가지고 어떤 목적을 가진 학생들이 모이는지, 그 학생들은 이후에 어떤 계통에서 얼마나 중요한 일들을 하게 될 것인지를 사전에 따져보는 것이다. 조기 유학을 갔다가 국내로 돌아오는 이른바 '연어족'의 귀국 후 첫 코스는 무엇인가? 국내 유명 대학원이다. 이들이 선택하는 것은 주로 명문대 경영대학원인데 그 이유는 공부를 더 하고 싶어서가 아니다. '물 좋은 곳'에서 사람들과 관계를 쌓기 위해서다. 그 관계를 기반으로 한국 사회에서 한자리 할 사람으로 커나가기 위해서다. 대학의 최고경영자 과정이나 경영대학원이 사람 사귀는 장소, 인맥을 넓히는 장소로 자리 잡고 있음을 모르는 사람은 없다.

그런데 이쯤에서 뭔가 찜찜한 느낌이 드는 이들이 있을 것이다. '그래? 이건 뭐 국제적으로 연줄이면 다 된다는 말인가? 성실하게 일하고 정정당당하게 실력으로 겨뤄보겠다는 생각은 안 먹힌다는 얘기야?' 그런 얘기가 아니니 굳이 빈정 상할 필요는 없다. 하지만 당신이 이렇게 생각한 데는 그럴 만한 이유가 충분히 있을 것이다. 우리는 이미 인맥과 관련해 겪어온 부정적인 경험들이 적지 않다.

한 조사에 따르면 우리나라 직장인의 96%가 '직장생활을 효과적으로 하기 위해서 인맥이 필요하다'고 여기고 있다고 한다. 그러나 자신의 인맥 관리에 대해서는 66%가 '인맥 관리를 잘 하지 못하고 있다'고 답했다. 그 이유로는 '소극적인 성격' 때문이거나 '방법을 잘 몰라서'라고 답한 이들이 가장 많았다.

그런데 이 조사에서 '인맥'에 대한 이미지가 어떤가 물었더니 전체의 57%가 '학연', '파벌', '접대', '아부', '낙하산', '로비' 등의 단어를 떠올리며 매우 부정적인 이미지를 나타냈다. 그에 반해 '수평적 네트워크', '상부상조', '든든한 백그라운드', '인생의 보험' 등 중립적이거나 긍정적인 이미지를 떠올린 이들은 전부 합쳐 32%에 불과했다. 즉 직장인들은 인맥 관리를 현실적으로 매우 중요하게 인식하고는 있지만 이를 부정적으로 바라보는 경향 때문에 두려워하고 소극적인 태도를 보이고 있는 셈이다.

확실히 '인맥'이라는 말에는 부정적인 이미지가 들어 있다. 그것이 '빽'이라면 '있는 놈들끼리 다 해먹는' 사회의 도덕적 타락상을 떠오르게 하고, '연줄'이라면 '학연'이나 '지연' 같은 고질적인 병폐를 떠오르게 한다. 그러나 이 수동적이고 음성적인 개념을 이제는 양지로 끌어내 청소하고 소독해야 한다.

이 시대의 인맥이란 숱한 정보들 속에서 자신에게 꼭 필요한 정보를 얻고, 스스로를 홍보하며, 위기에 대처할 수 있는 적극적인 능력을 가리킨다. 더 이상 인맥 관리는 '연줄 만들기'가 아니다. 인맥을 어떻게 만들고 관리하느냐 하는 문제는 훌륭한 인재라면 절대로 소홀히 해서는 안 되는 자기 관리의 일환이다.

인맥도 실력이다. 자신을 중심으로 촘촘한 인간관계를 조직하고 넓혀나감으로써 자기 브랜드를 최상의 상태로 관리하는 실력이다. 즉 이제는 연줄이 아니라 네트워크를 만들고 관리해야 한다. 새로운 네트워크의 개념 아래서 구성원들의 관계는 대등하다. 권력을 쥔 한 사람 밑에

아부하고 줄을 서는 것으로 네트워크를 형성할 수는 없다. 구성원들 사이의 결합 조건도 유연하고 유대관계도 이전보다 훨씬 유동적이다. 또한 이들 사이에는 정보와 자원이 더욱 자유롭게 교환된다.

다시 말해 이제 남의 힘을 이용해보려고 억지로 연줄을 대던 시대는 끝났다. 대신 하나의 점으로 존재하는 개인들, 조직들 사이에서 얼마나 내실 있는 네트워크를 조직하고 확장해나갈 것인가가 관건이다. 모든 부문에서 경쟁이 치열해지는 이 시대에 인맥은 더 이상 만병통치약이 될 수 없다. 혈연이나 학연, 지연에만 매달려 뭔가를 해보려 한다면 그건 시대착오다. 오히려 단편적이고 일회적인 관계, 폐쇄적인 관계만 만들게 될 뿐이다.

앞으로 필요한 것은 다면적이고 개방적인 관계, 확장을 지향하는 관계다. 줄서기가 아니라 공통의 가치관과 관심사를 바탕으로 한 다양한 교류를 통해 자신의 실력을 업그레이드하는 데 도움이 되는 정보망이다.

네트워크에는 장벽이 없다. 문을 지키고 서 있는 문지기도 없다. 누구나 자신의 의지와 행동에 따라 얼마든지 훌륭한 네트워크를 조직해갈 수 있다. 사람에게서 성공과 금을 캐는 이 시대에 누구나 갖추어야 할 경쟁력, 그건 연줄이 아니다. 네트워크다.

직장인의 가치는 네트워크에 달려 있다

한 기업에서 임원이나 CEO를 뽑을 때는 그 사람 개인만을 선택하고

자 하는 것이 아니다. 그가 가진 지식과 경험은 물론 그의 네트워크를 통해 동원할 수 있는 지식과 경험을 함께 고용하는 것이다. 따라서 네트워크에 따라서 그의 가치는 달라진다. 한 사람의 가치는 바로 그가 형성하고 있는 네트워크의 총체적 가치다. 삼성경제연구소가 운영하는 세리CEO에서 회원들을 대상으로 CEO가 되기 위한 최고 덕목을 조사한 일이 있다.

과연 어떤 능력이 최고로 뽑혔을까? 바로 '대인지능' 이었다. 대인지능이란 한마디로 인간관계, 즉 네트워크를 형성하고 관리하는 능력이다. 네트워크 관리 능력이 출중하면 CEO로 성장할 기반이 갖추어지는 것이고 반대로 그 능력이 떨어지면 CEO가 될 수 없다는 얘기다.

기업은 한 인재를 채용할 때 그의 네트워크 안에 있는 정보들은 물론 그 안에 속한 인재까지 회사와 연결되기를 기대한다. 한 인재를 통해 회사 역시 새로운 네트워크를 구축하기를 기대하는 것이다. 한 회사의 임원인데도 유능한 인재, 참신한 인재를 회사의 인력풀로 끌어오지 못한다면 그는 임원이 될 자격이 없다고 해도 과언이 아니다. 만약 그럴 만한 네트워크를 가지고 있는데도 회사의 네트워크로 연결시키지 않는 것이라면 그는 회사에 충성할 마음이 없는 사람이다. 이런 사람을 조직의 핵심에 놔두어선 안 된다. 기회가 생기면 곧 떠날 준비를 하고 있는 사람에게 어떻게 회사의 중책을 맡길 수가 있는가?

반대로 사내의 인재들이 자신의 네트워크를 충분히 가동하고 있는데도 조직의 네트워크로 기민하게 이어가지 못하는 회사라면 이것도 분명 뭔가 잘못되어가고 있는 것이다. 이 경우엔 조직의 시스템과 철학을 점검하고 문제점을 찾아내 고쳐야 한다.

　이제는 개인의 능력만 뛰어나서는 큰 성과를 내기도 어렵고 좋은 평가를 받기도 쉽지 않다. 자신이 관계를 맺고 있는 모든 공간과 사람에게 얼마나 충실한가, 그에 따라 얼마나 정교한 네트워크를 구축해두고 있는가에 따라 자신의 가치를 인정받는 세상이다. 그런데 네트워크를 가장 높이 평가받고 활용할 수 있는 장도 직장이지만 네트워크를 쌓을 수 있는 최적의 장도 바로 직장이다. 직장 네트워크, 비즈니스 네트워크가 날로 주목받고 있는 것은 누구나 자신이 속한 공간 안에서 일상적인 네트워크를 구성할 수 있기 때문이다.

　영어 공부를 하는 경우를 떠올려보자. 학원에 다니고 테이프를 들어서는 아무리 열심히 해도 영어 실력이 쉽게 늘지 않는다. 하지만 외국계 회사에 들어가서 되든 안 되든 영어 회의에 참석하고 영어로 이메일을 보내느라 스트레스를 받다 보면 얼마 안 가 영어 실력이 월등히 늘어 있음을 깨닫게 된다.

　대체 무슨 차이일까? 업무상의 필요, 즉 일종의 강제성 때문이다. '열심히 해야겠다'고 생각해서 하는 것과 '안 할 수가 없어서' 하는 것은 그 결과가 다르게 나타난다.

　마찬가지로 네트워크를 확장할 때도 필요성이 중요하다. 서로 필요에 의해 만난 것이 아닌 느슨하고 우연한 관계는 쉽게 네트워크로 연결되지 못한다. 하지만 업무상 필요 때문에 함께하는 동료들, 이렇게 저렇게 만나 함께 일하는 거래처 파트너들과는 누가 시키지 않아도 자연스럽게 네트워크가 형성된다. 일을 하다 보면 어느새 서로에 대해 알게 되고, 어떤 때 상대방이 필요한지, 그가 가진 장점과 단점은 무엇인지, 그가 가장 잘 알고 있는 정보는 무엇이고 내가 그에게 줄 수 있는 정보는 무엇인지 손쉽게 파악된다.

그러나 업무로 맺어진 관계는 업무가 끝나면 저절로 소멸될 가능성 또한 크다. 내가 기자생활을 하면서 만났던 수많은 사람들 중에서 지금까지 연락을 하고 지내는 사람은 전체의 1/10도 채 안 된다. 그들과 나는 취재원과 기자의 관계로 만나 한때 긴밀한 네트워크를 형성하기도 했으나 취재원과 기자라는 관계가 사라지자 계속해서 관계를 지속할 동기를 잃어버린 것이다. 그래서 네트워크를 확장시키려면 관계를 만드는 데서 더 나아가 관계를 지속시키는 노력을 해야 한다.

1차적 관계를 어떻게 2차, 3차 관계로 발전시켜나갈 것인지를 고민해야 한다. 의식적으로 방법을 찾고 많은 관심과 시간, 비용을 들여 노력해야 한다. 내가 아는 사람 중에는 업무상 알게 된 지인들의 결혼식이나 문상에 꼬박꼬박 참여하는 이가 여러 명 있다. 그 많은 경조사를 다 챙기려면 휴일에 변변히 쉬지도 못하고 지나는 날이 얼마나 많겠는가. 그래도 그들은 꾸준히 주변 사람들의 경조사를 챙김으로써 업무적 관계를 개인적 관계로 바꿔 가는 데 성공하고 있다. 업무상 관계가 개인적 관계로 바뀌면 이제는 외부적 필요성과 동기가 없어도 관계가 쉽게 끊어지지 않는다.

'마당발'이 되라는 말이 아니다. 오히려 '마당발'들은 그리 내실 있는 인간관계를 갖기 어렵다. 사람을 많이 안다는 것과 네트워크가 넓고 탄탄하다는 것은 완전히 다른 얘기이기 때문이다. 사람 많이 아는 것으로 따지면 이 나라에서 대통령만 한 사람이 있을까? 하지만 대통령이라는 자리를 떠난 이후에 그가 알던 사람들과 얼마나 진지하게 관계를 이어갈 수 있을지는 의문이다.

우리 회사에서 함께 일하는 헤드헌터들을 보아도 네트워크의 규모는 사람을 많이 아는 것과는 확실히 다르다. 헤드헌터라는 직업은 네트워크를 절대적으로 요구한다. 일을 잘하려면 사방팔방으로 인맥이 형성되어 있어야 한다. 그래서 면접을 할 때부터 그 사람의 개인적 능력만큼이나 그의 네트워크를 중시하게 된다. 쉽게 말하면, 후보자가 기업의 임원들과 얼마나 인맥이 닿아 있는지, 관련 분야의 전문가들과 얼마나 소통하고 있는지, 각종 관련 조직의 의사결정권자와 어떻게 연결이 가능한지 등을 파악한다는 것이다.

이른바 네트워크 평가다. 그런데 아무리 여러 조직의 여러 사람을 '안다'고 해도 실제 업무에서는 정보를 주고받거나 도움을 주고받지 못하는 경우도 적지 않다. 단순히 누군가와 아는 관계인 것과 그를 통해서 비즈니스가 시작되는 것은 전혀 별개의 문제인 셈이다.

기업에서 필요로 하는 것은 여기저기 명함만 뿌리고 다니는 실속 없는 마당발들이 아니다. 서로에 대한 기본적인 인정과 신뢰 위에 서로의 비즈니스에 관심을 기울이고 도움을 주고받을 수 있는 탄탄한 네트워크. 기업이 요구하는 것은 이런 네트워크를 갖춘 실력자들이다.

옛 동료와 고객을 떠나지 마라

직장을 떠난 사람들이 이후에 보이는 태도는 크게 세 부류로 나뉜다.

첫 번째 부류, 직장을 떠났으니 아예 상관없는 사람이라는 듯 관계를 뚝 끊는 이들. 대부분의 사람들이 이 경우에 속한다. 이들은 회사에 다니는 동안에도 업무적 관계를 개인적 관계로 발전시키지 못했을 가능성이 크다. 첫 직장에서 만난 동료들과는 나름대로 관계를 이어가는 사람들도 두 번째 이후의 직장에서는 대부분 이렇게 퇴사와 함께 관계를 단절시키는 경우가 많다.

두 번째 부류, 전 직장을 폄하고 비난하는 이들. 이미 떠난 조직의 문화와 업무 프로세스, 동료나 상사들을 헐뜯고 비웃는 사람들. 어떤 이유에서건 보기 좋은 모습이 아니다. 또 스스로에게 도움이 될 만한 것도 없다. 오히려 기업에서는 이런 사람들을 피하고 싶어한다. 이유 없는 무덤이 없으니 나름대로 그럴 만한 사정이야 있겠지만 분명 전 직장에서 제대로 평가받지 못했고 업무 성과가 떨어졌을 가능성이 높다고 생각하기 때문이다.

세 번째 부류, 언제 직장을 그만두었냐는 듯 수시로 들락거리며 옛 직장의 동료들과 어울리는 이들. 사실 떠난 사람이 그렇게 쉽게 들락거리는 모습을 보면 은근히 얄밉기도 하다. 그러나 이들이야말로 네트워크 관리를 제일 잘하는 사람들이다.

직장은 네트워크의 핵심 기반이다. 특히 사회생활을 시작한 지 오래지 않은 직장인들에게 첫 직장은 자기 네트워크의 절반 이상의 비중을 차지한다. 그래서 첫 직장과 첫 보직은 매우 중요하다. 첫 직장에는 이후 가장 오랜 인맥이 되어줄 입사 동기들이 있다. 또 첫 보직에서 비롯되는 자기 분야가 이후 네트워크의 방향성을 결정해준다.

과거에는 네트워크의 핵심이 초·중·고 동창들이었다. 그러다 그 중심이 대학교 과 동기나 동아리로 옮겨지는가 싶더니 요즘엔 입사 동기와 첫 직장 동료들 등이 가장 중요한 네트워크의 구성원으로 주목받고 있다. 아마도 사람들의 평균 수명이 길어짐에 따라 또 사회가 더욱 발전하고 분화됨에 따라 관계의 중심도 달라지는 것이 아닐까 싶다. 앞으로 네트워크의 핵심 구성 기반은 더욱 늘어날 것이다. 학창 시절의 인맥과 첫 직장의 인맥, 두 번째와 세 번째 직장의 인맥 등 새로운 관계망이 생길 때마다 이전의 관계를 방치하지 않고 오히려 모든 관계망을 종횡으로 엮어 관리하고 연결시킬 수 있는 능력을 보여주는 사람이 더욱 가치를 발할 것이다.

만약 스스로 초·중·고나 대학의 동기생 네트워크가 약하다고 생각한다면 직장 네트워크 관리에 더욱 신경을 써야 한다. 이직 경험이 있다면 자신에 대한 기억마저 지워지기 전에 전 동료에게 연락해 안부라도 전할 일이다. 또 지금의 직장에서 맺고 있는 다양한 관계들을 더욱 소중히 여기고 사람들에게 세심하게 관심을 기울일 일이다.

직장생활에서 동료 다음으로 중요한 네트워크는 고객 네트워크다. 예전에야 고객은 언제까지나 고객일 뿐이었지만 지금은 고객이 고객으로만 그치지 않는다. 헤드헌터 생활을 하다 보면 특히 이 점을 실감하게 된다. 예를 들어보자. 헤드헌터가 한 기업의 인사 담당자로부터 인재 추천 의뢰를 받는다. 헤드헌터는 그가 원하는 인재를 발굴해 추천해주고 기업으로부터 수수료를 받는다. 이때 인사 담당자는 철저히 고객의 입장에 있다.

그런데 얼마 뒤 헤드헌터에게 비용을 지불했던 그 기업의 인사 담당자가 이번에는 이직을 원하며 자신에게 맞는 직장을 찾아달라고 후보자로 등록을 해온다. 그런가 하면 헤드헌터가 기업에 추천해 입사하게 된 후보자가 이번에는 채용 담당자가 되어 그의 새로운 비즈니스 파트너가 된다. 이리 얽히고 저리 설키며 주체와 객체가 수시로 뒤바뀌는 것이다. 그래서 헤드헌터들은 인사 담당자건 후보자건 똑같이 소중하게 대해야 함을 그 누구보다 잘 알고 있다. 언제 어떤 관계로 다시 만나게 될지 알 수가 없으니 당연한 일이다.

그 와중에 만약 헤드헌터가 고객에게 비윤리적 행동을 하거나 직업윤리에 어긋나는 처신을 한다면? 잠깐이야 눈 가리고 아웅 할 수 있겠지만 그는 얼마 못 가 매장되고 만다. 반대로 최선의 서비스와 능력 발휘를 통해 고객들을 만족시킨다면 그 효과는 금방 불어나게 되어 있다. 자신의 고객과 곧 다른 위치에서 만나게 된다면 업무에 큰 도움을 받게 될 것이 분명한데다 당장 그런 일이 벌어지지 않는다 해도 그 고객의 네트워크를 통해 그에 대한 좋은 평판이 번져나갈 것이기 때문이다.

한 번 고객은 영원한 고객이라고 한다. 그만큼 변치 않는 정성으로 대하라는 뜻일 것이다. 그러나 현실에서 한 번 고객은 영원한 고객이 아니다. 고객이 동료가 되고 의사결정권자가 되어 나의 성과와 업무 능력을 쥐락펴락하는 경우가 점점 많아지고 있다. 그러니 고객을 대할 때는 '다시 만날 사람', '고객을 넘어설 사람'이라는 생각으로 대하라. 지금 정성을 다할 뿐 아니라 다음에 언제 어디서 만나도 그가 나를 반가워하도록 만들겠다는 자세로 한 차원 높은 프로의식을 발휘하라.

네트워크 지수를 끌어올려라

사람의 능력과 사회적 성공은 어떤 관계를 갖는가? 이 질문에 답하기 위한 노력이 IQ지능 지수를 넘어 EQ감성 지수, CQ의사소통 지수, SQ성공 지수까지 만들어냈다. 그리고 이제는 바야흐로 NQ, 즉 네트워크 지수의 시대가 열리는 중이다. NQ는 타고난 머리나 감수성, 교육 환경, 주변 환경 등으로부터 거의 영향을 받지 않는 요소다. 다시 말하면 남들에 비해 특별히 가진 것도 없고 주변에 유리한 조건이 없어도 크게 문제가 되지 않는다. 온전히 나 자신의 태도와 노력 여하에 달렸다. 그러니 정말 해볼 만하지 않은가?

탈무드에는 "가난해도 부자의 줄에 서라"는 명언이 있다. 지금 누구를 만나고 누구와 알고 지내느냐가 미래를 결정한다는 얘기다. 인생은 혼자서 가는 길이 아니다. 더구나 성공하는 삶을 위해서는 든든한 동반자, 원군들이 필요하다. 내 목적을 위해 누군가를 이용하는 것이 아니라 서로의 목적을 이루기 위해 좀 더 긴밀해지고 풍부해질 필요가 있다. 이렇게 생각하면 인생에서 네트워크를 만들고 관리하는 일만큼 즐겁고 보람 있는 일도 없을 것이다.

자, 이제 당신의 네트워크 지수를 한 단계 끌어올리자. 그러기 위해서는 일단 사람을 대하는 마음가짐부터 다시 세워라. 먼저 만나는 모든 사람을 '보물'로 여길 것. 실제로 모든 사람은 보물이다. 당장 당신에게 도움될 것이 하나도 없는 초라해 보이는 사람이라도 당신이 갖지 못한 능력과 가능성을 적어도 한 가지 이상은 꼭 가지고 있다. 이 점을 이해하지 못하면 당신의 네트워크는 크기만 커 보였지 알맹이는 한 줌도 안 되는 속 빈 강정이 되기 쉽다.

다음, 어떤 형태로든 커뮤니케이션을 시도하라. 아무리 '저 사람 참 괜찮다'라고 생각해도 말 한마디 건네지 않고 악수 한 번 청하지 않는다면 그와 당신은 절대로 엮이지 않는다. 모든 관계는 서로를 명확히 인지하는 데서 출발한다는 점을 기억하라.

또 있다. 관계가 끊어지지 않도록 관리하라. 서로의 포지션에 따라, 성향과 관심사에 따라 누군가와는 일주일에 한 번이 될 것이다. 또 누군가와는 한 달에 한 번, 또는 일 년에 한 번이 될지도 모른다. 그래도 좋다. 어쨌건 관계의 끈을 놓아서는 안 된다. 돌보지 않는 관계는 무조건 끊어지게 되어 있으니 노력을 들이고 정성을 들여라.

마음은 있지만 성격상 불가능하다고 지레 뒷걸음치지 마라. 노력해야 한다. 아무리 성격이 활달하고 사교적으로 보이는 사람도 자기 나름대로 노력을 기울이고 있는 것이다. 똑같이 새로 만나는 자리에서 함께 시간을 보내도 다음번에 만나면 보이는 양상이 판이하다. '저 사람들은 언제 저렇게 친해졌지? 분명 나도 같은 자리에 있었는데…….' 이렇게 생각하며 혼자만 여전히 새로 나온 사람처럼 서 있곤 하는가?

그렇다면 사람을 만날 때 그의 정보에 집중하라. 아무리 사소해 보이는 정보들도 그냥 흘리지 말고 기억해두라. 다음에 만날 때 당신이 남들보다 그에 대해 한 가지라도 더 기억하고 있어야 한다. 그 정보들이 곧 당신의 편이 되어줄 것이다. "요즘도 수영 열심히 배우시나요?" "댁이 일산이라고 하셨죠?" 이런 말 한마디에서도 상대방은 당신의 관심을 느끼고 당신을 새롭게 바라볼 것이다. 상대방의 정보를 기억하는 데서 한 발 더 나아가 그에게 도움이 될 만한 정보를 특별히 일러준다면 더할 나위 없다. "흑백사진 좋아하시죠? 곧 괜찮은 전시가 열린다던데요?" "회사 자문 변호사를 구한다고 하셨죠? 제가 아는 변호사 중에 그쪽 업계에서 일하던 분이 한 분 계신데 그 회사에 관심을 보이시더군요." 이 정도 센스라면 그 사람도 당신에게 관심을 기울이지 않을 수 없을 것이다.

또한 적극적으로 여러 모임에 참여하고 모임에서는 할 수 있는 한 주동적인 인물로 활동하는 것이 좋다. 취미활동 모임도 좋고, 자기계발 모임, 스포츠와 여가 모임, 종교활동 모임 다 좋다. 특히 요즘은 각양각색의 인터넷 동호회가 성황을 이루고 있어 크게 시간 투자를 하지 않아도 많은 이들과 소통할 수 있다. 그러나 인터넷 활동의 경우 철저히 익명성과 자율성에 맡겨져 있기 때문에 오프라인 모임에 참석하는 데까지 이어지지 않으면 인맥 형성으로 발전시키기 어렵다. 때문에 좀 더 적극성을 발휘해야 한다.

마지막으로 무조건 직장 네트워크부터 챙겨야 한다는 점을 잊지 마라. 직장인들의 네트워크는 기본적으로 동료와 상사, 부하 직원과 맺는 관계에서 출발하게 된다. 직장 동료만큼이라도 자신의 네트워크로 형성하고 유지할 수 있다면 성공이다. 은퇴하기 전까지 우리가 접하는 직장은 3~4개, 많으면 7~8개에 이른다. 그곳에서 만나는 동료들을 계속해서 나의 인맥으로 가져간다고 생각해보라. 그것만으로도 넉넉하다.

"네트워크가 정말 중요하더라"라면서 새삼스레 사방팔방으로 다니며 시간과 돈, 정력을 펑펑 허비하는 이들이 있다. 물론 잘못은 아니다. 문제는 그들이 정작 자신의 가장 가치 높은 네트워크는 여전히 방치하고 있다는 데 있다. 다른 데 가서 네트워크를 만들려고 애쓰기 전에 먼저 동료들부터 챙겨라. 동료들의 대소사와 경조사, 그들과의 점심식사와 저녁 회식에 먼저 정성을 쏟아라. 내 주변에서 인정과 신뢰를 끌어내지 못하고서야 어디서 더 폼 나고 더 수준 높고 더 위력적인 네트워크를 만들 수 있겠는가.

사실 네트워크를 꾸리는 데 정답은 없다. 그러나 단지 그 중요성을 진지하게 인식하는 것만으로도 당신은 변화할 것이다. 주변 사람을 대하는 태도, 지인들과 관계를 맺는 방식이 달라질 것이고, 그들도 당신의 달라진 모습에 곧 감응하게 될 것이다. 당신의 네트워크는 곧 질적인 도약을 이루게 된다. 좋은 인맥이란 양보다 질을 담보하는 법이니 지금 바로 곁에 있는 사람들에게 정성을 쏟아라. 당신과 함께 일하는 동료야말로 당신 네트워크의 핵심이라는 사실을 알고 그를 다른 누구보다 귀하게 여겨라. 깊은 관계를 맺어라. 틀림없이 그는 당신의 인생에 천군만마가 되어줄 것이다.

상사와 맞서려면
회사를 떠날 각오를 하라

당신은 상사보다 더 인정받으려 해서는 안 된다. 그것은 승리처럼 보이나 어리석고 치명적인
종말을 앞당긴다. 윗사람의 시기를 받는 것은 인간 세계에만 있는 일이다. 그러나 현명한 부
하는 역할에 맞게 연기하는 배우처럼 상사와 비교될 때 자신의 능력을 감출 줄 안다.
―그라시안

예전에 미국에서 연수할 때 그곳
에 유학온 한국인 대학원생들의 모습을 보고 깜짝 놀란 적이 있다. 대학
원생들이 명절이면 지도교수의 집에 모여 음식을 준비하거나 각종 가족
행사에 참여해 뒷바라지를 하는가 하면 교수 부인이 시장을 보는 데 따
라가서 거들기까지 하는 것이 아닌가. 이건 뭐 그 집 가정부와 별로 다
르지 않아 보일 정도였다.

물론 타향살이를 하거나 가족이 없는 대학원생들을 교수가 불러서 챙
겨주는 측면도 있었다. 하지만 도가 지나쳐 교수의 집에서 시집살이를
하는 것 같은 연구생들의 모습을 보니 '차라리 교수가 안 되고 말지, 어
떻게 저럴 수가 있나' 하는 생각이 들었다.

상사는 내 업무의 일부이자 필요조건이다

정도의 차이야 있겠지만 우리 사회에서도 지도교수와 대학원생의 관계는 단지 가르치고 배우는 관계를 넘어 사적으로도 '모시고', '거느리는' 관계를 형성하는 것이 일반적이다. 군대에서는 어떤가? 군인의 부인들은 남편의 계급에 따라 자신에게도 서열이 부과된다고 느낀다. 장군의 부인은 장군급이고, 대령 부인은 대령급, 부사관 부인은 부사관급인 식이다. 이렇게 되면 남편들 사이의 서열 관계가 부인들 사이에서도 고스란히 이어지고 가족들 사이의 관계에도 절대적인 영향을 미칠 것이다. 그 부인들, 가족들이 느끼는 상사에 대한 부담감과 스트레스가 얼마나 클지는 직접 보지 않아도 짐작할 수 있다.

그러나 모든 조직생활에서 상사란 절대, 없애거나 무시할 수 없는 존재다. 직장생활에서는 특히 그러하다. 직장인들이 꼽는 가장 큰 스트레스가 '상사 스트레스'라는 점은 그 방증이기도 하다. 요즘 직장인들 사이에 유행하는 우스개 중에 이런 것이 있다.

"세상에서 만족하기 힘든 세 가지가 있는데, 첫째는 연봉, 둘째는 배우자, 셋째는 직장 상사다."

직장인의 70~80%는 상사에 대해 불만을 품고 있다. 상사와 맞지 않아 직장을 떠나고 싶어하거나 실제로 그런 경험이 있는 이들도 상당하다.

대체 상사와 관계가 왜 이렇게까지 문제가 되는 것일까? 대한민국의 상사들이란 함께 일하는 사람에게 괴로움과 짜증만을 유발하는 이상한 존재들이란 말인가? 그럴 리야 있겠는가? 내가 보기에 이렇게까지 상사

스트레스가 만연해 있는 가장 큰 이유는 상사에 대한 왜곡된 인식이 퍼져 있기 때문이다.

불가근불가원不可近不可遠, 가까이 하기는 싫지만 그렇다고 매양 멀리할 수만은 없는 존재, 일단 존재 자체가 부담스러운 존재, 상사란 그런 존재라고 여겨지곤 한다. 만약 비서로 일하는 사람이라면 상사 자체가 자신의 업무 대상이기 때문에 애매할 것이 없다. 상사를 돕고 그가 일을 잘할 수 있도록 지원하는 것이 비서의 고유 업무다.

그러나 일반 직장인들은 상사가 자신의 업무 대상이라고 생각하지 않는다. 상사 없이도 일할 수 있고 상사 없이 성과도 낼 수 있다고 여기기 때문에 어떤 면에서는 상사를 불필요한 존재처럼 인식하고 있다. 그런데 현실에서 상사는 매사에 감 놔라 대추 놔라 하며 간섭하고 통제하니 한없이 불편할 수밖에.

그런데 과연 상사는 내 업무의 일부가 아닐까? 정말로 상사 없이 내 직무를 잘 수행해갈 수 있을까? 또 상사가 없어도 조직이 원활히 돌아갈 수 있을까? 만약 이 질문들에 "그렇다"라는 답이 나온다면 일단 본인의 인식 구조에 오류가 있는 것은 아닌지 의심해봐야 한다. 그게 아니라면 회사에 지나치게 군살이 많은 것일 수 있다. 원래 상사란 꼭 필요한 만큼만 존재하게 되어 있기 때문에 필요 없는 상사가 있다면 그는 회사의 군살일 뿐이다.

일반적인 직장에서 부서원과 상사 사이의 관계를 보면 재미있는 현상을 발견할 수 있다. 사무실에서 상사가 잠시 없어지면 부서원들은 해방감을 느낀다. 분위기가 밝아지고 순식간에 자유의 공기가 사무실 가득

퍼져나간다. 그러나 그 자유로움이 업무의 효율성으로 이어질 수 있는 지는 고민해볼 문제다. 대체로 부장이나 이사가 일찍 퇴근하는 날에는 부서원들도 일찍 퇴근한다. 상사가 출장을 가면 아침 출근시간은 약속이나 한 듯이 모두들 늦어진다. 상사가 외출을 하면 부서원들은 느긋한 점심식사에 후식을 거쳐 점심시간을 넘기고 난 뒤에야 사무실로 돌아온다.

하지만 이런 일들이야 그동안 상사에게 너무 들들 볶였기 때문이 아닐까? 단지 일시적인 현상일 뿐 상사가 없는 상태가 지속된다면 얼마 지나지 않아 자율적으로 근무 기강이 서게 되지 않을까? 천만의 말씀이다. 상사가 없으면 조직의 업무 효율은 필연적으로 떨어지게 되어 있다.

왜 그럴까? 조직의 모든 업무는 기본적으로 상사와 연결되어 있기 때문이다. 모든 직장인들은 상사로부터 업무 지시를 받는다. 그에게 업무의 진행 과정을 보고하고 함께 협의해야 한다. 그 결과도 상사로부터 평가받아야 한다. 승진이나 전보 발령 등 자신과 관련해서 회사 안에서 일어나는 모든 일에 상사는 필수불가결의 요소로 자리 잡고 있다.

CEO가 어떤 사람인가에 따라 회사의 실적이 달라지고 조직 전체의 문화가 좌우되며 주가가 변동된다는 점에 이견이 있는 사람은 없을 것이다. 알고 보면 각 단위의 상사들도 이와 마찬가지 역할을 한다. 본부장이 누구냐에 따라, 부서장이 누구냐에 따라 본부와 부서의 실적이 달라지고 부서의 문화와 위상, 중요도가 달라진다.

결국 상사는 내가 회사에서 일을 하는 데 없어서는 안 될 필요조건이다. 상사와 어떤 관계를 맺고 있느냐에 따라 내 업무의 효율성과 성과는 판이하게 달라진다는 얘기다.

상사의 '선'을 넘지 마라

언젠가 몇몇 상장 기업 부장들을 대상으로 한 강연회에서 이런 질문을 던진 일이 있다.

"어떤 문제에 대해서 반대 의사를 굽히지 않는 부하 직원이 한 명 있습니다. 이미 결정된 사항이고 당장 추진해야 하기 때문에 여러 차례 납득시키려 했지만 그는 끝까지 자신의 의사를 접지 않았습니다. 이런 경우에 어떻게 처리하겠습니까?"

"그의 의견을 무시하고 일을 진행하도록 지시한다", "따로 술을 한잔하면서 이야기한다" 등의 대답을 한 이들도 있었지만 대다수의 부장들은 "그 일에서 그를 제외시키겠다"는 대답을 했다. 나 역시 그 방법이 정답이라고 생각한다. 상사의 권위로 그에게 일을 추진하도록 지시할 수는 있겠지만 그런 상황에서라면 그 직원이 혼신의 힘을 다해 일을 하지 않을 것이 뻔하기 때문이다. 이 일을 왜 해야 하는지 납득하지 못한 사람이 어쩔 수 없이 떠밀려 일을 하는데 좋은 결과가 나올 리 없다.

자, 그럼 당신이 그 부하 직원의 입장이라면 어떻게 하겠는가? 어떤 일이 닥쳤을 때 그 진행 과정에서 자신의 반대 의견을 밝히고 그 정당성을 주장하는 것은 자연스럽고도 필요한 일이다. 또한 직원들의 그러한 발언이 잘 받아들여질 수 있는 직장 환경도 매우 중요하다.

그런데 핵심은 그 다음 대목이다. 반대는 두 번까지라는 점. 또는 아무리 넉넉하게 잡아야 세 번이 한계라는 점이다. 상사에게 자신의 의견을 이유와 함께 정확히 밝혔는데도 받아들여지지 않는다면 자신을 믿고 한 번 더 주장해볼 수 있다. 그런데도 마찬가지 결과라면 이제는 깨끗하게 상사의 결정에 따라야 한다. 상사의 결정이 잘못되었더라도 일단 수용하면서 부작용을 최소화하는 쪽으로 방향을 돌려야 한다.

당신이 상대하고 있는 상사가 아량이 넓은 사람이라면 평소에 직원들의 반론과 비판적 견해들을 너그럽게 수용하는 모습을 보여줄 것이다. 하지만 누구나 자기 안에 가지고 있는 자존감의 '선'이라는 것이 있다. 사람마다 높낮이의 차이는 있지만 누군가 그 선을 넘어 도전해오는 일이 생기면 견디기 어렵다는 점에서는 똑같다. 상사도 당연히 그렇다.

하지만 아랫사람들은 상사의 '선'이 어느 정도인지 잘 모르는 경우가 많다. 자신의 친구나 동료 앞에서는 같은 문제로 인해 한두 번쯤 깊이 고민해본 일이 있으면서도 유독 상사에 대해서는 섬세하게 생각하는 법이 없다. 어쩌면 사람들은 '상사란 모름지기 하해와 같은 아량을 갖추고 모든 말을 다 수용할 수 있는 존재'라는 식의 환상을 품고 있는지도 모른다. 상사가 너그러운 사람일수록 더욱 그렇게 여기는 경향이 있다.

하지만 현실이 어디 그런가. 당연히 상사도 사람이다. 아무리 너그러운 사람이라고 해도 어느 순간 '어라, 이 친구가 이렇게까지 이야기하나? 이건 심한데……' 하고 자존감을 건드리는 순간을 맞게 된다. 이 상황에서도 아랫사람의 의견이나 입장만을 계속 존중해줄 수 있는 상사가 있다면 아마 그는 세상사에 초탈한 도인의 경지에 든 사람이 아닐까.

그러니 현명한 아랫사람이라면 상사와의 관계도 현실적으로 판단해야 한다. 반론이나 부정적인 의견을 계속 고집할 것인가 아닌가는 자신이 하는 이야기가 상사에게 수용되고 있는가에 따라 결정해야 한다. 상사가 내 이야기를 수용하는 중이라고 판단된다면 문제가 없다. 하지만 그렇지 않다는 생각이 들면 더 이상 같은 이야기를 할 필요가 없다. 더 이상 수용의 여지가 없는데도 계속 반론을 고집하는 것은 이미 합리적인 근거를 잃은 자기만족일 뿐이다. 어차피 받아들여지지 않을 것임을 알면서도 끝까지 자신을 굽히지 않겠다고 한다면 그때는 상사가 기분이 나쁘겠거니 정도가 아니라 회사를 떠날 각오를 하고 있어야 한다.

왜? 조직의 기본 룰이자 조직원의 기초적인 의무 중 하나는 상사의 지시에 따르는 일이다. 간혹 당신이 그 기본 룰을 잊는 경우가 있다 하더라도 상사는 잘 기억하고 있다. 그래서 더욱 상사의 선은 함부로 넘어서는 안 되는 것이다.

선을 지키라는 말이 그래도 윗사람인데 자존심은 좀 살려줘야 되지 않겠나 하는 뜻만은 아니다. 상사의 선을 만만하게 봐서는 곤란하다. 상사가 쳐놓은 선은 일단 조직의 가치와 지향성을 담고 있다. 또한 생산성과 성과 지향이라는 기준이 그 중요한 구성 요소이다. 그리고 그 속에는 근본적으로 아랫사람들이 자기 리더십의 범위 안에 있기를 기대하는 심리가 들어 있다. 바로 위에서 이야기했듯 리더십의 손상은 조직의 기본 룰을 손상하는 일이기도 하기 때문이다. 그러니 상사의 선을 넘는다는 것은 상사에게 내가 '이 조직에서 더 이상 일할 수 없는 사람'임을 공표하는 일이기도 한 것이다.

하지만 많은 사람들이 별 생각 없이 기분에 따라 선을 넘곤 한다. 상사가 갑자기 생각을 바꿔 자기 의견을 받아줄 거라고 기대해서도 아니고 이 사안에 내 직장생활의 명운을 걸고 떠날 각오까지 되어 있다고 생각한 것도 아니다. 어느 순간부터는 일이 더 잘 되기를 바라는 진심에서 우러난 말이나 행동이 아니라 그냥 가는 데까지 가보자고 들이대는 것뿐이다. 대체 뭘 위해서? 커뮤니케이션 능력이 상당히 떨어지는 사람들이라고밖에 볼 수 없다. 한순간 스치는 자기만족 외에 그가 얻을 수 있는 것은 전혀 없다. "바닷물을 끓이지 말라"는 말이 바로 이런 사람을 두고 한 말이 아닐까 싶다. 참으로 딱한 일이다.

상사에게 절대로 해서는 안 될 말

상사들 중에는 매사에 갈등을 일으키고 주는 것 없이 그저 싫은 사람도 있지만 허물없이 대해주어 특별히 가깝게 느껴지는 사람도 있다. 하지만 아무리 친해도 상사는 상사다. 편한 마음에 말실수를 했다가 미운 털이 박혀 뜻하지 않은 위기를 맞게 될 수도 있다.

「위클리 월드 뉴스」 최신호에 실린 '직장 상사에게 절대 삼가야 할 말 10가지'라는 기사가 눈길을 끈다. 과연 이 미국판 십계명이 우리 사회에는 얼마나 적용될까. 하나씩 짚어가며 혹시 나는 무심코 이런 식의 말을 했던 적이 없는지 점검해보자.

1. "기분이 우울해서 하루 쉬고 싶어요."
   차라리 감기 몸살에 걸렸다고 하라. 직장 상사는 업무상 이해할 수 있는 변명을 좋아한다.

2. "제가 사실은 사무실에 있는 누구를 좋아하는데요."

무슨 일이 있어도 공과 사를 혼동하지 마라. 사무실 안에서 일어나는 사건과 감정이라고 해도 애정 문제는 철저한 개인 문제다.

3. "이건 실수하신 겁니다."

항상 중간자적인 입장을 유지하는 것이 현명하다. 당신의 직장 상사가 틀렸을지라도 한 발자국 뒤로 물러서서 사태를 관망하는 것이 좋다.

4. "아내(혹은 남편)와 싸웠습니다."

직장 상사는 당신의 집안 문제에까지 끌려 들어가길 원치 않는다. 그는 카운슬러가 아니다.

5. "에이, 어떻게 그런 정치가를 지지하세요."

정치나 낙태 같은 골치 아픈 논쟁거리는 피하라. 논쟁에서 반대 입장을 내세우면 업무상 당신에게 불리한 결정을 내릴 수도 있다.

6. "어제 술을 너무 많이 마셨어요."

술을 마셨더라도 그냥 머리가 아프다고만 말하라. 그는 당신이 회사 일에 전념하는 사람이길 원한다. 출근 전날 술 파티를 벌였다는 것을 알면 당신을 무시할 수도 있다.

7. "전에 있던 직장에서 해고됐어요."

이 말은 당신에게 중대한 결점이 있는 것이 아닌가 하는 의심을 낳게 한다. 얼떨결에 그렇게 말했다면 즉시 스스로의 의지에 따라 그만둔 것임을 강조할 필요가 있다.

8. "전에 모시던 직장 상사는 영……."

남을 욕하는 당신을 보고 '이 친구가 나중에 나에 대해서도 혹시' 라는 의심을 불러일으킬 수 있다.

9. "요즘 살이 찌신 것 같네요." 혹은 "담배를 너무 많이 피시는 것 아니에요?"

그 자신도 이미 잘 알고 있다. 직장 상사가 스스로 느끼고 있는 사실을 재차 확인시키지 마라. 이런 소리를 듣기 싫어 당신을 멀리하게 될지도 모른다.

10. "제가 그렇게 될 거라고 말했잖아요."

당신이 경고를 했음에도 상사가 실수를 했다면 모른 척하라. 그는 나름대로 다른 관점에서 일을 한 것이다. 그를 무능한 존재로 취급한다면 그 역시 당신을 무능하게 만들지도 모른다.

상사가 바뀌면 60일 안에 결정하라

직장생활에서 가장 곤혹스러운 경우 중 하나가 함께 일하던 상사가 떠나고 새로운 상사가 그 자리를 채울 때다. 최근 「하버드 비즈니스 리뷰」에 게재된 '새 CEO 밑에서 생존하는 법'이라는 기사를 읽으면서 대기업 임원인 S씨가 떠올랐다. 그는 회사 안팎에서 능력을 인정받던 인물이었지만 회사가 다른 기업에 인수될 거라는 소문이 돌자 잠을 못 잘 정도로 걱정이 컸다. 앞으로 자신의 운명은 어떻게 될지, 지금껏 자신이 쌓아온 경력에 이번 일로 흠집이 생기지는 않을지 불안했던 것이다.

얼마 뒤 그의 회사는 실제로 다른 기업에 합병되었다. 조직은 그대로 유지되었지만 사장은 인수 기업 쪽에서 새로 선임한 인물로 바뀌었다. 이 흐름을 지켜보면서도 S씨는 쉽게 태도를 정리하지 못했다. 이 기회에 이력서를 새로 쓸 것인가 아니면 새 사장의 사람이 되기로 하고 충성을 바쳐야 할 것인가를 판단하고 얼른 실천에 옮겨야 했다. 그러나 유감스럽게도 그는 그러지 못했다. 한동안 우왕좌왕하며 갈피를 잡지 못하던 그는 몇 달 뒤 결국 경영진의 압력으로 인해 떠밀리듯 회사를 떠나야 했다.

일반적으로 CEO가 바뀌면 임원들은, 또 경우에 따라서는 팀장급까지도 커다란 변화에 직면하게 된다. 회사의 안정성을 위해서 기존 임원진을 유지하려는 CEO도 있지만 대개는 새로운 리더십을 창출하기 위해 핵심적인 위치에 있는 임원들 몇몇은 자신과 잘 맞는 인사들로 교체하곤 한다.

케빈 코인 하버드 비즈니스스쿨 교수는 2002년부터 2004년까지 미국 1000대 기업을 대상으로 임원 이직률을 조사한 적이 있다. 그 결과 이 기간 중 임원들의 평균 이직률은 7.5%였지만 CEO가 내부 인사로 교체됐을 때는 이직률이 12.5%로 높아졌다. 특히 CEO가 외부에서 영입되었을 때는 무려 26%까지 훌쩍 뛰었다. 평상시 이직률에 비해 CEO의 내부 교체가 이루어지면 두 배 가까이, 외부 교체가 이루어지면 네 배 가까이 높아지는 것이다.

보통 새로운 CEO의 판짜기는 취임 후 1~2개월 안에 이루어진다. 즉 새로운 판에 자신의 자리를 만들어 넣기 위해서는 이 기간 안에 무언가를 보여주어야 한다는 뜻이다. 케빈 코인 교수는 새 CEO 밑에서 살아남으려면 자신의 가치를 증명해야 한다며 이렇게 조언한다.

'새 CEO가 올 때 휴가 가지 마라.'
'먼저 나서서 새 CEO를 돕겠다는 의지를 피력하라.'
'변화를 수용하라.'

어찌 보면 지극히 상식적인 이야기일 뿐이다. 그런데도 막상 변화를 요구하는 상황 앞에서 이를 잘 지키는 사람들은 그리 많지 않다. 예전처럼 하던 대로 하는 것을 가장 편하게 느끼고 변화를 불편하게 느끼는 관성이 큰 탓이다. 그러나 CEO가 바뀌면 적어도 1개월 안에는 자신의 입장을 분명히 해야 한다. 남아서 적극적으로 돕겠다는 뜻을 피력하든가 아니면 다른 곳을 찾아 떠날 준비를 해야 한다.

당신이 새로운 CEO의 입장이 되어 임원들을 바라본다고 치자. 다가와 함께하겠다는 모습을 보이지도 않고, 그렇다고 회사를 떠나겠다는 것도 아닌 어정쩡한 태도가 얼마나 불편하고 성에 안 차겠는가. '저런 사람에게 계속 임원이라는 중책을 맡긴다면 회사가 잘 돌아갈 리가 없지'라고 생각하는 것이 당연한 수순이다. 앞서 예를 든 S씨의 경우도 이렇게 애매모호한 태도를 취하다 회사로부터 정리를 당한 셈이다.

CEO가 바뀌면서 헤드헌팅 회사를 찾아오는 임원들의 대다수는 자신의 의사에 따라 적극적으로 새로운 일자리를 찾는 경우가 아니다. 그들은 처음부터 회사를 떠날 생각이 아니었기 때문에 떠날 준비는 더더구나 하지 않고 있었다. 사실 그들은 새로운 CEO가 말만 하면 언제든지 자신의 능력과 가치를 보여줄 생각이었다. 새 CEO가 큰 문제를 가진 사람만 아니라면 언제까지라도 회사에 남아 충성을 다할 각오도 되어 있었다.

그런데 이들은 왜 생각지도 않게 회사를 떠나야 했던 것일까. 새로 온 CEO는 그들에 대해 알지 못한다. 또한 그는 외로운 존재다. 먼저 자신을 알리고 손을 내밀어야 하는 쪽은 새 CEO가 아니라 기존의 임원들인 것이다.

이런 현상이 사장과 임원 사이에서만 벌어지는 것이 아님은 두말할 나위가 없다. 임원과 팀장들, 팀장과 팀원들 사이에도 똑같이 적용된다. 조직의 하부 단위로 내려올수록 상사와 아랫사람의 관계는 더욱 일상적이고 긴밀해진다. 그런 만큼 상사가 바뀐다는 것은 직장생활 전체가 완전히 달라지는 조건이 될 수도 있다.

만약 새로 부임한 상사가 자신과 나이나 입사 시기 등에서 큰 차이가 없다면 여간 곤혹스러운 게 아니다. 관계가 어색해지니 가까이 갈 수도 없다. 그렇다고 외면하자니 일이 제대로 이루어질 리가 없다. 하는 수 없이 부딪힐 기회를 최소화하며 멀찍이 배회하게 된다. 하지만 이런 상황이 계속된다면 당신은 조직에서 성장하고 발전하기 어렵다. 어쩌면 존속 자체가 어려울 수도 있다.

어떤 상황에서건 상사가 바뀌면 늦어도 60일 안에 태도를 분명히 해야 한다. 그를 나의 상사로 온전히 받아들일 것인지 아니면 떠날지를. 그와 함께 가겠다고 결정했다면 적극적으로 그의 편이 되어야 한다. 그를 지지하고 그의 업무 지시에 충실히 따라야 한다. 그럴 수 없다는 판단이 서면 다른 부서, 다른 직장을 찾아 빠른 시일 내에 떠날 준비를 서둘러라. 당당하게 그리고 세련되게 업무를 매듭짓고 새로 옮겨갈 자리를 알아보라.

가장 나쁜 것은 떠날 생각도 없으면서, 갈 곳도 없으면서 상사와 소원한 관계를 유지하는 것이다. 상사의 입장에서는 어차피 내 사람이 될 가능성이 없다면 내치는 쪽을 선택하게 된다. 애매한 태도를 보이며 멀찍이 겉도는 사람을 그대로 놔두면 조직의 분위기가 점점 더 이상해지고 업무의 효율성이 떨어질뿐더러 자신의 리더십이 손상될 것이 뻔한데 어떻게 그냥 보고만 있겠는가. 당신이 상사라면 과연 그런 사람을 마냥 배려하며 감싸안기만 할 수 있겠는가?

상사 앞에서 '적당히'는 통하지 않는다

자, 이제 당신 자신이 현재의 상사와 어떤 관계를 맺고 있는지 생각해 보라. 상사를 자신의 업무라고 생각하고 있는가? 아니면 피할 수 있는 존재이자 가능하면 피하고 싶은 존재라고 여기고 있는가? 상사와의 갈등이나 의사소통의 부재로 인해 스트레스를 받고 업무에 장애를 빚고 있지는 않은가? 그와 관계를 개선한다면 당신의 업무 추진 과정과 조직의 성과에 도움이 될 거라는 생각이 드는가?

그와 부딪치는 순간도 떠올려보자. 상사의 의견이라면 틀렸다고 여겨지는데도 토를 달 생각조차 못하고 있는가? 또는 그에게 맞서 두 번, 세 번, 그 이상 무모하게 불평이나 반대를 고집하고 있는가? 혹시 결정된 사항에 불만을 품고 명령을 거스르거나, 겉으로는 따르는 척하면서 일을 태만하게 하고 있지는 않은가?

상사와 맺고 있는 관계에 대해 진단이 끝났다면 스스로 자신에게 필요한 처방을 내려보자. 이때 가능한 큰 선택지는 딱 두 가지뿐이다. 그와 손을 잡거나, 그렇지 않다면 떠나거나. 아마 대부분의 독자들은 크건 적건 일상적인 상사 스트레스로 인해 괴로워하고 있겠지만 그 문제 때문에 당장 조직을 떠나야겠다는 결단을 내리기는 어려울 것이다. 이 말은 다시 생각하면 지금껏 당신이 상사와의 관계로 인해 업무의 효율성과 조직 내 입지, 훌륭한 성과와 잠재적 기회들을 미처 아까운 줄도 모르고서 포기해왔다는 뜻이기도 하다. 얼마나 안타까운 일인가?

상사와 어떤 관계를 맺을 것인가 하는 문제는 직장생활의 시작부터 끝까지 따라붙는 숙제와도 같다. 이 숙제를 외면한 채 직장 내 위치와 업무를 보전한다는 것은 어불성설이다. 이 조직을 떠나 다른 조직에 가서도 상사를 만나게 될 것이고 당신도 곧 상사가 될 것이다. 그렇다면 이제는 상사를 '가까이 하기엔 너무 먼' 사람으로만 바라볼 것이 아니라 적극적으로 관계를 모색하고 그를 도와 조직이 목표를 달성할 수 있도록 해야 하지 않겠는가?

상사의 의견에 반대한다면 마음껏 반론해도 좋다. 하지만 두 번까지 받아들여지지 않는다면 세 번째에는 깨끗이 지시에 따르자. 상사로 하여금 '이 사람은 말할 것은 똑바로 하고 할 일도 제대로 한다'는 생각을 갖게 한다면 앞으로 당신은 대단한 신뢰와 지원을 바탕으로 일할 수 있게 될 것이다. 그러나 반대로 자신과 의견이 다른 상사의 실패를 기대하고 실패 앞에서 '내가 뭐랬어' 하며 비웃고 싶다면 이는 비즈니스맨이 될 자격이 없는 사람이다. 곧 상사와의 관계가 아닌 다른 문제, 다른 국면에서라도 그는 심각한 좌절을 맛보게 될 것이 틀림없다.

그리고 당신의 상사가 바뀐 지 얼마 안 되었다면 그런데 아직 태도를 선명하게 보여주지 못했다면 이제라도 다시 처음으로 돌아가 결정을 하자. 처음으로 돌아가 그의 손을 제대로 잡을 것인지, 아니면 그의 수하를 떠날 것인지. 그리고 내일부터는 그 결과에 따라 적극적으로 움직이자. 기본적으로 조직은 분명한 태도를 원하지만 특히나 변화 앞에서 '엉거주춤'이나 '적당히'는 절대로 통하지 않는다.

사내정치에 무감해선 조직의 중심에 설 수 없다

정치에는 불을 대하듯 할 것이다. 화상을 입지 않으려면 가까이 해서도 안 되며, 동상을 입지 않으려면 멀리 떨어져서도 안 되는 것처럼.　　　　　－안티스테네스, 고대 그리스 철학자

　　　　　　　　　　　　　　　　기업에는 각종 조직이 있고 위계가 있다. 공식적인 업무와 업무 보조, 지원은 모두 이를 통해 이루어진다. 신입사원이 처음 입사해 익히게 되는 것은 바로 이 사내 조직과 위계 질서다. 그런데 업무에 익숙해질 즈음이면 서서히 윤곽이 드러나는 또 다른 사내 질서가 있다. 그 앞에서 신입사원들은 혼란에 빠진다. 그저 맡은 업무에만 충실하고자 하는 그에게 '너는 누구의 편이 될 것인가' 하는 적나라한 질문이 떨어진다. 때로는 음모와 배신에 가담하라는 무언의 압력이 쏟아진다. 어떻게 해야 할지 아무도 알려주지 않는다. 절대적으로 선한 이도, 또 절대적으로 악한 이도 없는 이 힘의 대결과 균형 앞에서 나약한 개인은 흔들리고 또 흔들린다.

170

사조직, 라인, 이너 서클, 파워게임

사내정치-고용된 조직 내에서 이익을 얻기 위한 목적으로, 공적으로 보장된 권한을 넘어 자기 권한을 행사하는 것을 뜻하는 말. 영어로는 Office Politics. '줄을 서다' 또는 '줄을 세우다' 라는 말로 표현되는 경우가 많으며 특히 출신 지역이나 출신 학교 등의 선후배 간에 두드러지게 나타남. 직장인 사이에는 성공하기 위한 조건 중 하나로 꼽히기도 하고 조직의 상호 신뢰성을 떨어뜨리는 주범으로 통하기도 함.

어느 기업에나 자신의 본 업무보다 사내정치에 더 열을 올리는 정치꾼들이 몇 명씩은 꼭 있다. 이들은 사방팔방 다니면서 사람을 엮고 이간질하느라 바쁘다. 이들은 윗사람에게 줄을 대고 동문, 동향을 중심으로 사조직을 결성한다. 이런 식으로 세를 넓혀가는 사조직은 때로 공조직을 무력화할 만큼 엄청난 영향력을 갖기 때문에 그 폐해를 잘 아는 기업들은 사조직에 대해 예민하게 반응한다.

'무노조 신화' 를 내세우는 삼성에는 노조만 없는 것이 아니라 동문회나 향우회도 없다. 사내에서 일체의 조직 결성을 엄격히 금지하고 있기 때문이다. 그런데 이런 삼성조차 사조직의 번식을 막을 수는 없었는지 오래전부터 삼성 내에는 이학수 전 전략기획실장의 사조직이 실세라는 소문이 있었다. 그가 오랫동안 비서실, 구조조정본부, 전략기획실의 책임자로 있으면서 그룹의 2인자 자리를 고수하자 그의 인맥이 삼성그룹 전체를 좌지우지한다는 소문이 나돈 것이다. 삼성 사장단의 면면을 보면 가장 많은 사장, 또 핵심 계열사 사장들을 배출한 부서가 바로 전략

기획실이고 그들은 모두 이학수 부회장 밑에서 경영 수업을 받은 이들이었다. 사장뿐인가. 계열사 핵심 임원의 상당수도 마찬가지였다. "이학수를 거치지 않으면 삼성의 핵심 멤버가 될 수 없다"는 소문이 나돈 것도 이해할 만했다.

다른 기업은 어떨까? 현대자동차는 특정 '라인'이 밀리면 그에 속한 차장, 과장까지도 영향을 받는 곳으로 알려져 있다. 재계의 한 인사는 "초고속 승진, 충격 탈락의 일상화로 '인사권자를 향한 정치'가 성하다"라는 말로 현대자동차의 특징을 설명한다. LG그룹에서도 '노른자위'는 비서실 또는 구조조정본부로 통한다. 강유식 부회장이 대표적인 비서실 출신 인사다. 이는 한국 재벌 그룹들의 일반적인 특징이기도 하다. 각 계열사 중에서 오너가 한때 경영 수업을 받은 부서 출신들, 특히 그때 오너 가까이서 일하며 능력을 발휘했던 이들은 어김없이 기업의 실세로 등극한다. 한 대기업 임원은 다음과 같이 말한다.

"사내정치란 파워게임의 성격을 갖는다. 따라서 회사의 중요한 결정에 영향을 끼칠 수 있는 임원급 이상의 인사들 중심으로 벌어지게 되어 있다. 특정 '이너 서클'에 속한 사람들이 리더를 중심으로 주요 포스트를 장악하고 유리한 인사 결정을 이끌어내는 것은 기업에서 흔히 볼 수 있는 일이다".

공무원 사회나 검찰, 법원 같은 곳에서도 사조직은 위력적이다. 예전에 내가 기자생활을 하던 시절, 장·차관이나 차관보 같은 이들과 저녁식사 자리를 할 때면 국장이나 과장들이 따라 나오곤 했다. 평상시에는 전혀 모습을 드러내지 않다가 결정적인 시간이면 일사불란하게 모여들어 상관을 모시는 것이다. 검찰도 마찬가지다. 검사장을 만나는 자리에 검찰 간부 여러 명이 동석을 한다. 모두 그의 영향력 안에 들어 있는 사람들이다. 검사들은 총장이 누가 되느냐에 따라 인사가 좌우되기 때문에 유력한 검찰 간부와 연결되어 있지 않으면 출세하기 어렵다는 사실을 잘 알고 있다.

웬만한 공기업 또는 민영화한 공기업의 임원들은 저마다 정치인 몇 명쯤은 후원자로 두고 있다고 한다. 평상시에는 임원 쪽에서 정치인의 이런저런 청탁을 들어주지만 인사철이 되면 임원들이 정치권을 등에 업고 자신의 입지를 확대하고 반대파와 싸움을 벌이는 것이다. 한국전력의 한 중간관리자는 "10여 년씩 승진을 못해 고생하다가도 외부 유력 인사의 적절한 코멘트가 있으면 거짓말처럼 승진이 되기도 한다"고 전했다.

어디 큰 조직들만 이렇겠는가. 한국에서 사내정치는 1, 2위를 다투는 거대 기업에서부터 중견 기업, 중소기업, 심지어 인터넷 기업까지도 만연되어 있다. 작은 조직일수록 사내정치의 부정적인 모습이 더욱 두드러진다. "사내정치 때문에 직장생활을 못하겠다"라거나 "정치의 '정'자만 들어도 신물이 난다"는 직장인들도 적지 않다.

피하고 싶다고 피할 수 있을까

한 직장인 커뮤니티 사이트가 직장인 382명을 대상으로 사내정치에 관한 설문을 진행한 일이 있다. 그 결과 응답자의 70.9%가 '사내정치에 휘말려 스트레스를 겪어본 경험이 있다'고 답했다. 지금 다니고 있는 회사의 사내정치 상황에 대해 묻는 질문에는 전체의 47.6%가 '우려할 만하다'고 답했다. '매우 강력하고 파괴적'이라는 대답도 14.7%에 달했다. 게다가 지금의 직장에서 무능한 사람이 실력 있는 사람을 찍어 눌러 희생을 당하는 경우를 본 직장인도 61.3%에 이를 정도여서 사내정치의 폐해를 실감하기에 충분했다.

그러나 이렇게 스트레스를 받는다고 해서 직장인들이 사내정치를 거부하고 있다는 뜻은 아니다. 미국 시사주간지 『타임』 편집장을 지낸 리처드 스텐걸이 쓴 『아부의 기술』은 21세기에는 아부도 능력과 자본이 된다고 주장하는 책이다. 이 책은 주로 미국의 권력자들을 다루었음에도 불구하고 국내에서 베스트셀러로 기록됐다. 자기계발 전문가 욥 스레이버르스가 쓴 『사내정치』라는 책은 한층 노골적이다. 회사라는 '시궁창'에서 살아남는 데는 고상한 멘토들의 설교보다 비열한 시궁쥐의 조언이 더욱 유용하다는 게 바로 이 책이 내세우는 슬로건이다. 겉으로는 정치적이지 않은 척, 권력에 초연한 척, 남을 배려하는 척해도 누구나 사내정치에 연루되어 있으며, 직장 내의 보이지 않는 권력 관계를 잘 아는 노련한 정치꾼만이 살아남고 출세할 수 있다는 것이다. 그래서 저자는 서슴없이 은밀하고도 교묘한 사내정치의 노하우를 말한다.

"상사를 없애려면 그들이 목표에 도달하지 못하게 방해해야 한다. 그러기 위해서는 상사의 관리 활동을 어렵게 만드는 조직 내의 모든 것을 활용해야 한다. 길고 복잡한 커뮤니케이션 과정을 이용해 오해를 만들어내라. 최대한 많은 이의를 제기해서 실행을 지연시켜라. 오피니언 리더들을 조종해 상사의 의욕을 꺾어라. 기회가 있을 때마다 병가로 결근해 희생물 역할을 자처하는 동시에 필요할 때 당신을 이용할 수 없도록 만들어라."

아, 더럽다! 역겹다! 이런 건가? 정말 이런 식으로 살아남아야 하고 성공해야 하는 건가? 물론 위와 같은 조언은 아주 극단적인 경우에 속한다. 하지만 정도의 차이야 있을지언정 어느 단계에 이르면 내 이익을 위해 정치적 계산과 전략에 따라 행동하게 될 수밖에 없는 것이 사내정치의 일반적 생리다. 그럼 어쩌라고? 물론 쉽게 말하기 어렵다. 받아들일 수 있는 사람은 받아들여 적응할 것이고 받아들일 수 없는 사람은 거부하고 튕겨져나갈 것이다. 그러나 문제는 어떤 경우건 간에 사내정치를 피할 수는 없다는 점이다.

인간은 사회적 동물, 정치적 동물이다. 세상은 네트워크다. 그중에서도 기업은 더군다나 네트워크다. 2008년 말 『포춘』에서 불황기에 살아남기 위한 5가지 방법에 관한 기사가 실린 적이 있다. 그중 하나가 바로 '조직 내 네트워크를 만들라'는 것이다. 동료들과 더욱 어울리고 그 중심에 서서 결코 왕따가 되지 말라는 것이다. 왜 그래야 하는가? 뭉치면 산다는 말처럼 모여 있어야 힘이 생기기 때문이다.

나는 「동물의 세계」라는 프로그램을 즐겨 시청한다. 아프리카 초원에서 펼쳐지는 동물들의 원시적인 생존법칙은 인간 세계가 돌아가는 바탕원리와 크게 다르지 않다. 사자는 자신보다 훨씬 덩치가 큰 물소나 코끼리를 사냥할 때 여러 마리가 우르르 위협을 가해 물소 등이 무리에서 이

탈하도록 유도한다. 그리고 무리에서 떨어져 나와 고립된 사냥감이 생기면 때를 기다렸다가 전부 달려들어 집중 공략한다. 대부분의 초식동물들은 무리 속에 있을 때 사자와 지근거리에 있어도 안전하지만 무리를 떠나면 십중팔구 먹잇감이 되고 만다. 살아남기 위해서는 무조건 무리 속에 있어야 한다.

인간도 다르지 않다. 조직 내에서 혼자 고립된 사람은 힘이 없다. 조직에 영향을 끼칠 힘도 없지만 자기 한 몸 지킬 힘도 없다. 회사가 어려워져 구조조정을 하게 되면 회사는 조직 전체에 끼칠 영향을 최소화할 방법을 고민하게 된다. 이때 1차 대상이 되는 것은 고립된 사람, 조직 내 연결고리가 약한 사람이다.

뭉쳐야 산다. 뭉쳐야 힘이 생기고 목소리를 낼 수 있다. 개인이 인정하건 인정하지 않건 전혀 상관없다. 옳고 그르고를 떠나서 원래 그렇다는 말이다. 사원들이 기업에서 노조를 결성하는 이유는 무엇인가? 노조를 키우고 노조 아래 더 많은 사람들을 단합하려 하는 이유는 무엇인가? 그래야 힘이 생기고 불이익을 당하지 않을 수 있기 때문 아닌가? 사내에서 일어나는 정치는 따지고 보면 지극히 당연한 현상이다. 없을 수도 없고 없어서도 안 되는 현상이다.

실력이 없으면 정치는 '헛짓'

조직을 위해서도 사내정치가 꼭 나쁜 것만은 아니다. 사내정치가 만연하면 업무 효율이 떨어지고 직원들에게 과도한 스트레스가 퍼지게 된다. 하지만 적정 수준을 유지할 경우라면 조직의 발전을 촉진하는 순기능도 있다는 것이 전문가들의 의견이다.

스탠포드대학의 해럴드 리빗 교수와 피터 드러커 경영연구센터의 진 블루먼 교수는 기업 내 '핵심 집단hot group'에 대한 연구를 통해 그들의 특성을 밝혔다. 연구에 따르면 그들은 공식적인 업무는 물론 먹고 마시고 심지어 자는 일조차 일의 일부로 여길 정도로 회사에 열심인 사람들이다. 그런 이들끼리 비공식 네트워크가 형성되면 그 힘이 커지다 못해 때로는 경영자가 통제할 수 없을 정도가 되기도 한다.

그러나 연구자들은 이런 핵심 집단에 대해 문제적으로만 바라보아서는 안 된다고 충고한다. 적당히 장려하되 그들의 관심사를 업무에 한정시키는 것이 최선의 방법이라는 것이다. 연구진은 그들에 대한 사회적 선입견도 옳지 않다고 한다. 일반적으로는 지극히 사교적인 '야심가형 직원'들이 이런 집단을 움직인다고 생각되지만, 실제로 핵심 집단의 주축은 호기심 많고 열정적인 개인주의자들이라는 것이다.

국내 기업가에서도 이런 시각을 찾아볼 수 있다. 회사가 안정적인 상황이라면 사내정치를 가장 잘 하는 사람이란 '리더십이 가장 뛰어난 사람'이다. 또 정상적으로 돌아가는 기업에서 최고위층의 애정을 얻는 이들이라면 역시 실력이 뛰어나고 평판이 훌륭한 사람들일 거라는 얘기다. SK그룹의 한 임원은 "몇몇 뛰어난 인물들의 활약으로 회사가 발전하고 그런 가운데 주변의 우수 인재들이 혜택을 받는 형태라면 굳이 사내정치를 나쁘다고 볼 필요는 없다"고 말한다. 손길승 SK 회장의 첫 근무지는 선경직물 공장이었다. 그런데 30여 년의 시간이 흐른 뒤 SK그룹 각 계열사의 사장 자리를 차지한 인물들이 누구인고 하니 바로 당시 공장에서 손 회장과 함께 일하던 이들이었다.

그러나 이들을 사내정치의 달인들로 보는 시각은 별로 없다고 한다. 대신 "뛰어난 능력을 지닌 리더 주변에는 역시 우수한 인재들이 몰리고 그들이 크게 활약하여 회사 발전에 기여한" 모습으로 평가받는다는 것이다.

자, 피할 수 없다. 피할 수 없으니 즐겨야 한다. 어떻게 해야 사내정치의 부정적인 번식력에 장악당하지 않고 즐길 수 있을까? 바로 알아야 한다. 정치란 자고로 위험하고도 중요한 것이니 현명해져야 한다. 실력만 키우면 사내정치와 무관하게 자기의 갈 길을 잘 찾아갈 수 있다고 여기는 것은 순진무구하기 짝이 없는 생각이다. 이런 사람들이야말로 자신도 모르는 사이에 음성적인 사내정치에 휘말려 영문도 모른 채 파워게임의 '희생양' 이 되기 십상이다.

예컨대 조직 내에서 가장 사회성과 친화력이 떨어지는 이들에 속하는 개발자들 사이에서 이 문제는 심각한 고민거리다. 조직 상층부와 핵심 세력들 사이에서, 또는 바로 자기 옆에서 벌어지는 크고 작은 알력 관계와 인정 싸움에 무감한 채 모니터 앞에서 자기 일에만 매달리는 개발자들, 이런 사람들 중에는 어이없이 벼랑 끝으로 내몰려 결국 조직 밖으로 밀려나는 경우가 적지 않다. 뒤틀린 기업 문화를 원망하고 억울해하며 자신의 순결을 강조할 수야 있겠지만 결과는 냉혹하다. 낙오. 그는 직장생활에서 실패한 것이다.

직장인이 성공하기 위한 여러 조건이 있다. 사내정치는 분명 그중의 중요한 한 요소이다. 쓸데없이 파벌을 만들고 뒤숭숭한 분위기를 조장하라는 말이 아니다. 이리저리 적을 만들고 악의적인 공작이나 모략에 가담하라는 뜻은 더더욱 아니다. 핵심 집단에 속해야 한다. 질 높은 네트워크를 풍부하게 확보해야 한다. 그러기 위해서는 정치만 잘해서도 안 된다. 정치에 눈 감은 채 실력만 키우면 된다는 생각도 곤란하지만 실력은 등한시한 채 정치에만 열을 올려도 못쓴다.

「하버드 비즈니스 리뷰」는 오래전부터 학계가 외면하는 사내정치의 현황과 진실에 대해 발언해왔다. 최근 그곳에 실린 사내정치의 정석을 보자. 우선, '공식 조직과 관계없이 회사 내의 역할 관계를 파악할 것.' 다음은 '비공식 조직 가운데 오너나 경영자, 그리고 잠재적 사장 후보가 가장 신경 쓰는 조직을 찾아낼 것.' 그리고 '그들로부터 일을 통해 인정받을 수 있도록 부단히 신경 쓸 것.' 그 다음은? '어느 날 상급자가 당신의 심기를 살피고 있다는 사실을 알게 될 것이다.'

확실히 핵심은 정치보다는 실력이다. 실력이 없어서는 성공적인 사내정치란 애당초 불가능하다. 일을 제대로 못하는 사람이라면 사내정치를 잘할 수 있는 환경이 조성되지 않을뿐더러 아무리 기를 써도 핵심 집단에서 환영받지 못한다.

유능한 상사를 만나기 위해 노력하라

요컨대 실력을 키우며 사내정치도 적당히 잘 할 줄 알아야 한다. 그런데 어떻게?

쉽게 생각해보자. 대학에서 석·박사 학위를 빨리 받고 졸업 뒤 자리를 잘 잡으려면 어떻게 해야 할까? 지도교수를 잘 만나야 한다. 실력이 모자라 아무런 영향력과 권위가 없는 교수, 제자를 챙기고 돕지 않는 교수를 만나면 제자들의 인생은 두고두고 안 풀리게 되어 있다.

기업에서도 마찬가지다. 어느 조직에서든 아랫사람이 잘되는 길은 유능한 상사를 만나는 것이다. 상사를 잘못 만나면 아무리 열심히 일하고 성과를 많이 내도 좋은 평가를 받고 성장하기 어렵다. 이 때문에 자기 앞길을 고민하는 직원들은 어떻게든 실력 있고 유능한 상사 밑에서 일하려고 노력한다.

반대로 성과를 내려는 상사는 유능한 인재들을 발굴해 자기 밑으로 모으려 애쓴다. 이른바 사람 욕심을 내는 것이다. 누군가는 "아무나 내 밑으로 오라. 내 밑에서 열심히 일하면 유능한 인재로 성장할 수 있을 것이다"라고 한다. 그러나 다른 누군가는 "나는 유능한 인재와 일한다. 최고가 아니라면 내 밑에 있을 생각을 하지 말라"고 한다. 그는 직원을 가려 뽑으며 뛰어난 인재들을 자신의 네트워크 안으로 끌어모은다. 조직이 개편되고 보직 발령이 이루어지고 나면 이런 상사의 밑에는 얼마 지나지 않아 유능한 인재들이 속속 모여든다.

결과는? 안 봐도 뻔하다. 인재를 가려 쓰고 후배를 챙기는 상사의 부서가 좋은 성과를 내고 조직 내에서 인정받는다. 그의 아랫사람들은 쉽게 승진하고 이후 좋은 보직으로 옮겨간다. 덤으로 '누구 밑에서 일했다'는 보이지 않는 보증서까지 받게 된다.

즉 평범한 직장인들의 정치는 좋은 상사를 만나기 위해 노력하는 일, 자신이 속한 조직과 부서가 잘되기 위해 노력하는 일이다. 직장생활의 '343원칙' 이라는 것이 있다. 출세의 조건은 30%가 운, 40%가 상사의 '끌어주기' 이고, 나머지 30%가 본인의 능력이라는 얘기다. 한발 더 나아가 상사의 끌어주기가 7, 본인의 노력이 3이라는 소리도 있다. 이런 이야기에 귀를 사로잡혀 끌어줄 상사를 찾느라 온 에너지를 허비하라는 뜻은 아니다.

그러나 수동적인 자세로는 유능한 상사의 주목을 받을 수도 없고 인정과 지원을 이끌어낼 수도 없다. 혼자만 알고 있는 능력, 속으로만 생각하는 애사심으로 과연 누구를 설득할 수 있겠는가? 존경할 만한 상사, 멘토로 삼고 싶은 상사를 찾아야 한다. 그리고 그의 인정을 받기 위해 노력해야 한다. 그로부터 높은 평가를 받기 위해 더 열심히 일하고 회사 일에 더 적극적으로 임해야 한다.

유능한 상사들이란 아랫사람을 파악하는 데 도가 튼 사람들이다. 이 사람이 어느 정도 준비가 되어 있고 능력은 얼마나 갖추고 있는지, 어떤 유형의 인물이고 어디까지 발전할 것인지를 금방 파악한다. 이들은 일은 하지 않고 자기를 졸졸 쫓아다니면서 어떻게든 줄을 엮어보려고 기를 쓰는 직원을 반기지 않는다. 대신 진취적인 태도로 업무에 임하며 부족한 점이 있으면 알아서 배워나가는 직원을 원한다. 그 위에 언제든 중요한 업무를 맡고 더 핵심적인 자리로 옮길 준비가 되어 있는 이들이라면 좋아할 수밖에 없다. 게다가 자신이 그런 준비가 되어 있는 큰 인물임을 알고 상사와 소통하고자 하는 태도를 갖춘 이들이라면? 특별히 점찍어 지켜보게 된다. 그의 성장을 돕고 핵심 인재로 키우게 된다. 어려운 일이라도 겪게 되면 나서서 조언해주고 해결해주게 된다.

세상에 너무 가까이해서도 안 되고 너무 멀리해서도 안 되는 것들이 있다. 그중 하나가 바로 정치다. 정치를 지나치게 하면 '정치꾼'으로 치부되어 몹쓸 사람이라는 인상을 주게 된다. 정치를 모른 체하면 자신의 능력이나 성과에 비해 정당한 평가를 받을 수가 없다. 너무 많이도 아니고 너무 적게도 아닌, 그야말로 균형이 필요하다. 사내정치 없는 세상에 살고 싶다고 힘들게 목청 돋울 것 없다. 다시 말하지만 사내정치란 원래 존재하는 것이다. 더도 말고 덜도 말고 있는 그대로만 받아들여라. 그리고 그 안에서 최선을 다하라.

직장을 살벌한 전쟁터로 만드는 정치꾼이 되지 마라. 남들에게 이용당하다 버려지고 마는 패배자가 되지도, 능력에 비해 홀대받고 방치되는 유배자가 되지도 마라. 실력과 네트워크를 겸비한 핵심 인재가 되어야 한다. 나와 조직의 앞날에 대한 확신과 비전을 지닌 미래의 주역이 되어야 한다. 그것이 바로 승리자가 되는 길이다.

상가喪家와 회식 장소에서 운명이 결정된다

높은 지위에 있는 사람에게 인정을 받는 것은 청년으로서 인생의 투쟁에서 이미 승리를 거
둔 것이라고 말해도 좋을 것이다. 젊은 사람은 모두 자기 일의 영역을 넘어서 무엇인가 큰
것을 지향해야 한다. 그러므로 지금부터라도 상사의 눈에 띄는 일을 시작하라.　　　—카네기

직장인이라면 누구나 겪게 되는
자리, 회식. 한 프로젝트를 마치거나 팀에 새로운 멤버가 합류할 때, 또
는 팀을 떠나는 사람이 생길 때, 그도 아니라면 정기적으로 한 달에 한
번, 또는 두어 달에 한 번씩 생기곤 하는 회식 자리. 어떤 이들은 "회식
이야말로 직장생활의 낙이다"라며 공식 일과가 끝나자마자 유쾌하게
회식 자리로 달려간다.

하지만 어떤 이들은 마지못해 따라간 뒤 기회를 보아 재빨리 자리를
뜨는가 하면 이리저리 핑계를 대며 아예 참석하지 않는다. 회식 자리란
가도 그만 안 가도 그만인 그저 '노는 자리'라고 여기기 때문이다. 이들
은 회식에 빠지지 말라는 상사의 말이 영 못마땅하다. '아니, 주어진 일

만 열심히 잘하면 됐지, 먹고 노는 자리에 끼고 안 끼는 게 무슨 상관이람?

정말 그럴까? 정말로 아무 상관이 없을까? 대답은 당연히 "노"다. 회식은 업무의 연장이라는 말이 있다. 나는 이 말이 절대적으로 진실이라고 생각한다.

웃고 떠드는 회식이 왜 업무의 연장일까

"뭐라고? 회식 자리에서 일하는 사람 있으면 나와보라 그래."

물론 회식은 업무를 진행하는 자리는 아니다. 밥 먹고, 술 먹고, 농담을 주고받으며 웃고 떠드는 자리다. 어찌 보면 쓸데없이 보내는 시간이기도 하다. 그런데 왜 회식이 업무의 연장일까? 같이 밥 먹고 술잔을 기울이며 우리는 서로에 대해 시시콜콜한 관심을 갖게 된다. 공통의 화제를 만들어내고 정서적 교감을 나누게 된다. 낮에 사무실에 앉아 있을 때는 느낄 수 없던 새로운 공감대, 서로 연결되어 있는 운명공동체라는 동지 의식이 은연중에 싹트게 된다. 그리고 회사에 대한, 동료들에 대한 숱한 정보들이 교류되고 업무와 직장에 대한 서로의 생각과 태도를 이해하게 된다.

그래서 회식 자리에 빠지는 사람들, 밥만 먹고 쏙 사라지는 사람들은 회사 돌아가는 사정에 밝을 수가 없다. 한 번 두 번 회식에 빠지는 일이 반복되다 보면 그는 점점 조직에서 외톨이가 되어간다. 낮 동안 아무리 충실하게 일해도 웬만해서는 조직의 중심으로 진입할 수가 없다.

모든 자녀들이 부모에게 바라는 가장 큰 소망이 무엇일까. 바로 함께 보내는 시간이다. 자녀와 관계가 틀어져서 고민하는 부모들을 보면 대부분 자녀와 함께 보내는 시간이 아주 적다는 사실을 알 수 있다. 함께 있다고 해서 특별한 일을 하는 것은 아니다. 그저 공동의 경험을 하고 그로부터 공동의 화제가 생겨나고 정서적 공감대가 생겨나는 것이다.

내가 아는 어떤 이는 미국에서 학교를 다니는 아들이 방학 때 돌아왔는데, 막상 오랜만에 만나고 보니 어떻게 대해야 할지를 몰라 곤혹스럽더라고 했다. 이야기를 나누려 해도 공통의 경험이 너무나 부족하니 무슨 말을 어떻게 해야 할지 모르겠더라는 것이었다. 그는 고민 끝에 아들과 단둘이 2박 3일의 산행을 했다. 그 과정에서도 서로 대화는 많이 나누지 못했지만 같은 시간에 같은 경험을 한 덕에 이후 서서히 부자관계를 회복할 수 있었다고 한다.

이런 경우를 두고 교육심리학자들은 '시간의 질'이 중요하기 때문이라고 설명한다. 짧은 시간이라도 서로에게 완전히 집중하면서 공통의 경험과 정서를 나눈다면 모자란 '시간의 양'을 극복할 수 있는 방법을 찾을 수 있다는 것이다.

직장생활에서는 회식이 바로 그런 역할을 한다. 긴 시간은 아니지만 한 장소에서 집중적으로 동료들에게 몰입하게 해주고, 공동의 경험과 정서를 제공하고, 공통의 화젯거리를 남긴다. 서로 끈끈한 유대관계를 이어갈 수 있는 '시간의 질'을 담보해주는 것이다. 이런 자리에 빠지고서야 아무리 하루 종일 옆자리에서 근무를 해도 서로 쉽게 친해지지 않는다. 사무적인 대화만 나누면서 '저 속에 뭐가 들었나' 눈치만 보는 사이와 "어제 좀 마셨지"라면서 누가 먼저랄 것도 없이 웃음을 터뜨리며 해장국을 먹으러 나가는 사이는 당연히 비교가 되질 않는다. 따라서 아무리 먹고 마시며 시시덕거리는 자리처럼 보여도, 몸이 피곤하고 할일이 쌓여 있어도 회식에 참석해야 한다. 그래야 동료와 함께 나눌 이야기가 생기고 동료의식과 멤버십이 돈독해진다.

꼭 빠져서는 안 되는 자리는 또 있다. 바로 워크숍이다. 우리 회사에서는 1년에 두 번 서울을 빠져나가 한적한 전원으로 워크숍을 간다. 가서 무슨 공부를 하고 대단한 발표를 하는 것은 아니다. 그저 이런저런 프로그램과 함께 전 직원이 하룻밤을 같이 지낸다. 토론도 하고, 게임도 하고, 운동도 한다. 그런데 워크숍을 갈 때가 가까워오면 꼭 이의를 제기하는 직원들이 몇 명씩 나온다.

그들의 반론은 늘 비슷하다.

"바빠 죽겠는데 별 하는 일도 없이 1박 2일씩이나……."

꼭 틀린 소리만은 아니다. 게다가 전 직원이 함께 움직이려면 비용도 많이 들고 업무시간의 기회비용까지 따지면 큰 낭비일 수도 있다. 하지만 나는 아무리 바쁜 시기에라도 워크숍만은 꼭 강행한다. 왜? 그 모든 반론과 비용을 감안하고서라도 워크숍의 효과가 훨씬 크기 때문이다.

직장에 친구가 있으면 이직률이 매우 낮아진다는 연구 결과가 있다. 이직률이 낮은 회사일수록 성장하고 발전할 가능성이 높다는 것은 자명한 이치다. 동료들과 함께 1박 2일을 지내는 워크숍은 바로 이런 효과를 발휘한다. 서먹하고 사무적이던 관계가 워크숍을 다녀오면 한 식구처럼 친밀해진다. 커뮤니케이션이 훨씬 쉬워지고 이해도가 높아진다. 당연히 업무 효율도 높아진다.

기억해보면 나 자신도 직원으로 일할 때에는 워크숍에 빠지는 유형이었다. 워크숍뿐 아니라 뭐가 됐든 회사의 행사에는 웬만하면 참석하지 않았다. '시간만 때우는 행사를 뭐하러 하나? 그 시간에 일이나 더 열심히 하지'라고 생각했다. 그런데 지금 와서 돌이켜보니, 맙소사! 완전히 틀렸었다. 나의 그런 사고방식과 행동이 조직에는 절대 도움이 되지 않았을 것이다.

또한 나의 조직적 발전에도 분명 부정적인 영향을 미쳤을 것이다. 아마 인사 평가에도 좋지 않은 영향을 주었을지 모를 일이다. 그때는 미처 몰랐다. 회식과 워크숍, 회사의 각종 행사에는 다 이유가 있음을. 회사의 모임, 부서의 행사에 빠지지 말자. 함부로 주어지지 않는 아까운 시간이다. 안 가겠다는 동료를 부추겨 함께 회식 자리로 향하자. 적극적으로 어울리고 한껏 웃고 떠들자.

상사에게도 칭찬과 격려가 필요하다

회식이나 워크숍에는 잘 참여하는 사람, 빠지겠다는 동료가 있으면 "같이 가지 그래?" 하고 선뜻 챙기는 사람들도 잘 챙기지 못하는 대상이 있으니 바로 상사들이다. '리더가 되는 대가는 외로움The penalty of leadership is loneliness'이란 말이 있다. 그만큼 상사들은 외롭다. 그런데 점심시간이면 한마디 묻지도 않고 자기들끼리 사라지는 아랫사람들 덕에 그들은 더 외로워진다.

내가 아는 한 코스닥 등록 회사의 사장은 가끔 차를 타고 회사에서 멀리 떨어진 식당으로 가서 식사를 한다. 그것도 혼자 간다. 그곳 음식이 특별히 맛있는 것도 아니다. 그런데 왜? "직원들에게 혼자 밥 먹는 모습을 보이기 뭐해서" 일부러 차를 타고 멀리 나간다는 것이다. 나라고 예외는 아니다. 어쩌다 전화 통화를 하다가 조금 늦어지면 직원들은 벌써 사라지고 없다. 뒤늦게 따라가기도, 혼자서 밥을 먹기도 마땅찮아서 이래저래 점심을 건너뛰는 경우도 생긴다.

대체 왜 직원들은 상사가 항상 약속이 있을 거라고 생각하는 걸까? 왜 상사는 혼자 밥 먹어도 아무렇지 않은 사람이라고 여기는 걸까?

직장생활을 정말로 잘하고 싶다면 상사에게 좀 더 관심을 가져보자. 상사를 배려하고 챙겨보자. 매사에 그의 눈치를 살피며 살랑거리라는 소리가 아니다. 상사의 입장도 생각해보라는 말이다. '저 사람은 지금 어떨까', '내가 저 사람이라면 지금 괜찮을까' 라고 구체적으로 그의 입장에 서보라는 말이다. 알고 보면 상사들이 아랫사람들에게 꺼내놓지 못하고 속만 끓이는 일이 한두 가지가 아니다. 아랫사람들의 무관심과 배려 없음에 씁쓸하고 서운할 때도 한두 번이 아니다. 그런 그 사람의 입장을 이해하려고 노력해보라. 가려운 곳을 긁어주는 것 같은 말 한마디에 상사는 감동하고 위로받는다.

뿐만 아니다. 마음에 드는 사람이건 그렇지 않은 사람이건 상사와 함께 일하며 성과를 내야 하는 것이 직장인의 숙명이다. 고객이나 동료 등 주변 사람들에게 관심을 갖고 지속적으로 관리를 하듯 상사 역시 관리해야 한다. 나의 상사가 어떤 장점과 단점을 가지고 있고, 성격과 관심사는 어떠하며, 역량은 어느 정도인가 등에 대해 관심 있게 지켜보고 세심하게 파악해야 한다. 상사 관리에 있어 잊지 말아야 할 점이 있다면 절대 상사를 쉽게 바꾸려 들지 말라는 것이다. 배우자를 자신의 생각에 꼭 맞게 변화시키는 데 성공한 사람이 있는가? 심지어 자식조차 내 맘처럼 되지는 않는 법이다. 나보다 약하고 내 그늘에 들어 있는 자식도 변화시키기 어려운데 나보다 힘을 가진 상사를 바꿔보겠다는 생각은 계란으로 바위를 치겠다는 것이나 다름없다. 상사 관리의 첫걸음은 그 사람을 그대로 인정해주는 것, 그 사람의 장점을 살리고 단점을 보완해주는 것이다.

많은 직장인들이 흔히 상사에 대해 지나친 기대와 착각을 품고 산다. 상사는 늘 나의 고민을 파악하고 나에게 관심을 가지고 있을 거라고 생각하는 것이다. 그러나 실제로 꼭 그렇지만은 않다. 상사 역시 가장 큰 관심 대상은 본인이다. 알고 보면 상사들도 자신의 과중한 업무, 비전에 대한 고민, 미래에 대한 불안, 가족 걱정 등으로 머리가 아픈 사람들이다.

상사도 그저 똑같은 사람일 뿐이라는 얘기다. 아랫사람이 섭섭한 일은 상사도 섭섭하고, 아랫사람이 좋아하는 일은 상사도 좋아한다. 그럼에도 아랫사람들에게 끊임없이 관심을 기울이고 그들의 처지나 고민을 헤아리는 상사에게는 당연히 더 많은 애정과 더 큰 에너지가 필요하다.

조직의 문화를 진단할 때 빠지지 않는 질문 중 하나가 "상사는 부하 직원을 얼마나 칭찬하고 격려하는가"이다. 직원들이 신바람 나게 일하기 위해서는 상사의 칭찬이 매우 중요하다는 것은 주지의 사실이다. 그러나 반대로 '부하 직원은 상사를 얼마나 칭찬하고 격려해주는가'에 대해 주의를 기울이는 이들은 별로 없다. 같이 식사하면 어김없이 내는 밥값이나 "고생한다"는 말, "수고 많았다"는 메모 한 장은 상사라서 당연히 수행해야 할 의무는 아니다. 그런데도 많은 사람들이 다른 사람이 잘해주는 데는 쉽게 감동하면서도 상사가 잘해주는 데 대해서는 시큰둥하다. 당연한 것처럼 받아들인다. '나처럼 유능한 직원을 데리고 일하려면 이 정도는 기본이지' 하고 생각한다는 직원들도 있다. 그래서인지 상사의 호의에 대해서는 고맙다는 답례조차 하지 않는다.

승진을 시켜주어도 '내가 열심히 일했기 때문'이라고 생각하고, 밥을 사주고 술을 사주어도 '내가 상사를 위해 시간을 내준다'라고 생각한다. 어떤 직원들은 상사의 호감 표시나 배려를 자신에 대한 특별한 관심 때문이라고 착각하기도 한다.

안 될 일이다. 상사라고 언제까지 베풀기만 할 수 있겠는가? 기본부터 다시 확인해보자. 건강한 인간관계의 기본은 주고받음이다. 주기만 하고 받지 못하거나 받기만 하고 주지 않는 관계는 오래가지 못한다. 상사와의 관계도 예외일 수 없다. 상사가 고맙게 해주면 고마움을 느껴야 한다. 고맙다고 표현해야 한다. 상사가 칭찬받을 만한 일을 하면 마땅히 그를 칭찬하고 격려해야 한다. 상사라는 이유만으로 베풀고도 인

사조차 받지 못하거나, 격려받을 만한 일을 하고도 좋은 소리 한마디 듣지 못해서야 되겠는가. 그가 점점 에너지가 약해지고 아랫사람들에 대한 관심과 애정이 지쳐갈 것이 뻔하지 않은가?

그 결과는 어디 딴 데로 가는 것이 아니다. 곧장 당신과 당신의 조직으로 돌아온다. 당신도 언젠가는 상사가 된다. 그때 가서 외로움에 떨며 후회하지 말고 지금 당신의 상사부터 챙기기 시작하라.

기쁜 일, 궂은일에 앞장서는 조직의 총무를 자처하라

삶을 지탱하는 힘은 작은 행복들에서 나온다. 우리는 10년 동안 우울하고 괴롭다가 한 번 엄청나게 행복한 사건을 겪고 그 힘으로 다시 10년을 살아가는 것이 아니다. 아침저녁으로 잔잔한 미소를 짓게 하는 작고 소박한 행복으로 사는 것이다. 조직도 이와 똑같다. 조직은 모름지기 충성스러운 직원을 원한다. 조직에 어떻게 충성심을 표현할 것인가?

조직이 원하는 인재는 1년 내내 허튼짓만 하다가 연말에 큰 건 하나를 성사시키는 사람이 아니다. 이런 식의 로또 복권 같은 인재들을 데리고는 조직이 건강하게 커나갈 수가 없다. 조직을 탄탄하게 만드는 직원은 성과가 비록 크진 않더라도 꾸준히 일상적으로 내는 이들이다.

마찬가지다. 조직에 대한 충성도도 '강한 한 방'이 아니다. 그것은 강도가 아닌 빈도에 달려 있다. 남녀 사이를 생각해보라. 1년 내내 소닭 보듯 하다가 연말에 엄청난 선물을 안기고 키스 세례를 퍼붓는 남편이라면 어느 부인이 그의 사랑을 진심이라고 느낄 수 있을까? 애정은 꾸준히, 일상적으로, 반복적으로 표현되어야만 한다.

작은 행동과 작은 표현 하나가 조직을 움직이게 하고, 동료의식을 자극하고, 상사를 감동시킬 수 있다. 빼빼로데이에 수줍게 빼빼로 하나를 내미는 직원, 생일날 아침에 초코파이 하나를 건네며 웃어주는 동료로 인해 회사생활이 즐거워진다. "칭찬의 말씀을 해주시니 큰 힘이 솟습니다. 감사합니다"라고 답례할 줄 아는 직원, "이번 보고서는 저희가 보기에도 일목요연하게 잘 정리된 것 같습니다. 수고 많으셨습니다"라고 상사를 격려할 줄 아는 직원이 조직에 힘을 불어넣는다. 이런 직원들이 있는 회사는 밝고 행복하다. 이런 작은 행복을 주는 직원이 바로 회사의 기반이요, 기둥이다. 회사는 바로 이런 사람을 원한다.

누군가에게 애정을 갖고 있으면 그를 대할 때 얼굴 표정부터 저절로 바뀌게 된다. 사랑스런 아이를 보면 누구나 웃는 표정이 되고 보기 싫은 광경을 목격하면 절로 인상을 찌푸리게 된다. 회사도 다르지 않다. 조직을 사랑하고, 자신의 일을 아끼고, 동료들을 중요하게 여기는 사람은 이 모든 것들을 대하는 태도부터 다르다.

사소한 것은 결코 사소하지 않다는 말이 있다. 조직이 원하는 충성도는 강도가 아니라 빈도로 표출되기 때문에 아주 사소한 것들로 측정된다. 그러니 조직에, 동료에, 상사에, 일에 더 애정을 가져라. 그리고 그 애정을 좀 더 적극적으로 표현하라. 지나가며 나누는 가벼운 목례에서부터 점심 자리, 회식 자리, 워크숍과 체육대회, 출장이나 외출에서 함께하는 모든 이들이 당신의 관심과 감사의 마음, 존경심, 동지애를 느낄 수 있게 하라.

동료의 결혼식이나 장례식이 있으면 귀찮게 여기지 말고 찾아가라. 찾아가서 진심으로 기쁨과 슬픔을 나누라. 아무리 먼 곳이라도 결혼식장에 참석하는 사람, 직장 동료의 상가에 늦게까지 남아 자리를 지키는 사람, 혼자만 가는 것이 아니라 다른 동료들에게 함께 가자고 권하는 사람이 돼라. "평생 한 번 하는 결혼식에 가지 않으면서 그 사람과 무엇을 더 나누겠다는 거냐", "사람이 어디 두 번 죽나. 그 한 번을 귀찮아할 수는 없다"라고 말하는 사람이 있다. 이렇게 경조사를 챙기는 사람치고 조직의 주변부를 맴도는 사람은 없다. 비 오고 눈 오는 날이면 친한 친구들 중에도 귀찮다고 빠지는 이가 있는데 자신의 경조사에 잊지 않고 참석해준 직장 동료는 얼마나 고마운가. 기억하지 않으려 해도 두고두고 기억날 수밖에 없다.

조직의 총무를 자처해야 한다. 궂은일을 떠맡고 남들이 하기 싫어하는 잔심부름을 조용히 해보라. 아무도 알아주지 않을 것 같지만 사람들은 다 알고 있다. 누가 고생하고 누가 기여하는지, 누가 이기적이고 누가 생색만 내는지, 조직에 없어서는 안 될 사람이 어느 쪽인지, 다들 금방 알아챈다. 기꺼이 조직의 총무가 돼라. 연락책이 되고, 장소도 정하고, 동료들 사이를 오가며 활발히 커뮤니케이션을 하라. 조직은 그런 사람을 필요로 한다. 누가 보아도 충성도가 높은 직원, 그런 직원이 끝까지 살아남고 평가도 잘 받는다. 당연히 좋은 자리에 발탁되고 승진도 빠른 법이다.

꼭 뽑아야 할 인재 VS 뽑지 말아야 할 인재

내가 기업의 인사 담당자들을 대상으로 강의를 할 때면 꼭 들려주는 이야기가 있다. 꼭 뽑아야 할 인재와 뽑지 말아야 할 인재의 특징에 대한 설명이다. 이것은 내가 그동안 기자생활을 하면서, 기업의 사장으로서 조직을 운영해오면서, 그리고 헤드헌터로서 기업에 인재를 추천하고 그 이후의 과정을 지켜보면서 얻게 된 종합적인 결론이다. 즉 내가 확립한 인재상이라고 할 수 있다.

그런데 뽑지 말아야 할 인재의 특징을 이야기하면서 "혼자 밥 먹는 사람은 뽑지 마세요"라고 말하면 언제나 반응이 비슷하다. 즉각 "하하", "깔깔", "킥킥" 하면서 웃음이 터져나오는 것이다. 무슨 뜻일까? 청중들이 조직 내의 누군가를 연상하고 있다는 뜻이다. 그리고 그 말에 적극 공감하고 있다는 뜻이다. '혼자 밥 먹는' 직원, 그는 단지 조금 내성적인 사람이 아니다. 조직의 문화에 적응하지 못하고 겉도는 직원, 그런 이유로 결국은 조직의 분위기를 어색하게 하고 조직의 생산성에까지 영향을 미치는 직원이다. 어떤 조직도 이런 사람을 원하지 않는다. 왜? 한마디로 그는 조직에 충성도가 떨어지는 사람이기 때문이다.

자, 내친김에 내가 인사 담당자들에게 제공하는 인재 판단 기준을 공개한다. 가벼운 마음으로 읽으며 체크해보시라. 당신은 조직이 반드시 확보해야 할 인재에 가까운가, 아니면 곁에 둬선 안 될 직원에 더 가까운가?

✓ 반드시 확보해야 할 인재의 10가지 특징

1. 사람이 모여든다_ 유능한 인재, 조직에 필요한 인재는 주변에 사람이 많이 모인다. 선수는 선수를 알아보고, 프로는 프로를 알아본다. 그 사람이 특별히 목적의식을 갖고 사람을 모으는 것도 아닌데 항상 사람이 모여 있다. 그에게 인덕이 있다는 얘기다.

2. 그림을 그릴 수 있다_ 전체적인 조망 능력을 갖추고 있다. 나무만 보고 숲은 못 보는 사람이 아니라 한 걸음 뒤로 물러서서 전체를 볼 수 있는 사람이다. 이런 사람은 중장기 계획을 세울 수 있다. 기획 능력을 갖추고 있기 때문에 무슨 일을 맡겨도 웬만큼은 해낸다.

3. 물러설 때를 안다_ 선배나 상사에게 직언을 하되 자신의 위치를 벗어나지 않는 사람이다. 직언을 할 때 누가 누구에게 직언을 하고 있는지 모를 정도로 자신의 위치를 벗어나는 직원이 있다. 이래가지고서는 상사를 설득해 자신의 의견을 관철할 수 없다. 결국 상사가 화를 내거나 자존심이 상해 그의 의견을 경청하지 않게 된다. 의견을 몇 번 이야기해도 안 된다면 자기가 모르는 사정이 있다고 생각하거나 상사의 판단이 바뀔 가능성이 없다고 보고 물러난다.

4. 목표가 분명하다_ 자신이 왜 직장생활을 하는지, 인생의 목표가 무엇인지가 분명하다. 그렇기 때문에 누가 시키지 않아도 열심히 일한다. 자기계발을 하고 관련 분야를 연구하고 탐구한다. 이런 사람들에게는 업무 지시를 하지 않아도 된다. 자기 목표, 자기 흥미에 따라 일을 하는 사람들이다. 이들은 목표가 달성된 뒤 조직이 또 다른 목표를 제시하지 않거나 조직이 제시한 목표에 동의가 안 되면 다른 목표를 찾아 떠나게 된다.

5. 무엇인가를 만들어낸다_ 매우 실천적인 사람이다. 반대 유형은 말만 앞서고 평가만 즐기는 평론가들이다. 상대방의 문제를 지적하는 데 시간을 보내지 않고 그것을 넘어서 대안을 제시하고 해법을 찾는 사람들이다. 이런 사람들은 말없이 새로운 것을 기획하고 조직의 현안을 해결한다. 새로운 해법을 제시한다. 말만 하지 말고 실천적으로 움직이라는 원리를 일깨운 사람이며, 조직의 일꾼이다.

6. 몰입한다_ 어떤 것을 시작하면 빠져든다. 나쁜 뜻으로 하면 탐닉하는 것이지만, 좋은 뜻으로 하면 어떤 것에 열광하고 미치는 사람이다. 이렇게 몰입하면 승부가 나게 된다. 승부근성이 있기 때문에 뭔가를 이루는 사람들이다. 미친 듯이 달려들기 때문에 한 가지 목표가 정해지면 다른 것은 제쳐두고 전력투구한다.

7. 스스로 동기를 찾아낸다_ 좋은 인재는 스스로 일하는 동기를 만들고 자발적으로 일한다. 남이 지시하는 것이 아니다. 흔히 "동기부여가 안 된다"거나 "동기부여를 해달라"는 얘기들을 하는데, 동기부여는 스스로 하는 것이다. 남이 해주는 동기부여에는 한계가 있다.

8. 인재의 중요성을 알고 있다_ 자기 팀을 유능한 인재로 꾸리고 자기 부하를 성과내는 인재로 만들고 싶어한다. 사람 욕심이 있다. 아무하고나 일하려 하지 않고 괜찮은 사람과 일해서 목표를 달성하려고 한다. 이런 사람 밑에서는 아랫사람이 많이 배우게 된다.

9. 총무를 자처한다_ 궂은일을 도맡아 한다. 모임에 가면 간사를 하고 총무를 맡는다. 총무는 일반적으로 보통 피곤한 자리가 아니기 때문에 다들 잘 안 맡으려 한다. 하지만 총무가 없으면 모임이 안 된다. 이런 사람들은 어느 모임에 가든 궂은일을 해낸다. 그런 사람이 있기에 조직이 유지되고 발전한다.

10. 호기심이 많다_ 관행적으로 일을 처리하거나 사물을 보지 않는다. 뭔가 새로운 것을 시도하고 새로운 것을 발견하려고 한다. 모험을 즐기고 변화를 모색한다. 이런 사람이 없으면 조직이나 사업이나 모두 정체 상태에 머물게 된다. 유능한 인재는 새로운 것을 찾아다닌다. 틀에 박힌 업무에는 아무리 중요해도 오히려 싫증을 낸다.

✓ 곁에 둬서는 안 될 직원의 10가지 특징

1. 조직과 다른 목표를 가지고 있다_ 개인과 조직의 목표가 같아야 일이 재미있고 성과가 난다. 하류로 가려고 하는데 상류로 노를 저으면 본인은 얼마나 힘들 것이며, 조직은 또 얼마나 피곤하겠는가. 문제는 이런 사람들일수록 잘 나가지도 않고 조직 안에서 끊임없이 분란을 일으킨다는 점이다. 특히 업무를 해태한다. 주어진 일만 딱 끝내고 더 이상 일하지 않는다. 차라리 문제를 일으키면 결단을 내리겠는데 남아 있으면서 소리 없이 딴짓을 한다. 조직과 다른 목표, 가치, 비전을 가지고 있다면 빨리 내보내야 한다.

2. 혼자서 밥 먹는다_ 혼자 명상하고 생각하는 것을 즐기는 것은 좋다. 때론 그럴 필요도 있다. 그러나 늘 혼자라면 문제가 있다. 조직은 기본적으로 함께 일하는 곳이다. 이런 사람들은 함께하는 것을 불편해하고 뭐든 혼자 하려 한다. 그러니 큰 일, 복잡한 일은 할 수 없다. 이런 사람이 있으면 조직에는 낯설고 서먹한 분위기가 전파돼 결국 모든 사람이 불편함을 느끼게 된다.

3. 평론과 컨설팅을 즐긴다_ 일은 안 하고 말로 모든 것을 해결하려 한다. 남이 일한 결과를 비판하고 지적한다. 훈수를 두는 위치에서는 객관적으로 볼 수 있기 때문에 그 지적은 타당한 경우가 많다. 그러나 본인에게 해보라고 하면 못 한다. 생산적이지 않다. 그 상태가 지속되면 조직에서 왕따가 될 수도 있다.

4. 세력을 규합한다_ 성과를 잘 내고 강한 사람들은 대체로 관대하다. 그러나 조직에서 동의를 못 받고 성과를 못 내는 사람들은 흔히 자신의 약한 위치를 보강하기 위해 세력을 규합한다. 세력 규합을 통해 자신에 대한 문제 제기를 원천 봉쇄하려 한다. 정당성 확보를 위해 이상한 논리를 만들어낸다. 이 논리 위에서 싸움이 벌어진다. 이는 조직이 망하는 길이다.

5. 조직 내 사적 연결고리를 중시한다_ 공식적 조직이 있음에도 불구하고 고향이나 대학 선후배 등 사적 연결을 중시하는 사람들이다. 이런 사람들은 공적 리포트 라인을 무시하는 경향이 있다. 자칫하면 조직이 깨진다. 사적 모임은 커뮤니케이션 활성

화에 큰 도움이 된다. 그러나 어디까지나 공적 모임의 보조장치일 뿐이다. 사적 연결 고리 중심으로 움직이고 공적 라인을 무시한다면 그를 빨리 다른 곳으로 보내야 한다.

6. 말을 잘 옮긴다_ 귀가 얇은 사람들이다. 좋은 이야기이면 모르겠지만 말을 옮기는 사람들은 대개 좋지 않은 내용들을 퍼 나른다. 이렇게 되면 사내에 소문들이 나돌면서 부서 간 관계, 개인 관계, 직원과 임원의 관계, 사장과 직원의 관계가 엉망이 된다. 모두가 피해자가 될 가능성이 크다. 이런 사람들은 스트레스 내성이 약한 사람들이다. 자신이 간직할 자신이 없어 말을 옮겨 스트레스를 푼다. 중책을 맡기기 어렵다.

7. 상황에 따라 다른 잣대를 들이댄다_ 내가 하면 로맨스고 남이 하면 불륜이라고 말하는 식이다. 내가 하는 일은 배경과 진행 과정을 잘 알기 때문에 이해가 되는 반면, 남의 일은 결과만 보기 때문에 동의가 안 되는 것이다. 이런 자의적 판단은 신뢰성을 떨어뜨린다. 리더가 되기에는 역부족인 사람들이다.

8. 설득하지 못하고 설득당한다_ 마음이 약한 사람들이다. 팀장이나 임원이 되면 조직원들에게 부담이 되는 업무 지시를 해야 할 때가 많다. 그런데 그런 지시를 하라고 하면 역으로 부서원의 얘기를 듣고 와서는 상사를 설득하려 한다. 부하 직원에게 싫은 소리를 못하고 잔소리를 부담스러워 한다. 이런 사람은 매니징 능력이 부족하다. 착하다고 할 수만은 없다. 필요하면 조직의 명령을 따라야 하는데, 후배나 부하 직원의 말을 듣고 조직의 명령을 왜곡하거나 부정할 가능성이 있다. 이런 사람은 협상력이 없다. 협상에 나가면 백전백패, 조직에 큰 피해를 끼친다.

9. 사람을 데려오지 않는다_ 자기가 가진 네트워크 일체가 조직에 합류한 것이 아니라 자기 몸만 온 경우다. 이런 사람들은 회사의 궂은일을 맡지 않는다. 자기 브랜드만 지키려 할 뿐 회사의 브랜드가 망가지건 말건 별 관심이 없다. 언제든지 회사가 어려우면 떠날 준비가 돼 있다. 팀장이 되고 임원이 되려면 자신의 모든 것을 조직에 투여해야 한다. 자기가 아는 사람을 자신의 책임하에 끌어들이는 것은 사실 매우 부담스러운 일이다. 그러나 충성도가 높은 사람들은 그렇게 한다.

10. 자기계발에 관심이 없다_ 유능한 인재는 끊임없이 자기계발을 한다. 뭔가 배우고 익힌다. 공부하고 책을 읽고 강연을 듣는다. 이런 사람은 성장한다. 그러나 자기계발

에 관심이 없는 사람은 점점 뒤로 처진다. 마침내는 도태된다. 지식의 효용은 3년이 지나면 1/2로 떨어진다. 6년이 되면 1/4이 되고 10년이 지나면 1/8밖에 남지 않는다. 이렇게 텅 빈 머리로 후배들을 지휘할 수 없다. 그러니 자기계발을 소홀히 하는 사람은 아집과 독단에 사로잡히기 십상이다.

혼자서 일하려거든
조직을 떠나라

오늘날 높은 성과를 가져다주는 시스템과 조직은 다음의 4개의 F를 갖추고 있다. 조직은 신속하고Fast, 집중하며Focused, 유연하고Flexible 다정해야Friendly 한다. 그리고 무엇보다 조직은 즐거워야Fun한다.
―로자베스 모스 캔터, 하버드대학교 교수

지난 연말 새해를 하루 앞두고 우리 회사에서는 임원 회의가 열렸다. 한 해를 마무리하고 다음 해를 맞는 그 의미심장한 자리에서 우리가 논의한 주제는 불황에 대처할 방안도, 성과를 더욱 증대시킬 방안도 아니었다. 회사를 더욱 탄탄하고 건강하게 만들 수 있는 방법, 어떤 위기에도 쉽게 흔들리지 않는 내실을 쌓을 수 있는 방법, 바로 팀워크 강화 방안이었다. 왜 팀워크인가? 지금부터 그 이야기를 해보자.

회사는 화려한 개인플레이보다 팀워크를 원한다

미국의 주요 대학원 입학 추천서에 반드시 포함되는 항목이 있다. 추천인에게 해당 학생이 다른 사람들과 함께 작업하는 능력이 어떤지를 묻는 것이다. 그만큼 미국 사회의 근간에는 협업이 모든 조직생활의 기본이라는 인식이 깔려 있다. 그에 비해 우리는 어떤가. '나 홀로 최고'가 지상 최대의 가치로 버티고 있다. 우리는 대학에 잘 가려면 혼자만 좋은 점수를 받아야 하고, 그러기 위해서는 무한경쟁 속에서 저마다 홀로 외롭게 고투를 벌여야 함을 학창 시절 내내 배운다. 심지어 대학에서도 리포트 작성이나 시험 준비는 혼자서 하도록 훈련한다. 좋은 성과를 위해서는 나 혼자 노력해 나 혼자 앞서나가야 한다는 것, 이것이 지금껏 우리가 교육하고 인재를 길러온 방식이다.

그러니 사회생활의 시작과 함께 너나 할 것 없이 가장 처음 맞닥뜨리는 문제가 바로 협업이다. 직장생활의 대부분은 조직 안에서 팀을 이루어 동료, 선후배와 함께 이루어가야 한다. 이제껏 나 혼자만 잘하면 되는 줄 알았는데 갑자기 직장에 들어오니 당연한 듯 협업co-work을 요구한다. 뭔가 갑갑하고 삐걱거린다. 그냥 친하게만 지내라면 해보겠는데 함께 일하고 조율하고 나누려니 관계도 일도 제대로 안 풀리는 것 같다.

능력이 뛰어나고 똑똑한 사람일수록 문제는 더 꼬인다. 이른바 명문대학 출신들이 조직 내에서 인기가 없는 이유도 여기에 있다. 이들은 대개 협업을 싫어하고 어려워한다. 한두 번 다른 사람과 일을 맞춰본 뒤 그가 제대로 된 결과물을 내지 못하거나 속도가 뒤져 자신에 못 미치면 더 이상 기대하지 않는다. 차라리 일을 몽땅 자신이 끌어가서 혼자 시원하게 해버리고 만다. 이렇게 하면 당장 성과는 더 나을 수도 있다. 하지만 그는 다음에도, 그 다음에도 다른 사람과 일할 수가 없다. 혹시 생각이 바뀌어 그가 원한다 해도 그땐 다른 이들이 거절할 것이다. 동료들은 이미 그에 대해 '능력이 있는 건 알겠지만, 저 사람하곤 같이 일하고 싶지 않다' 라고 마음을 굳혀두고 있다.

게다가 이런 이들은 대개 상사에게도 고분고분하지 않다. 자기 고집을 세우거나 상사의 허점만을 먼저 보는 경향이 있기 때문에 건방져 보이는 경우가 많다. 계속 그대로 나가다간 그의 조직생활은 완전한 실패로 끝나고 말 것이다. 대체 누가 동료와 후배, 상사를 무시하고 저 잘난 맛에 일하는 사람과 함께 일하고 싶겠는가?

일 잘하고 '싸가지 없는' 부하 직원과 능력은 보통이되 '인간성 좋은' 부하 직원 중 누구의 미래가 더 밝을까. 상사들은 겉으로는 일 잘하는 사원을 칭찬할지 몰라도 속으로는 인간성 좋은 사원을 후원한다. 그 심리를 냉정하게 파헤쳐보면 단기적으로는 전자의 능력을 이용해 조직의 성과에 도움을 받겠지만 장기적으로는 '팀을 말아먹을 녀석' 이거나 '나를 위협할 녀석' 이라고 생각하는 것이다. 상사들에게 제일 정이 안 가는 부하 직원은 단연코 개인플레이를 하는 사람이다. 아무리 일을 잘해도 팀워크를 해치고 개인플레이를 일삼는 부하 직원이라면 잠시 그 능력을 쓸 뿐 곁에 오래 두고 싶어하지 않는다.

기업에서 승진 심사를 할 때나 헤드헌팅 회사에서 기업에 인재를 추천할 때도 마찬가지다. 혼자서는 성과를 잘 내지만 여럿이 어울려 일하는 협업 능력이 떨어지는 직원이 있다 치자. 또 상대적으로 성과가 부진하고 능력이 떨어지지만 협업 능력이 뛰어나 팀워크를 앞서 만들어내는 직원이 있다 치자. 둘 중 어떤 사람을 선택할 것인가는 분명 큰 고민거리다. 그러나 신기하게도 결론은 대략 비슷하다. 대부분의 사람들은 성과보다는 팀워크를 선택한다.

왜 그런가? 개인적 성과는 작다. 그러나 조직적 성과는 그에 비할 수 없을 만큼 크다. 개인적 성과를 선택한다면 단기간에 목표량을 달성할 수는 있을지언정 조직 전체가 이루어야 하는 커다란 목표에서는 멀어진다. 하지만 팀워크를 선택한다면 당장의 성과는 미미할지 몰라도 조직의 잠재력과 가능성은 몇 십 배, 몇 백 배로 부풀어오른다.

혹시 당신은 일은 원래 혼자서 하는 거라고 생각하고 있지 않은가? 여럿이 하는 일은 번거롭고 답답해 싫고 혼자 일할 때가 편리하고 빠르다고 느끼지는 않는가? 물론 그럴 수 있다. 하지만 그 생각과 감정을 바꾸지 않는다면 당신은 언제까지고 '단기 성과용 실무자'로 전전할 수밖에 없다. 그래가지고는 조직의 미래를 책임지는 팀장이나 임원이 될 수 없다. CEO는 더더구나 꿈 꿔서는 안 된다. 또 되어서도 안 된다. 그런 사고방식으로는 팀 전체, 조직 전체, 기업 전체, 사회 전체에 긍정적 영향을 미칠 수 있는 멋진 성과, 위대한 성과를 거둘 수 없다.

만약 이런 현실을 충분히 알고 있는데도 계속해서 혼자 일하고 싶다면? 길은 하나다. 조직을 떠나라. 떠나서 홀로 마음껏 일하면 된다.

평범한 사람들이 위대한 성취를
이룰 수 있게 하는 힘, 팀워크

기업 경영에 있어 신화적 존재가 된 앤드류 카네기는 자신의 성공 철학 중 하나를 이렇게 설명한다.

"팀워크가 없는 회사는 제대로 운영되지 않습니다. 회사는 공동의 이익을 얻고자 함께 일하는 사람들에 의해 운영됩니다. 혼자 운영하는 조그만 사업체라도 반드시 팀워크가 필요합니다. 기업과 팀워크는 떼려야 뗄 수 없는 단어입니다. 성공한 회사들을 분석해보면 능률적이면서도 조화롭게 협력한다는 사실을 알 수 있습니다. 또한 성공하는 기업에서는 직원 간 팀워크를 전담하는 부서가 따로 있어 회사를 운영하는 데 필요한 요소들이 제대로 이뤄지고 있는지 관찰합니다."

정말 그런가? 수도 없는 사례들 가운데 몇 가지만 들어보자.

세계적인 자동차 회사로 성장한 일본 도요타의 생산 시스템은 팀워크에 기본을 두고 있다. 모든 시스템은 부가가치를 내는 팀을 지원하기 위해 존재하지만 실제 부가가치를 내는 작업은 개인들이 한다. 서로 동기부여를 하고 가르치고 배우며, 팀은 보이지 않는 힘을 통해 전체 작업을 조정하는 역할을 한다. 도요타의 성공 비결은 개인 작업과 협동 작업의 장점을 고루 살리고 개인의 탁월함과 팀의 효율 사이에서 절묘한 균형을 구축한 데 있었다. 그래서 도요타는 신입사원을 선발할 때 다른 무엇보다 그가 훌륭한 팀을 구성할 수 있는 인력인지를 집요하게 캔다.

외국계 기업들이 직원을 채용할 때 꼭 따지는 요소도 바로 팀워크 능력이다. 그것이 업무 성과를 높이고 조직을 발전시키는 데 없어서는 안 될 요소라는 점을 아주 잘 알고 있기 때문이다. 특히 외국계 기업에서는 다양한 문화권의 다양한 개성을 지닌 사람들과 어울려 일해야 하기 때문에 팀워크 능력이 없으면 애초에 조직 적응 자체가 어렵다. 같은 문화권 안에서도 조직 내 구성원들 사이에 숱한 갈등과 의견 충돌이 일어나는데 다양한 국적과 문화를 가진 이들이 모여 이룬 조직이라면 더 말할 것도 없다.

반기문 UN사무총장은 국제적인 조직에서 팀워크 능력이 없다면 살아남을 수 없다고 말한다.

"팀워크가 좋아야 문화와 역사가 다른 사람들과 함께 작업할 때 갈등을 최소화할 수 있습니다. 더구나 업무의 대부분이 회의와 토론으로 진행되는 만큼 그 과정에서 문화적 갈등을 호소하는 사례도 적지 않기 때문에 다양성에 대한 이해와 배려, 더 나아가 적극적인 수용이 필요합니다."

한국 기업도 점점 글로벌화하면서 다양한 국적과 인종, 가치관을 지닌 직원들이 한데 모이는 추세다. 이 속에서 다양성과 개성을 존중할 줄 모르는 독불장군들이 자연스럽게 탈락하게 될 것임은 불 보듯 뻔한 일이다.

글로벌 기업 페덱스의 특징 중 하나는 무해고 정책이다. 업무 성과가 나쁜 직원이라도 내치지 않고 끌고 가며 직무 향상 계획을 세워 회생시킨다. SFA^{Survey, Feedback, Action} 제도가 그것이다. 개인의 성과가 크고 적음을 넘어 전체의 성과와 효율을 높이는 힘, 이것이 바로 그들의 팀워크다.

또한 페덱스의 간부들은 직원들로부터 만족도 평가를 받게 되어 있다. 그런데 여기서 2년 연속 기준 미달의 점수를 받는 간부는 곧바로 짐을 싸야 한다. 간부의 능력은 리더십에 있다. 버리고 가는 것이 아니라 모두를 이끌고 더 나은 곳으로 향하는 능력, 팀워크를 최대한 발휘하도록 하는 능력이 간부 평가의 핵심 기준인 셈이다.

컴퓨터 바이러스 연구를 통해 안철수연구소라는 성공적인 기업을 탄생시킨 기업인 안철수 씨는 전문가일수록 팀워크가 중요하다고 강조한다. 이 시대는 전문가들끼리도 일을 나누고 다른 분야의 사람들과 함께 일을 해나가야 하는 시대인 만큼 전문 지식을 쌓는 일 못지않게 협업 능력을 갖추어야 한다는 것이다. 그는 심지어 "전문가들 사이에서도 지식과 경험이 부족하더라도 팀워크를 잘 해나갈 수 있는 사람이 결국은 실적과 평가 면에서 앞서가는 경우도 많다"고 강조한다. 그는 덧붙인다.

"이제 팀워크 능력은 전문가에게 필수적인 능력이 되었다."

기업은 기본적으로 팀을 이루어 일하게 되어 있다. 오래 생각할 것도 없이 팀을 이루고 있으니 팀으로 일하는 능력이 필요한 것이다. 기업이 회식을 하는 이유도, 워크숍이나 체육대회를 하는 이유도 다 팀워크 때문이다. 왜? 팀워크를 키워야 성과가 커진다. 성과가 지속된다. 성과의 가치도 높아진다. 팀워크란 개인이 절대 이룰 수 없는 위대한 성취를 이룰 수 있게 해주는 요술램프 같은 것이다. 다시 앤드류 카네기의 말.

"팀워크란 공통된 비전을 향해 일할 수 있는 능력입니다. 또 한 개인의 성취 방향을 조직적인 목표에 맞추게 하는 능력입니다. 팀워크는 평범한 사람들이 비범한 결과를 낼 수 있도록 하는 연료입니다."

누구나 부러워하는 최고의 팀을 만들어라

언제나 즐겁고 활기가 넘치는 팀. 서로를 잘 알고 보완하며 능률과 성과를 최대한으로 끌어올리는 최고의 드림팀. 이런 팀이라면 누구나 들어가고 싶어하고 팀을 위해 최선을 다하고자 할 것이다. 이런 팀을 만들자. 어떻게 만들까? 팀 리더 혼자만 잘한다고 해서 될 일도 아니고 팀원들의 의지가 충만하다고만 해서 될 일도 아니다. 팀의 능률과 성과는 리더와 팀원들이 협력하여 성취했을 때 의미가 있으며 그것이 바로 성공적인 팀워크다.

유능한 리더는 이 점을 잘 알고 있다. 그래서 구성원 각각이 주인의식을 가질 수 있도록 업무의 목적과 가치, 팀의 전략적 목표를 팀원들과 상시적으로 공유하고자 한다. 또 팀원들이 즐겁고 유쾌하게 일할 수 있는 분위기를 만들어내고 언제나 새로운 기회를 대비해 학습하고 훈련하는 태도를 전파한다. 성과 배분에 대한 기준과 업무 규칙 설정, 부실한 성과를 점검하고 바로잡을 수 있는 통찰력 또한 최고의 팀을 이끄는 리더들의 공통점이다.

팀이 오케스트라라면 리더는 지휘자이다. 지휘자와 악단이 균형과 조화를 이룰 때 최고의 선율이 흘러나온다. 통일성 속에 개성이 살아나고 전체 선율 속에서 각 악기가 가진 고유한 소리가 가장 빛난다. 이것이 바로 최고의 팀워크다. 훌륭한 지휘자는 어느 악기의 음정이 어긋났는지, 어떤 연주자가 더 열심히 연주하고 있고 어떤 연주자가 남들의 소리에 묻어가고 있는지 금방 안다. 즉 유능한 리더라면 일부러 하나하나 뜯

어보지 않아도 팀원들 각각의 능력과 태도를 꿰뚫고 있는 법이다. 헤드헌팅 회사가 인재에 대한 평판 조회를 그와 같이 근무했던 상사나 사장에게 하는 이유도 여기에 있다.

오래전 몇 만 명의 신도를 거느린 대형 교회에 간 적이 있다. 내 친구의 아버지가 그 교회 목사였기 때문이다. 교회 입구에서 나는 별 생각 없이 친구의 어머니에게 가볍게 인사를 했다. 그로부터 몇 달 뒤 다시 그 교회에 갈 일이 생겼다. 나는 당연히 친구 어머니가 나를 기억하시지 못할 거라 여기고 가볍게 목례를 하고 지나치려 했다.

그런데 그분이 갑자기 내 손을 잡으며 반색을 했다. 더욱이 나를 또렷이 기억하고 있는 데는 깜짝 놀랄 수밖에 없었다. '저렇게 큰 교회를 이끌어갈 수 있는 데는 다 이유가 있었구나' 하는 생각이 절로 들었다.

팀워크가 지향해야 할 가장 궁극적인 형태는 리더가 없어도 굴러갈 수 있는 팀을 만드는 것이다. 팀워크란 위기 상황에서 더욱 빛을 발하게 되어 있기 때문에 평소에 단련된 팀워크의 힘은 리더가 없을 때 단박에 드러난다. 리더가 있을 때 잘 굴러가는 팀 중에도 리더가 사라지면 당장 비틀거리는 경우가 많다. 겉으로는 윤기가 흘러도 내실은 별로 없는 허풍선이 팀일 뿐이다.

그러나 리더가 사라졌을 때 자기 위치에 더욱 충실하며 협동을 통해 빈자리를 메울 수 있는 단단한 팀워크라면 어떤 시련이 닥쳐도 끄떡없이 대처할 수 있다. 그런 팀이야말로 큰일을 해낼 수가 있다.

훌륭한 팀워크 능력을 위한 조건으로 나는 다음의 세 가지를 꼽는다.

첫 번째, 목표가 같은 사람들로 팀을 채워야 한다

큰 경기를 앞두고 선수들이 동상이몽에 빠져 있다면 패배는 이미 정해진 셈이다. 목표가 달라서는 팀워크가 원활할 수 없다. 좋은 직장은 3M의 조건을 갖춘 곳이다. 보상^{Money}, 동료^{Man}, 비전과 발전 가능성^{Mission & Movable}이다. 이중 '동료'는 팀워크의 조건에 대한 다른 표현이기도 하다. 누구와 함께 일하느냐가 직장생활의 성패를 좌우한다. 팀원으로서 적합한 자격을 갖춘 열정적이고 헌신적인 사람들과 한 팀을 이룬다면 성공은 따놓은 당상이다. 그러니 직장을 선택할 때는 누구와 함께 일할지를 고민해야 한다. 반대로 직원을 채용할 때는 조직과 목표가 같은 사람인지를 따져야 한다.

두 번째, 팀원들이 같은 생각을 하게 만들어야 한다

아무리 목표가 같은 사람들로 채우려 노력해도 빈틈은 생기게 마련이다. 세상에 완전한 조직은 없다. 모든 조직을 최고의 멤버로만 꾸릴 수도 없다. 팀이 꾸려진 뒤에 해야 할 일은 서로 같은 생각을 하는 일이다. 팀의 공동 목표를 추진하기 위한 기본 원칙을 확립하고 기대치에 대해 협의해야 한다. 기대치와 성과에 대해 공동의 확신을 갖고 팀의 업무에 단합된 태도로 임해야 한다.

세 번째, 이익과 손실에 대해 모든 팀원이 공유하도록 해야 한다

사우스웨스트 에어라인즈는 몇 십 년 만에 처음으로 심각한 재정 위기에 처했을 때 인원 감축을 하지 않는 과감한 결단을 내렸다. 회사의 최대 자산은 직원들이고, 그동안 조직이 성공을 거둘 수 있던 이유도 바로 그들이라고 판단했기 때문이다.

요즘 심각한 불황을 맞아 많은 기업들이 인력 감축이냐, 급여 삭감이냐를 두고 고민하고 있다. 경영학의 기본은 인력 감축이다. 일 잘하는 사람까지 급여를 줄여서 사기를 떨어뜨려선 안 된다고 한다. 그러나 적지 않은 기업들이 인력을 유지하는 대신 급여를 삭감하고 있다.

기업 전체의 팀플레이를 선택하는 것이다. 업무 단위가 작은 것이 팀이라면 기업 전체는 큰 팀이다. 작은 팀이건 큰 팀이건 팀워크는 주인의식에서 비롯된다. 팀원들이 이익과 손실을 모두 공유해야만 팀에 대한 주인의식을 가질 수 있다. 혼자만 살겠다는 사고방식, 특정인이나 특정 부서만 이익을 얻는 구조 아래서는 팀워크가 발휘되기 어렵다.

기업들이 직원을 채용할 때 인성검사를 하는 이유, 인간미를 중시하는 이유도 바로 이것이다. 바로 앞에 예로 든 사우스웨스트 에어라인즈는 면접 방식에서도 독특한 면이 있다. 이들은 면접시 후보자들에게 프레젠테이션을 하도록 하는데 이때 면접관들은 발표자가 아닌 다른 후보자들을 주시한다. 자기 순서가 끝났거나 아직 발표 전인 후보자 대부분은 진행되는 프레젠테이션에 별 관심을 두지 않게 마련인데 면접관들은 그중 태도가 안 좋은 사람부터 하나씩 탈락시킨다. 무슨 뜻인가? 그런 이기적인 사람은 자기네 조직에 적합하지 않다는 것이다.

그들은 직원 채용 철학에 대해 "태도를 채용한다"고 말하곤 한다. 지식이나 기술은 조직에 와서 배우면 되지만 태도는 그렇지 않다는 것이다. 동료들과 함께 일하고 조직과 함께 호흡하기 위해서 필요한 기본적인 태도를 갖춘 사람을 고용하겠다는 것이다.

최고의 팀을 이루기 위해서는 팀의 구성원들 모두 이기심을 버릴 줄 알아야 한다. 자신보다는 팀을 우선시하는 조직적 사고방식을 몸에 익혀야 한다. 남에게 기대하기 전에 자신이 먼저 희생하지 않고서는 팀의 잠재력은 물론 자신의 잠재력도 온전히 발휘할 수 없다.

"함께라면 못할 것도 없습니다"

어느 백인 교사가 인디언 보호구역 내 학교로 부임한 지 얼마 안 되어 시험을 치르게 됐다. 교사는 아이들에게 오늘은 평소와 달리 특별히 어려운 문제를 낼 거라고 일러주었다. 그러자 인디언 아이들이 갑자기 책상을 가운데로 끌어당기더니 한데 모여 앉는 것이 아닌가. 교사는 의아하게 생각하며 부정행위는 안 된다고 훈계하려 했다.

그런데 아이들은 도리어 선생님이 이상하다는 듯 입을 모아 말했다.

"저희는 지금껏 어려운 문제는 함께 힘을 합쳐야 해결할 수 있다고 배웠는데요?"

뒷이야기는 알 수 없다. 하지만 분명 그 백인 교사는 아이들로부터 큰 교훈을 얻었을 것이 틀림없다.

한 사람의 능력이 아무리 뛰어난들 혼자서 할 수 있는 일에는 한계가 있다. 조물주는 개인에게 모든 일을 혼자서 다 할 수 있는 능력은 주지 않았다. 아무리 잘난 사람도 혼자서는 팀워크를 당해낼 수 없다. 아무리 특출한 스페셜리스트라도 팀워크 없이는 자신의 전문성을 살려낼 수 없다. 아무리 뛰어난 리더라도 팀워크를 이끌어내지 못한다면 자신의 존재 의미를 찾을 수 없다. 팀워크란 내가 할 수 없는 일을 할 수 있는 다른 사람들과 만나 더 큰 일을 이루어내는 것이다. 팀원이란 내가 할 수 있는 일에 최선을 다하고 부족한 것은 다른 사람으로부터 얻는 존재다. 서로 그런 믿음이 있어야 한다. 나도 당신도 최선을 다한다는 믿음. 내가 못하는 일은 당신이 할 수 있다는 믿음. 이 믿음이 최고의 팀워크를 이룬다.

외환은행이 론스타에 매각된 뒤 외국인 은행장이 들어와 구조조정을 할 때의 일이다. 새 은행장은 기획 및 지원 부서의 모든 팀장들과 팀원들 각각에게 선택권을 주었다. 팀장에게는 앞으로 함께 일할 팀원들을 선택하고 팀원에게는 함께 일할 팀장을 선택하도록 한 것이다. 그리고 여기서 선택받지 못한 이들은 팀장이건 팀원이건 가리지 않고 대기발령을 내버렸다. 그동안 한 번도 겪은 적 없는 팀워크 평가 앞에 회사는 당연히 발칵 뒤집혔다. 혁명적 변화가 뒤따랐음은 물론이다.

나는 기회가 되면 우리 회사에서도 이런 식으로 팀장과 팀원의 상호 선택 과정을 도입해보고 싶다. 그러나 당장은 직원들이 느끼는 부담감이 너무 클 것 같아 뒤로 미루어두고 있다. 당신이라면 어떨 것인가? 이런 평가를 한다면 당신에게 두근두근 기대되고 짜릿한 경험이 될 것인가, 아니면 망신스럽고 비참하기 짝이 없는 경험이 될 것인가?

이제 '나 홀로 최고'들의 시대는 끝났다. 아무리 개인의 성과가 중요한 분야에서도 옆에 있는 동료를 밟고 올라가서는 오래 살아남을 수 없다. 조직 전체의 팀워크를 무시해서는 당장 도태되고 말 것이다. '나 혼자만 잘하면 된다' 는 생각은 이 순간부터 완전히 버려라. 대신 그 자리를 '나도 틀릴 수 있다' 는 열린 생각으로 채워라. 다른 사람에 대한 존중과 배려의 마음을 품어라. 그리고 커뮤니케이션 능력을 배워라. 나의 의사를 정확히 표현할 뿐 아니라 상대방의 의도도 정확하게 이해할 줄 알아야 한다. 그리고 서로의 생각이 적절한 지점에서 만날 수 있도록 협의하고 조율할 줄 아는 능력을 길러야 한다.

당신이 선배라면 후배들을 키울 수 있어야 한다. 그동안 쌓은 명시적, 암묵적 지식과 노하우를 구체화해서 그들에게 잘 전달하는 방법을 고심해야 한다. 당신이 리더라면 두말할 것 없이 팀워크를 성공적으로 이끌 수 있는 리더십을 고민해야 한다. 솔선수범과 자기희생, 신뢰 관계를 통해 조직에 활력을 불어넣고 팀 전체에 끊임없이 동기부여를 해야 한다.

기억하라. 위대한 성취를 이루기 위해서 하나는 너무나 작은 수다. 함께 일해야 한다. 아무리 뛰어난 사람이라도 함께 일해야 하고 아무리 모자란 사람이라도 함께 일해야 한다. 처음엔 느려 보일지 몰라도 나중엔 천하무적이 된다. 혼자서는 감당할 수 없는 어마어마한 일도 팀워크를 통해서는 거뜬히 해낼 수 있다. 혼자라면 당장 절망의 나락으로 떨어지고 말 큰 시련 앞에서도 팀워크 안에서는 당당히 이겨낼 수 있다.

테레사 수녀가 남긴 멋진 말들 중 내가 특별히 좋아하는 말이 있다. 유능하고 성실하여 일을 참 잘하는데도 더불어 일하는 법을 몰라 큰일을 맡길 수 없는 안타까운 인재들에게 꼭 들려주고 싶은 말이다.

"당신은 내가 할 수 없는 일을 할 수 있습니다. 나는 당신이 할 수 없는 일을 할 수 있습니다. 함께라면 우리는 위대한 일을 할 수 있습니다."

Part 3

성공 마인드로 바꿔야 진정한 생존자가 될 수 있다

_승진을 넘어선 프로들의 성공 노하우

**The 1% Secret to be the most
desired employees**

직장인의 수명은
영업 마인드에 달려 있다

> 우리는 모두 세일즈맨이다. 제품이나 서비스를 팔기 위해 고객을 방문하는 일을 직업으로
> 삼고 있는 이들은 말할 것도 없고, 사람은 누구나 다 무언가를 팔고 있는 것이다. 자신의 생
> 각, 꿈 혹은 관점 등을 팔고 있는 세일즈맨.
> —윌리 앰브루스터, 광고인

그야말로 실업의 시대다. 안 그래도 일자리가 모자란 마당에 경제 위기로 고용 한파까지 몰아쳐 취업문은 더욱 좁아져만 간다. 그런데 이 구직난의 소용돌이 속에서도 기업들이 직원을 구하기 어렵다며 하소연하는 직무가 있다면?

얼마 전 한 취업정보 제공 회사가 351개 중소기업을 대상으로 인력 부족 현황에 대해 조사한 적이 있다. 중소기업의 인력난 소식은 어제오늘 이야기가 아니어서 어려움을 호소한 업체가 많으리라는 결과를 쉽게 예상할 수 있다. 하지만 조사 결과는 예상을 훨씬 뛰어넘고 있었다. 전체의 96%에 달하는 337개 기업이 원하는 인재를 구할 수 없어 문제를 겪고 있다는 것이다. 그들이 필요한 사람을 뽑지 못하고 있다고 답한 직무는 생산/현장직이 11.9%이고, 연구/개발R&D직이 11.3%였다. 그리고 21.7%를 차지해 가장 인력난이 심각한 것으로 판명된 분야는 국내영업, 해외영업, 기술영업 등 영업직이었다. 흔히 중소기업에서 사람을 가장 구하기 어려운 직무는 생산/현장직으로 여겨지곤 한다. 실제로 이 분야는 3D 직종으로 인식되고 있어 비단 중소기업이 아니더라도 일상적인 인력난에 시달리는 분야이기도 하다. 그런데 영업직이 그 두 배에 가까운 수치를 보여준다는 것은 대체 무엇을 의미하는가?

불경기에 더욱 빛을 발하는 영업

경기가 악화되면서 기업들의 채용 수요가 급격히 줄어들고 있는 것은 분명하다. 그럼에도 수요가 꾸준히 유지되고 있는 분야가 바로 영업이다. 아니, 오히려 다른 수요를 줄이고 영업 인력 수요를 더 확보하는 기업도 쏠쏠히 눈에 띈다. 왜 그럴까?

일반적으로 경기가 어려울 때 기업은 영업력을 강화하려는 경향을 보인다. 새로운 상품을 연구·개발하기 위해서는 시간과 자금을 투자해야 하고 모험을 감수해야 한다. 경기가 좋을 때야 왕성하게 신제품을 개발하고 새로운 분야에 도전해서 사업을 넓혀가는 것이 마땅하겠지만, 요즘처럼 하루하루가 아슬아슬한 시기에 그렇게 한다는 것은 너무나 무모한 일이다.

그러나 경기가 나쁠 때 투자는 할 수 없어도 판매는 할 수 있다. 다른 어느 때보다 더 적극적이고 다각적인 영업으로 쉽게 열리지 않는 고객들의 지갑을 공략하는 것이야말로 전 세계적인 장기 불황이 덮쳐오고 있는 지금 같은 시기에 기업이 살 유일한 길이다. 그래서 다른 분야의 채용 수요는 꽁꽁 얼어붙는 데 비해 영업직 수요는 줄지 않고 오히려 늘어나는 것이다.

중소기업 인력난 현황 조사에서 영업직 인력 문제가 가장 심각한 것으로 나타난 것도 이런 맥락에서 이해할 수 있다. 특히 중소기업은 좋은 아이디어를 통해 제품을 개발하고 생산할 수는 있지만 영업 능력이 없어서 생존이 위태로운 경우가 많다. 지금 같은 시기에는 더군다나 영업이 곧 기업의 생명이나 마찬가지다.

사정은 대기업이라고 해서 다르지 않다. 2008년 한 취업 관련 회사가 매출액 기준 500대 기업을 대상으로 '올해 가장 적극적으로 채용할 직무 분야'가 무엇인지 물었더니 채용 계획이 있는 271개 기업 중 28%(75개)가 영업직을 꼽았다. 관리직이라고 답한 기업은 7%(18개)에 불과했다. 최근 금융업의 채용 동향을 보더라도 대부분이 영업직을 찾고 있고, IT와 인터넷 관련 기업에서도 채용 대상의 50% 이상이 영업직 사원이다.

한번 생각해보라. 회사가 위기에 빠졌을 때 가장 먼저 인원 감축 대상이 되는 부서가 어디일까? 잘 알고 있겠지만 지원 부서와 관리 부서이다. 그 다음은 연구 부서와 생산 부서이다. 그러고도 정 힘들면 어쩔 수 없이 마지막에 정리하는 부서가 바로 영업 부서이다. 반대로 회사에 여력이 생겨 새로 인력을 채용하려 할 때는 제일 먼저 영업에서부터 시작하기 마련이다. 그래야 회사에 자금이 돌고, 그 자금을 가지고 개발도

하고 생산도 하고 관리도 할 것이 아닌가. 아기가 배가 고파지면 울음을 터뜨리며 간절히 엄마 젖을 찾듯이 기업은 어려움이 닥칠 때마다 치열하게 영업에 매달린다. 결국 영업이야말로 회사의 젖줄이요, 회사에서 가장 우대받는 인력도 영업사원인 셈이다.

억대 연봉자는 대부분 영업사원이다

자영업을 하지 않고 안정적인 직장에 다니면서도 능력과 성과를 인정받아 억대 연봉을 받아보는 것. 샐러리맨이라면 누구나 한 번쯤 꿈꾸어볼 법한 일이다. 그런데 그런 억대 연봉자들이 누구인지 눈여겨본 적이 있는가? 바로 영업사원들이다. 현대자동차 영업사원 중에서 처음 억대 연봉자가 나온 것은 2001년의 일이다. 2003년에는 13명이 되었고, 2005년에는 50명, 그리고 2007년에는 크게 늘어 210명이 억대 연봉자의 대열에 들어섰다. 여러 가지 이유가 있지만 공격적인 판촉 방침에 따라 성과에 따른 인센티브가 강화된 것이 중요한 요인이었다. 기아자동차에서도 억대 연봉을 받는 영업사원의 수가 2002년 3명에서 2007년에는 41명으로 꾸준히 늘어나고 있다. 이들은 대개 30대 후반에서 40대 초반의 창창한 나이이고 직급이라야 과장·차장들이다.

같은 또래와 직급의 직장인 중에서 억대 연봉을 받을 수 있는 부서가 과연 얼마나 될까? 기획, 인사, 총무 등 관리직이나 연구직 출신이라면 중견 기업 이상의 규모에서 임원급이 되어야만 겨우 받을까 말까다.

자동차 산업의 특수성 때문이 아니겠냐고? 일차적으로야 맞는 말이지만 다른 직종을 살펴보면 꼭 그렇게만 볼 문제가 아님을 알게 될 것이다. 애널리스트나 펀드매니저의 연봉이 높다고 하지만 이들도 알고 보면 영업자와 다를 것이 없다.

요즘 한창 떠오르는 직종 중에 PB^{Private Banker}와 AM^{Asset Manager}이 있다. 부동산, 채권, 주식, 펀드, 심지어 미술품에 이르기까지 투자 대상이 다변화하고 분산 투자가 일반화되면서 자산 관리는 점점 더 까다로워지고 있다. 이런 추세 속에서 탄생한 PB와 AM은 개인 고객의 자산을 대신 관리해주는 직종이다. 특히 자본시장통합법 시행을 앞두고 증권사들은 무한경쟁 시대를 대비해 수백억대 자산을 지닌 VIP 고객을 전담하는 PB들을 확실하게 키우고 있다. 능력을 인정받으면 은행장보다 더 많은 연봉을 받을 수 있는 이 PB는 '꽃보직'이라는 달콤한 애칭으로 불리며 은행원들의 선망의 대상이 되고 있다. 그런데 이 PB와 AM이 하는 일을 들여다보면 흥미로운 사실을 알게 된다.

증권사 PB 경력 3년차인 K대리는 오전 7시에 출근해서 시장 상황을 살피고 회의를 한다. 9시부터는 고객들에게 전화를 돌리며 남은 오전 시간을 보낸다. 오후에는 사무실에서 고객 상담을 하거나 고객의 주식 거래를 대행해주는 경우도 있지만 대부분은 고객을 직접 찾아가는 방문 섭외에 나서곤 한다. 그리고 퇴근 후에는 주요 고객과 만나 소주잔을 기울이거나 주말에 함께 골프를 치기도 한다.

K대리는 고객의 각종 기념일을 챙기는 것은 물론이고 고객을 위해 골프나 와인, 미술품에 대해 공부하기도 한다. 그가 사내 모집 과정에서

50대 1의 경쟁률을 뚫고 PB로 선발될 수 있던 것은 무엇보다 그간의 영업 능력을 검증받았기 때문이다.

금융 산업의 최첨단에서 우아하게 사무실에 앉아 재정 설계, 시장 분석, 투자 상담과 같은 고차원적 두뇌 활동에 전념할 것만 같은 이들의 일상은 전형적인 영업사원의 그것이다. 물론 고객의 자산 관리를 위한 전문성은 이들이 기본적으로 갖추어야 할 부분이다.

하지만 그것은 말 그대로 기본일 뿐이고 실제 성과는 끊임없는 영업을 통해서 내야만 한다. 어느 6년차 베테랑 PB는 "PB도 넓은 의미에서 영업사원이며, 일반 영업사원과 다른 점은 상품이 아닌 고객과의 관계, 즉 신뢰를 파는 점"이라고 말한다.

국내 최고 수준의 연봉을 보장해주어 치열한 경쟁률을 자랑하는 외국계 IB, 역시 취업자들에게 인기가 높은 외국계 제약회사 등에서도 사원들이 하는 일은 대부분 영업이다. 외국계 IB에서는 한국 사원을 뽑을 때 아예 그의 백그라운드를 따지곤 한다. '찍새', 즉 리서치 등은 홍콩이나 싱가포르, 뉴욕에서 하고 한국에서는 주로 '딱새', 즉 영업을 담당하기 때문이다. 백그라운드가 화려하고 인력풀이 풍부한 사람일수록 영업력이 크다고 보는 것이다. 그렇다면 외국계 IB에서는 애초에 영업사원을 뽑고 있다고 해도 과언이 아니다.

모든 직장인에게 영업은 선택이 아니라 필수

어디 그뿐인가? 따지고 보면 일반 은행원도 영업사원이기는 매한가지다. 예전에야 은행에 다닌다고 하면 가만히 앉아서 주는 돈 받아 관리하고 대출 서류 심사나 하면 된다고 생각했다. 하지만 요즘 은행원들은 그렇게 일할 수 없다. 은행 예금 약정시켜야지, 신용카드 회원 유치해야지, 보험 상품 팔아야지, 외환 환전액도 확보해야지 등등 영업 거리가 한둘이 아니기 때문이다. 그 실적은 고스란히 고과에 반영되고, 승진을 하면 대리급부터는 더욱 본격적으로 영업을 요구받는다. 차장부터는 영업을 얼마나 잘하느냐가 직장생활을 성공적으로 하고 있는지를 판단하는 바로미터가 되고 지점장이 되면 영업이 거의 절대적인 평가 기준이 된다. 이 단계에서 영업력이 떨어지는 사람은 곧바로 퇴출 대상 1호로 전락하고 만다. 그 이상으로 올라가면 사실 지역 영업을 담당하는 영업 본부장들이 대부분이다.

다른 분야도 마찬가지다. 영업과는 거리가 멀 것 같은 IT 개발 분야를 예로 들어보자. 역시 시작은 엔지니어로 했을지 몰라도 일정한 위치에 오르게 되면 프로젝트를 따오고 후배들의 판로를 열어주는 영업자 역할을 해야만 한다. 계속 엔지니어로서 전문성을 키워갈 수도 있겠지만 새로운 기술의 도입과 변화의 속도가 엄청나게 빠르기 때문에 현실적으로는 쉽지 않다. 10년차 엔지니어에게 회사가 바라는 것은 영업력이지 결코 기술력이 아니다.

그럼 교수, 의사, 회계사, 변호사 등 전문직이라 불리는 직종에서는 어떤가? 교수들이 연구만 하고 강의만 하는 사람들이던 시대는 지났다. 이제 전공 관련 프로젝트를 따오지 못하는 교수, 학생들을 많이 유치하지 못하는 교수는 무능하다는 소리를 듣는다. 의사는 좀 다를까? 아직까지 대형 병원에 있는 교수들이야 목에 힘주고 고자세를 보이지만 개업의로 나오는 순간 영업을 피할 수가 없다. 환자가 끊이지 않는 병원에 가보면 의사들이 얼마나 친절하고 상냥한지 알 수 있을 것이다. 웃으며 먼저 인사를 건네고 묻지 않은 정보까지 꼼꼼히 챙겨주는데다 다음에 가면 이름까지 기억하고 있질 않은가. 회계사, 변호사라고 다를 것이 없다. 심지어 이제는 목사님, 스님들까지도 대단한 영업 마인드를 보여주고 있다.

그렇다. 세상이 그만큼 변한 것이다. 이제 영업은 선택이 아니라 필수다. 사회 모든 영역에서 너나없이 영업을 뛰고 있는데 최전방인 기업에서 일하며 팔짱을 끼고 있다가는 언제 도태될지 모르는 것이 현실이다. 영업을 모르면 회사에서 살아남을 수 없고 회사에서 나와도 성공하기 어렵다. 퇴직 후 창업을 하면 아무리 작은 사업이라 해도 당장에 직접 영업을 해야 한다. 그런데 갑자기 없던 영업력이 툭 튀어나올 리는 없다. 상품을 보는 관점은 어떻게 잡아야 하는지, 판매 채널은 어떻게 구성되며 네트워크를 어떻게 확보할 것인지, 고객은 어떤 속성을 가졌는지, 고객을 어떻게 대해야 하는지……. 이 모든 질문에 대한 대답이 경험 속에서 쌓여 있어야만 성공 확률이 높아지는 것이다.

기업에서 하는 일을 크게 두 가지로 나누면 한쪽에 연구·개발과 생산이 있고 다른 한쪽에 영업이 있다. 원론적으로 보자면 전자의 관심은 새로운 것, 좋은 것을 만들어내는 데 있다. 만들어진 결과물이 시장에서 팔릴지에 대해서는 별 관심이 없다.

반면에 영업 쪽에서는 어떻게 해야 많이 팔까에 관심을 둔다. 상대적으로 물건 자체에 대한 관심은 적다. 예전에는 실제로 만드는 사람은 그저 좋은 물건만 만들면 되었고, 파는 사람은 그저 많이만 팔면 되었다.

하지만 이제는 그런 시대가 아니다. 물건을 만드는 사람도 고객을 생각하며 만들어야 하고 파는 사람도 고객을 위해서 물건에 대해 알아야 한다. 고객의 요구는 무엇인가, 어떤 고객이 이 물건을 원할까에 대해 누구나 관심을 가져야 한다. 그냥 좋은 물건이 아니라 고객을 위해 좋은 물건을 만들어 더욱 많이 파는 것. 이 시대가 모두에게 요구하는 영업 마인드는 바로 이런 것이다.

자동차를 떠올려보면 쉽다. 새 모델을 하나 만들기 위해서는 전체 계획을 총괄하는 한 사람이 5년에서 7년을 내다보며 구상에서 타기팅, 마케팅 방안까지 내놓는다. R&D 단계부터 철저한 영업 마인드가 요구되는 것이다.

불황의 시대엔 시장 창출형 마케터가 대세다

내가 대학에 다니던 시절만 해도 졸업생들 사이에서 입사 희망 1순위로 가장 인기를 누린 곳은 종합상사였다. 그리고 종합상사가 한국 수출의 주역을 담당했던 70~80년대에 영업직은 '샐러리맨의 꽃'이라고 불렸다. 그러나 90년대가 되자 점점 기획과 재무, R&D 직종이 기업의 핵심 역할을 담당하게 되면서 영업직이 누리던 지위와 인기도 무너졌다. 일하기는 힘들지만 누가 알아주지도 않고 승진도 어렵다는 인식이 퍼지면서 영업직은 소위 고급 인력이 기피하는 부서로 전락했다. 관리직에 있다가 영업직으로 발령이라도 받으면 영락없이 좌천이었다. 이런 추세는 2000년대까지 이어졌고 조직의 핵심은 전체적인 계획을 짜고 검토하는 기획·전략 부서가 차지한 듯했다.

하지만 지난 2~3년간 경기 침체가 지속되면서 상황이 달라지고 있다. 연봉제와 성과 반영 인센티브제가 확산되면서 뚝심 있게 일한 영업통들이 고액 성과급과 고속 승진이라는 결실을 얻고 있다. 오히려 영업이 각광받던 수십 년 전에는 상상도 할 수 없던 파격적인 기회와 보상들이 주어지고 있는 것이다. 이는 규모를 막론하고 국내 기업과 외국계 기업 모두에게 두드러지게 나타나고 있는 현상이다. 영업통을 발탁해 계속 승진을 시키는가 하면 전 사원에게 영업 마인드를 심어주기 위해 입사 후 일정 기간 동안 꼭 영업 부서를 거치도록 하기도 한다. 심지어 기업의 영업력을 강화하고 영업을 구심점으로 삼아 조직의 무게중심을 옮기기 위해 임원급을 영업 라인 인사로 교체하는 기업들도 생겨나고 있다.

그동안 열 명이 넘는 삼성전자의 사장단은 대부분 엔지니어 출신으로 구성되곤 했다. 이들의 구성이 최근 들어 바뀌고 있는데 그 핵심이 바로 영업력 강화이다. 중국 총괄 사장, 북미 총괄 사장, 유럽 총괄 사장 등 세계 곳곳을 담당하는 글로벌 영업 라인 인사들을 대거 승진시켜 사장단에 포함시킨 것이다. 뿐만 아니라 삼성의 미래를 두고 안팎에서 계속

제기되고 있는 소리가 있다.

"삼성이 언제까지 R&D 회사로 갈 수 있겠어?"

이제 삼성도 달라져야 한다는 말이다. 이미 소니나 노키아 같은 외국 회사들은 디자인 회사, 마케팅 회사로 전환했다. 한때 일본이 기술력을 내세워 전 세계를 제패했지만 이제 소니도 디자인과 세일즈를 강화한 마케팅에 온 힘을 쏟고 있다. 핵심 기술력만 유지해가며 생산 공정은 대부분 아웃소싱을 한 지 오래다.

오랫동안 견고하게 조직의 구심을 이루었던 '기술 삼성'이라는 모토가 시대의 흐름을 타고 바뀔 운명에 놓였다. 2009년 인사에서 차기 삼성 CEO 후보로 스포트라이트를 받았던 삼성전자의 최지성 사장은 이전의 기술 라인 사장 대신 세일즈마케팅 라인에서 올라온 인물이다. 삼성 자신이 기술 위주 경영의 한계를 극복하려는 의지를 보인 대표적 인사 케이스다. 그는 "영업을 하려면 제품을 알아야 하고 기획과 마케팅에도 능통해야 하는 등 회사 업무 흐름을 한눈에 읽을 수 있어야 한다"고 말한다. 그리고 직장인과 영업의 관계에 대해 한마디로 이렇게 정리한다.

"영업을 잘 하면 회사에서 성공할 확률이 높다."

고객과 가까운 곳에 더 많은 기회가 숨어 있다

영업이 왜 중요한지, 영업 마인드가 왜 필요한지는 충분히 이야기했다. 그런데 왜 여전히 젊은이들은 영업 하면 "그건 좀……" 하며 꺼릴까?

그만큼 어렵기 때문일 것이다. 무엇이 어려운가? 부탁하기가 어렵다. 영업을 하자면 어쨌든 부탁을 해야만 한다. 하지만 알고 보면 모든 비즈니스는 기본적으로 부탁이다. 가만히 앉아서 남의 부탁만 받을 수 있으면 참 좋겠지만 아무리 높은 지위에 올라가도 그럴 수는 없다. 비즈니스는 관계와 상호작용의 연속일 수밖에 없으니까.

내가 우리 회사에 들어오는 신입사원들에게 꼭 하는 말이 있다. "먼저 남의 부탁을 들어주라"는 것이다. 어느 조직이 되었든 조직생활을 시작하는 단계에서는 동료들과 선배들에게 많은 것을 배워야만 한다. 일을 해나가는 방식은 물론이거니와 하다못해 회의 규칙이나 사무실 집기 사용법에 대해서도 배워야 한다. 이 모든 것이 부탁을 통해 이루어진다. 물론 한두 번이야 옆에서 친절하게 들어주겠지만 누구도 일방적으로 베풀 수만은 없다. 게다가 우리 회사는 시간이 곧 돈인 컨설턴트들이 일하고 있는 곳이다. 따라서 옆 사람에게 무언가 부탁을 하려면 일단 그에게 먼저 베풀어야 한다.

그의 부탁을 들어줄 것이 없으면 커피라도 사다 주고, 영화라도 보여주고, 신문이라도 가져다주어야 한다. 그렇게 부탁의 관계를 잘 풀어놓는 사람이 선배들의 노하우를 받을 수 있고 유능한 컨설턴트로 성장해갈 수 있다. 영업 분야에서 성공한 사람들이 고객들에게 끊임없이 관심을 기울이고 그들과 접촉하며 서비스를 베풀고자 하는 것도 이런 까닭이다.

경쟁이 치열하기로 유명한 자동차 세일즈 경력 12년인 현대자동차의

C차장은 2007년 289대의 자동차를 팔아 사내에서 판매왕을 차지했다. 1만 명쯤 되는 전국의 자동차 세일즈맨 평균 판매량의 4~5배에 달하는 수치다. 그의 연봉은 2억 원 이상. 그에게도 석 달 내리 차 한 대 팔지 못하고 속만 끙끙 앓던 초짜 시절이 있었다.

처음 현대차에 입사해서 영업 부서에 발령을 받았을 때는 '내가 이것밖에 안 되나' 하고 좋은 보직을 받지 못했다는 생각에 괴로웠다. 성과가 나지 않자 '역시 영업은 나하고 안 맞아' 하며 방황하기도 했다. 하지만 그는 '다른 일인들 쉬운 게 있겠나' 라고 각오를 다잡고 동대문 시장과 남대문 시장을 돌기 시작했다. 물건을 판다는 일, 영업의 기본을 보기 위해서였다. 시장에 가보니 같은 물건을 쌓아놓고 팔아도 어떤 곳은 사람들이 몰리고 어떤 곳은 파리만 날렸다. 잘 관찰해보니 주인이 손님을 대하는 말투와 태도부터 판이했다. 상품 진열 방식과 간판도 손님을 배려하고 시선을 잡아끈 것과 그렇지 않은 것이 있었다.

'아, 그렇구나!' 그는 기본부터 다시 점검했다. 늘 고객이 원하는 것이 무엇인지를 생각했고 만날 일이 있으면 하늘이 두 쪽 나도 만나러 갔다. 변덕쟁이에 막무가내식 고객들이 사람을 질리게 만들 때도 '고객은 원래 그래' 하고 생각하며 마음에 담지 않았다. 고객은 내가 그에게 먼저 베풀어야 하는 사람이지 그가 내게 베푸는 사람이 아니라는 것. 이것이 C차장이 세운 관점이었고 결국 그는 모두들 부러워하는 영업통으로 성장할 수 있었다.

남들보다 안 좋은 보직을 받았다고 생각하며 시작했지만 이제 그는 입사 동기들과 저만큼 격차를 벌리며 앞서가고 있다. 그에게는 사내에서 승진의 길이 열려 있고 회사 밖에서는 스카우트의 손길이 끊이지 않는다. 직장생활을 그만둔다고 해도 그동안 쌓은 영업력과 인적·물적 네트워크가 있으니 두려울 것이 없다.

이제 영업을 멀리해서는 조직에서 살아남기 어렵다. 어느 부서에 있든 고객의 심리와 생리를 이해하고 영업 마인드를 갖추어야만 한다. 더 많은 것을 갖고 싶다면 최대한 고객과 가까운 곳으로 옮겨야 한다. 그래야 승진과 보상의 기회도 많아지고, 이직을 하기에도 수월하며, 퇴직 후에도 경쟁력을 갖출 수 있다. 실제로 이 길을 찾아가는 사람들도 조금씩 늘어나고 있다.

대학을 졸업하자마자 대기업 사무직 사원으로 입사해 11년 동안 근무해온 L과장은 2008년 뜬금없이 회사를 그만두고 보험설계사로 자리를 옮겼다. 아내는 "지금처럼만 하면 연봉도 올라가고 승진도 할 텐데 왜 굳이 험한 보험설계사 일을 시작하겠다는 건지 도무지 이해가 안 된다"며 극구 반대를 했다.

하지만 L씨의 생각은 달랐다. 경쟁에서 살아남기 위해 죽기살기로 일해도 40대 후반이면 회사를 떠나야 하는 사람이 대부분인 상황에서 그렇다고 노후가 보장될 만큼 많은 연봉을 받는 것도 아니니 조금이라도 젊을 때 기회가 많은 보험설계사 일을 시작하겠다는 것이 그의 생각이었다. 그는 지금 자신의 열정과 실천만큼 보상이 주어지는 새 생활에 만족하며 일하고 있다.

신입 채용에서도 점차 고급 인력들이 영업직으로 시선을 돌리고 있다. 어차피 관리직이나 기획직으로 시작해봐야 기업에서 성장할 전망이 많지 않은 이상 본인의 능력에 따라 많은 보상과 기회를 얻을 수 있는 영업직에서 승부를 보려고 하는 것이다. 기존의 선입견을 그대로 따라가며 "영업사원은 아무래도 좀……"이라면서 기피하는 이들보다 몇 배는 더 시대의 요구를 읽는 눈과 자신의 미래를 설계하는 머리가 트인 청년들이다.

영업에 대한 두려움을 버리자. 영업에 대한 편견도 씻어내자. 어디서 무슨 일을 하건 영업 마인드는 필수라는 사실을 잊지 말고 이제는 고객과 더욱 가까운 곳으로 움직여야 한다. 기업의 시작과 끝은 무조건 영업이다.

자기 몫을 포기해야
리더십이 생긴다

닭은 아침을 알리고 고양이는 쥐를 잡듯이, 부하 한 사람 한 사람의 능력을 제대로 발휘시
키면 위에 선 사람은 할 일이 없어진다. 위에 선 사람이 능력을 발휘하면 오히려 일은 제대
로 되지 않는다.
—한비자

　　　　　　　　　　스웨덴의 스톡홀름대학 연구팀이
흥미로운 연구 결과를 발표한 일이 있다. 이 팀은 19~70세 직장인 남
성 3100여 명을 대상으로 10년 동안 연구를 진행해 '나쁜 상사'와 부
하 직원의 심장병 사이의 연관성에 대해 조사했다. 결과는 어떻게 나왔
을까? 자신의 상사가 리더십이 없다고 생각하는 직원은 그렇지 않은
사람보다 심장병에 걸릴 위험이 25%나 높았다고 한다. 더구나 실제 심
장 질환에 걸린 직원들을 조사해보니 해당 상사와 일하는 기간이 길수
록 심장병의 위험 역시 높다는 결과였다.

　맙소사! 구박하고 닦달하고 비난하는 상사, 도무지 말이 통할 것 같지
않은 그 상사를 생각만 해도 가슴이 답답해지는 데는 다 이유가 있었던

것이다. 이쯤 되면 '나쁜 상사'의 문제는 다만 직장 내 스트레스가 아니라 사회 보건 차원에서 해결해야 할 과제가 아닌가 싶다.

리더십 경쟁과 사내정치를 혼동하지 마라

하지만 안타깝게도 우리 직장 사회는 아직 리더십에 큰 관심이 없어 보인다. 사원 교육에서도 이 개념은 별로 중시되지 않고 직장인들도 리더십 함양을 자신의 과제로 인식하지 못하는 경우가 대부분이다. 지금 위치에서 열심히 노력하면 점차 높은 자리로 올라갈 수 있고 리더십은 때가 되면 자연히 길러지는 것이라는 인식이 지배적이다. "자리가 사람을 만든다"는 말이 비이성적으로 난무한다고 할까.

조금 과장해서 말하면 우리의 직장에는 리더들이 없다. 대신 사장, 임원, 부장, 팀장들이 있을 뿐이다. 이런 풍토에서 솔선수범, 사명감, 도전정신, 팀워크 등 조직 사회의 이상적인 가치들은 길러질 여지가 없다. 그러니 리더가 없다는 것은 희망이 없다는 말과 다름없다.

대체 어쩌다 이렇게 리더십을 경시하는 풍토가 만들어진 것일까. 나는 그 이유가 건강한 리더십 경쟁과 파벌을 만들고 자리싸움을 하는 사내정치의 혼동에 있다고 본다. 지금껏 업무와 무관하게 다른 부서의 상사와 함께 식사를 해본 적이 있는가? 아마 대부분 없을 것이다. 그런 만남과 모임 자체가 경원시되기 때문이다. 직속 상사 외의 숱한 상사들과는 교류와 교감이 원천 봉쇄되는 격이다. 또한 차세대 리더십을 기르고 힘을 실어주는 전통을 찾아보기 어렵다. 외려 '강한 2인자'는 '숙청 대상'이 되기 십상이다. 이런 풍토에서 리더십 발휘는 은연중에 금기가 되어버리고 만다. 그리고 리더십을 외면하는 직장 문화 속에서 사내정치꾼들은 오히려 더 극성을 부리고 조직은 점점 부패해간다. 제대로 된 리더십이 기능하지 못하니 그들의 입지는 날로 커지고 회사에는 망조가 든다. 슬픈 일이다.

그러나 다행히도 앞으로는 이런 추세가 크게, 그리고 아주 빠르게 바뀔 것 같다. 건강한 조직 구조와 문화를 모색하는 기업들 사이에서 리더십 경쟁을 직원들의 잠재력을 구현하는 에너지원으로 활용하는 사례들이 나오고 있다. 게다가 이제는 기업 내부에서 변화하지 않으면 외부에서도 가만두지 않으려 한다. 또 관료주의에 물든 경영진과 임원들은 유능한 인재들을 잡아둘 수도, 끌어모을 수도 없다. 최근 이직이라는 탈출구가 크게 열렸기 때문이다.

지금껏 당신이 보고 들은 리더십에 관한 낡은 경험들은 잊고 새로운 논리로 무장할 때가 되었다. 지금까지는 "워낙 폐쇄적인 문화 속에서 왕따가 될 수 없으니" 또는 "기본적인 마인드와 시스템이 받쳐주지 않아서"라고 핑계를 대면 그뿐이었지만 앞으로는 다르다. 리더십 경쟁에서 앞서가는 사람이 끝까지 웃는 사람이 될 것이고 거기서 뒤처지는 사람은 성장을 멈춘 만년 실무자에 그칠 것이다.

팀장이 되면 유능함의 기준이 달라진다

　얼마 전 우리 회사에 이력서를 보내온 젊은 직장인과 이야기를 나눈 적이 있다. 그의 이력서는 나무랄 데 없이 훌륭했고 다니고 있는 회사 내의 평가도 좋은 편이었다. 그의 회사는 동종업계의 선두주자로 연봉이나 복지 수준도 상위권에 속하는 곳이었다. 그가 이직을 통해 현재의 조건보다 더 좋은 곳을 찾아갈 수 있는 가능성은 거의 없는 상황이었다. 그런데도 그가 직장을 떠나려 하는 이유는 단 한 가지, 그의 팀장 때문이었다. 그는 업무 면에서나 인간관계 면에서나 자신의 팀장을 전혀 존경하지 않고 있었고 팀장의 폭압적인 일처리 방식 때문에 못 견디겠다고 했다.

　헤드헌팅 업체의 문을 두드리는 젊고 유능한 인재들 중에는 이렇게 무사안일주의에 빠져 있는 무능한 팀장, 성과 일변도의 팀 운영으로 조직을 황폐하게 만드는 팀장 때문에 직장을 떠나겠다는 이들이 적지 않다. 중소기업에 무능한 팀장이 많다면 대기업에는 성과주의에 빠진 권위적 팀장이 많다. 이들에게 퇴사라는 극단적인 선택을 부추긴 팀장은 기업 내에서 어떤 존재이고 어떤 역할을 맡고 있을까?

　한마디로 말하면 팀장은 조직의 척추다. 대기업의 경우 팀장은 40대 초중반의 부장급이 주축을 이루고 있다. 이들은 경험과 지식을 두루 갖춘 실무의 최고 베테랑이자 현장 조직에 가장 직접적인 지휘력을 갖는 간부다. 기업의 생산성과 사업의 성패는 오롯이 이들의 능력과 열정에 달려 있다고 해도 과언이 아니다. 더구나 팀장은 임원으로 가는 길목에 놓인 결정적 직급으로서 차후 기업의 임원 구성도에 직접적인 영향을 미친다.

이 때문에 기업에서는 누구를 팀장으로 승진시키고 영입할 것인가를 두고 재고에 삼고를 거듭한다. 연공서열만을 기준으로 할 수도 없고 성과만을 따질 수도 없다. 능력이 모자라서도 안 되고 리더십이 떨어져서도 안 되기 때문이다. 팀장 이전 단계까지는 직무와 관련된 기술이나 업무의 성과가 직원 평가의 기준이 된다. 하지만 팀장이 되면 전혀 새로운 평가 기준이 등장한다. 리더십과 조직 운영 기법, 팀 전체의 성과를 높이는 전략 등이 그것이다.

그저 착실하게 일하며 자기 성과를 많이 쌓아온 직원이 서열에 따라 팀장이 되는 것, 이것이야말로 공평무사한 승진의 룰 아닌가? 이게 무슨 문제라고? 아니, 사실은 큰 문제다. 조직과 리더십에 대해 아무 생각이 없는 사람이 팀장이 되면 조직은 피로도가 높아져 생산성이 낮아진다. 자칫하면 팀이 깨져버리는 상황까지 이르게 된다.

직원들 입장에서는 팀장이 어떤 사람인지가 커리어 관리의 매우 중요한 요소가 된다. 팀장의 영향력이 팀원의 업무 효율을 높이고 성과를 올리게 돕기 때문이다. 또한 그의 실무 능력과 노하우를 배우며 안정적으로 성장해갈 수 있기 때문이다.

뿐만 아니라 직장생활 최대의 적인 '상사 스트레스' 없이 즐겁게 직장생활을 해갈 수 있게 된다. 그러나 직장의 다른 조건이 다 갖추어져 있어도 팀장 한 사람만 잘못 만나면 그와 정반대의 상황이 벌어지고 마는 것이다.

팀장 승진이 얼마 남지 않았다고 생각되면 지금부터는 관심의 대상을 리더십과 조직으로 옮기고 집중적으로 공부해야 한다. 미리미리 조직원을 이끄는 방법을 연구하고 다양한 기법을 터득해야 한다. 팀장에게는 개인이 아니라 전체 팀의 정체성과 성과가 무조건 먼저라는 사고방식을 확고히 해야 한다. 팀의 성과와 효율성은 팀장의 리더십, 팀장과 팀원들 간의 일상적 관계, 팀원들의 업무 만족도에서 비롯된다는 점을 이해해야 한다.

아직 팀장 발령을 바라볼 때가 멀었다 해도 남의 이야기로 들어선 안된다. 당장 자신의 팀장에 대해 민감하게 느끼고 있는 여러 장단점들을 곰곰이 생각해보라. 자신이 팀장이 된다면 해야 할 일과 하지 말아야 할 일, 리더십을 이루기 위해 먼저 챙겨야 할 점과 제일 끝으로 미룰 일들을 따져보라. 지금의 유능함과 리더가 된 뒤의 유능함이 어떻게 다를 것인가에 대해 미리부터 고민하고 준비하라는 말이다. 그렇지 않으면 지금 당신을 괴롭히고 짜증스럽게 하는 '그 인간'의 모습이 미래의 당신일 수도 있으니까.

성과는 실무자의 몫, 간부의 몫은 리더십이다

과장이 되고 팀장이 되고 심지어 임원이 되어서도 행동은 꼭 사원이나 대리같이 하는 이들이 있다. 무슨 말인가? 업무의 흐름과 의사결정, 성과 등 모든 일을 자기중심적으로 바라보고 진행한다는 뜻이다. 실무자급에서는 자기 혼자 일해서 성과를 내면 된다. 하지만 간부가 되면 자기가 일해서 되는 것이 아니라 자기 조직이 일을 해야 한다. 부장이 되면 부서 전체가 일하도록 해야 하고 사장이 되면 회사 전체가 일하도록 해야 한다.

그런데 이 당연한 원리를 체화하지 못한 이들은 간부가 되어서도 여전히 자기 일을 하려고 드니 문제다. 실무 능력이 뛰어난 간부가 자기 일을 열심히 하고 아랫사람들도 알아서 자기 일을 하면 어쨌든 조직의 성과는 증대되지 않을까? 조직의 생리란 그리 간단치 않다. 만약 그렇다면 애초에 조직에는 그 숱한 간부들이 필요 없다는 뜻이다. 그럼, 조직이 일하도록 만들기 위해서 간부는 무슨 일을 해야 하는가?

일전에 우리 회사에서 정부 부처의 간부 평가를 진행한 적이 있다. 인사 시즌을 앞두고 승진자를 가려내기 위한 평가의 일환이었다. 그때 우리가 중점 기준으로 삼고 관련자들에게도 강조했던 점은 이런 것이다. '그가 낸 성과가 일회적인가, 아니면 반복적인가?' 그리고 '우연한 것인가, 아니면 계획적인 것인가?' 이 척도가 성과를 묻는 것처럼 보일지도 모른다. 하지만 그렇다면 '그가 얼마나 많은 성과를 냈는가'를 묻는 것이 더 편리할 것이다. 우리가 이 기준을 통해 묻고자 한 것은 간부들의 성과가 아닌 리더십이었다.

정부 부처건 일반 기업이건 대개 임원 후보자의 이력에는 화려한 성과들이 들어 있게 마련이다. 중요한 것은 그 성과가 계획적이고 반복적인가 하는 점이다. 그 반대라면 잘 들여다볼 필요가 있다. 성과가 일시적이거나 우연히 발생한 경우에서 승진 대상자들이 이끌던 조직이 깨져 있는 모습을 발견하게 된다.

왜 그럴까. 리더로서 구성원들 사이의 콘센서스, 즉 어떤 동의와 교감을 구축하지 못했기 때문이다. 그런 이들은 대개 독선적이고 의사소통 능력도 떨어지는 편이다. 이들은 자신의 개인적인 능력과 추진력으로 단기간에 좋은 성과를 내는 경우가 종종 있다. 그러나 조직의 지속적인 성과는 절대로 담보되지 않는다. 아니, 오히려 조직을 굴러가게 하고 더 발전시켜야 할 기본 동력을 완전히 망가뜨리기까지 한다.

이 위험한 리더들을 더 분석해보면 그의 생각과 행동의 근간에 '자기 몫'에 대한 고집이 자리 잡고 있음을 알 수 있다. 여전히 자기가 일한 만큼 가져가려고 하고 그에 더해 관리자의 자리에서 손에 닿는 추가분까지 자기 몫이라고 여기는 것이다. 하지만 자기 몫을 챙기는 간부에게는 아랫사람이 따르지 않는다.

"자, 여기 새로운 과제가 있다. 우리 한번 열심히 뛰어보자. 근사한 결과물을 만들어보자. 그리고 그 성과는 당신이 가져가라."

리더는 이렇게 말해야 한다.

그런데 자기가 뛰어들어 자기 몫을 챙기고 팀의 성과까지 자기가 챙긴다면 부서원들이 무슨 힘이 남아돌아 전력을 다하고 무슨 아량이 넘쳐서 그를 신뢰하겠는가. 당연히 구성원들의 동의를 얻을 수 없을 뿐만 아니라 동기부여도 불가능하다.

그렇다면 간부가 되는 순간부터 일단 자기 몫을 포기할 자세가 되어 있어야 한다. 관리자란 자신의 관리 범주에 있는 조직원들을 통해서 자신을 실현하는 사람이다. 자기가 직접 발로 뛰고 성과를 냄으로써 자신의 가치를 증명할 수 있는 시절은 지났다는 뜻이다. 아랫사람들이 일을 잘해서 부서의 목표를 달성하면 그것이 바로 상사에게 주어지는 포상이다. 아랫사람이 일을 잘했다고 칭찬을 받고 상을 받으면 그것으로 만족해야지 "내가 그렇게 지시했다"는 식으로 공을 차지하려 든다면 아랫사람들의 동의와 교감을 이끌어내는 것도 거기서 끝장이다. 리더십은 기본적으로 양보와 희생에서 나오는 법이다.

교직 사회에서는 함께 식사를 하더라도 각자 자기 밥값만 계산하는 것이 일반적이라고 한다. 그런데 교사인 내 처는 "더치페이를 당연하게 여기는 문화 속에서도 윗사람이 달라보일 때가 있다"고 말한다. 그동안 겪은 여러 근무지 중에서 한 학교의 교감 선생님만은 평교사들의 밥값을 자기가 계산했는데, 단지 그 이유만으로 그 교감에 대해서 '상사'라는 느낌이 생기더라는 것이다. 한편에서는 스스로 치사하다는 생각이 들지언정 왠지 '아, 저 사람이 내 보스인가' 싶은 것은 어쩔 수 없더라는 이야기다.

이 말인즉슨 각자 자기 책임을 지는가, 아니면 저 사람이 나를 책임지는가에 대한 지극히 자연스러운 실감을 표현한 것이다. 물론 리더십이 한갓 밥값에서 나오는 것은 아니다. 하지만 알고 보면 밥값, 커피값, 술값 같은 유치하고 일차원적인 듯한 항목에서도 아랫사람들은 많은 것을 느끼고 적잖은 영향력을 받는다. 아랫사람이 윗사람에게 보고 싶은 모습은 뭔가 책임을 지는 모습, 베푸는 모습, 양보하는 모습, 희생하는 모습이기 때문이다.

현대자동차 그룹에서는 부장급 이상의 간부들은 토요일에도 회사에 출근하도록 방침을 정해두고 있다. 간부는 일반 사원보다 뭐라도 더 감당하고 희생해야 한다는 기본 사고가 깔려 있는 것이다. 대부분의 기업에서 오전 회의 중 임원 회의를 제일 먼저 하는 것도 같은 맥락이다. 일이 제대로 돌아가는 조직이라면 사원들이 제일 먼저 퇴근하고 과장, 부장이 그 다음 퇴근하고, 사장이 제일 늦게 퇴근한다.

출근은 거꾸로 윗사람부터 차례로 이어진다. 직원들이 일찍 출근해 늦게 퇴근하고 간부들이 늦게 출근해 일찍 퇴근하는 회사는 어딘가 구멍이 나도 단단히 난 곳이다. 그런 회사가 별로 눈에 띄지도 않지만 있더라도 오래가는 모습을 나는 본 적이 없다.

리더십은 책임은 자신이 지고 공은 아랫사람에게 돌리는 자세에서 나온다. 골치 아픈 일, 힘든 일은 자신이 맡고 성과가 나는 일, 기회가 좋은 일은 아랫사람에게 양보하면 자연히 신망이 쌓이게 된다. 나쁜 결과에는 "자네 잘못이 아니야"라고 말해주고 좋은 결과에는 "자네 덕일세"라고 말해주는 상사라면 더할 나위 없다.

진정한 리더십은 배려와 희생에서 나온다

사내 의사소통 창구로 메신저 프로그램을 사용하는 한 중견 기업이 있다. 신입사원부터 임원, 사장까지 메신저에 자신의 아이디를 등록하고 수시로 간단한 문서를 주고받거나 의견을 공유한다. 그런데 100여

명에 달하는 메신저 이용자들 중 늘 유난히 눈에 띄는 사람이 있다.

마케팅 부서의 어떤 부장이다. 그는 기분에 따라 자주 메신저 대화명을 바꾸는데, 주로 자신의 불만을 표출하는 경우가 많다. '그렇게 하면 직장생활이 편할까?'라거나 '노력도 하지 않는데 용케 잘리지 않는군' 하는 식이다.

그가 메신저에 로그인을 하면 컴퓨터 모니터 앞에 앉아 있던 직원들은 저절로 눈살을 찌푸리는 날들이 많다. 이 부장은 또 문서를 병적으로 중요시하며 완벽한 형태를 갖추어야 한다고 강조한다. 촉각을 다투는 업무라도 'ㅇㅇ의 개요와 목적' 같은 식으로 자신을 만족시키는 문서가 아니면 퇴짜를 놓고 업무를 중단시키기 일쑤다.

무엇이든 딱 떨어지는 것을 좋아하는 그에게는 직원들의 사소한 행동들도 늘 성에 차지 않는다. A사원은 일처리가 늦어서 문제고, B대리는 너무 튀어서 마음에 안 들고, C과장은 입이 가벼워서 못 믿는다. 또 그는 문제가 생기면 아랫사람을 조용히 불러 지적하기보다는 회의석상에서 공개적으로 무안을 주고 책임을 추궁해야만 직성이 풀린다. 이러니 직원들은 모두 그를 싫어하고 따르려 들지 않는다.

술자리에서는 그에 대한 성토가 단골 안주로 등장한다. 그에게 찍힌 몇몇 직원들은 그의 메신저 대화명을 살피기에 여념이 없고 눈 밖에 나지 않은 직원들은 그를 답답해한다. 또 전혀 관련이 없는 부서의 직원들은 그를 우습게 여긴다.

그의 문제는 관리자라는 위치를 잘못 파악하고 있다는 점에 있다. 그는 자신이 못마땅한 감정을 드러내면 부하 직원들이 머리를 조아리며 자신이 원하는 대로 해줄 것이라고 생각한다. 하지만 직장은 그런 곳이 아니다. 직장이란 여러 사람이 모여 공동의 목표를 위해 움직이는 이익 집단이다. 목표를 향한 효율적인 구성을 꾸렸더니 여러 하부 조직이 생기고, 조직의 관리자가 생기고, 각각의 위치에서 맡아야 할 역할이 생긴 것뿐이다. 그런 직장에서 일처리와 의사소통에 감정 표현을 섞는 것은 명백히 잘못이다. 또 동료 직원들은 물론 자기 자신까지도 혹사시키는 일이다.

그는 자신의 그런 태도가 관리자로서 아랫사람들을 긴장하게 하고 일을 더 잘하도록 만들 것이라는 핑계 아닌 핑계를 갖고 있지만 사원들은 아무도 그렇게 생각하지 않는다. 상사의 권위는 스스로 부르짖는다고 해서 생기는 것이 아니다. 게다가 리더십이란 꼭 권위에서 나오는 것도 아니다. 오히려 이해하고 배려하는 마음, 낮추고 헌신하는 자세에서 리더십이 창출된다. 이러한 리더십에는 저절로 아랫사람이 모여들어 따르고자 한다. 자연히 팔로우십followship이 따라오는 것이다.

그러나 현실의 상사들을 보건대 아직 우리 직장 풍토에서 리더십은 실망스러운 수준을 벗어나지 못하고 있다. 동아일보와 LG경제연구원이 직장인 843명을 대상으로 공동 조사한 결과에 따르면 '현재의 직장 상사와 다시 일할 생각이 있느냐'는 질문에 '그렇다'고 답한 직장인은 39.5%에 그쳤다. 이 조사에서 43%의 직장인들은 직속 상사의 평소 행동 유형이 '성과 지향적 성향'이라고 생각한다는 답변을 했다.

그런데 흥미로운 것은 응답자 자신의 행동 유형을 묻는 질문에는

33%가 '관계 지향적 성향'이라고 답했다는 점이다. 그 때문인지 응답자들이 자신의 상사에게 가장 부족하다고 느끼는 역할은 '창의적 감성 관리자Creative & Emotional Leader'의 역할이었다. 즉 성과나 관리를 중시하기보다는 관계와 혁신을 중시하는 리더십을 원한다는 것이다.

한편 취업정보 제공 회사 '사람인'이 1895명의 직장인을 대상으로 진행한 설문에 따르면, 직장인들이 가장 존경하는 상사는 인격적으로 성숙한 상사(36.9%), 리더십이 있는 상사(23.8%), 부하 직원을 믿어주는 상사(13.2%), 자기계발을 꾸준히 하는 상사(12.1%), 업무 능력이 뛰어난 상사(11.3%) 등의 순으로 집계됐다. 그리고 상사가 꼭 갖춰야 할 요건으로도 '부하 직원의 업무와 상황을 이해하고 경청하는 태도', '칭찬과 격려를 아끼지 않는 자세' 등 상사의 인격과 관련된 요소가 많이 뽑혔다.

그뿐 아니다. 존슨앤존슨의 회장을 지낸 제임스 버그는 리더의 조건을 이렇게 설명한다.

"평균 이상의 지성과 고도의 인품입니다. 바람직한 리더상을 감각적으로 표현하면 '저 사람과 일하고 싶다', '저 사람과 한 번 더 식사하고 싶다', '저 사람을 만나면 힘이 생기는 것 같다'라는 생각이 들게 하는 인물이지요. 즉 인덕이 있는 사람이라고 할 수 있습니다."

인격, 인품, 인덕과 같은 개인적인 요소들이 고도의 합리성으로 무장된 기업에서 이렇게 적나라하게 부각되다니! 한편 생각하면 당혹스러운 구석도 없지 않다. 그러나 기업도, 경영도, 조직도 다 사람이 하는 일이다. 특히 리더란 사람과 사람의 관계를 빼놓고는 애당초 존재할 수도 없는 존재다. 상대방에 대한 배려와 자기희생이 전제되지 않고서는 관계에서 우위를 점하고 상대방을 내 쪽으로 끌어당길 수 없는 것이 당연한 이치다.

요즘 많은 기업인들로부터 공감을 일으키고 있는 서번트[servant] 리더십의 개념도 결국은 배려와 희생에 대한 이야기다. 서번트 리더십은 다른 말로 하면 섬기는 리더십이라고 할 수 있다. 마치 하인처럼, 봉사자처럼 아랫사람을 섬기고 살피는 데서 최고의 리더십이 창출된다는 것이다. 아랫사람 위에 군림하며 권력을 휘두른다면 일시적인 복종을 이끌어낼 수 있을지 몰라도 진정한 권위는 형성되지 않는다는 얘기다.

그럼 진정한 권위는 어디서 오는가? 바로 그들의 마음을 사로잡는 데서 온다. 아랫사람의 말을 진지하게 경청하고, 그의 입장을 이해하기 위해 노력하며, 그가 자신의 업무를 잘 해나갈 수 있도록 지원과 뒷받침을 아끼지 않는 것. 이것이 바로 섬기는 리더십이다.

리더가 된다는 것은 그동안의 고생을 보상받기 위해 높은 자리에 올라앉는 것이 결코 아니다. 그동안은 나만 생각하며 뛰었지만 이제는 나를 버리고 조직을 위해, 다른 구성원들을 위해 더 낮은 자리로 가는 것이고, 그들이 나를 딛고 뛰어갈 수 있도록 기꺼이 엎드려 등을 내주는 것이다. 사실 좋은 리더가 된다는 것이 말처럼 쉽지 않은 것은 엄청난 능력이 필요해서가 아니라 포기하고 희생하기가 어려워서다. 이 점을 모르고서는 아무리 유능한 인재라도 훌륭한 리더로서 성장해나갈 수 없다.

명함만 바꾼다고 리더가 아니다. 당신의 존재를 완전히 이전하라

예전에 내가 신문사에서 일할 때의 얘기다. 당시 말단 기자들 사이에는 "돈 없는 사람은 편집국장 못 한다"는 말이 돌았다. 신문사에서도 출세하려면 촌지에 뇌물에 물량공세를 퍼부어야만 한다는 뜻인가?

그렇지 않다. 내가 다니던 신문사는 민주언론, 독립언론을 표방하며 수만 명의 시민들이 힘을 모아 창간한 곳이었다. 그런데 편집국장이 돈은 왜 필요할까? 물량공세를 퍼붓되 윗전이 아니라 아랫사람들에게 퍼부어야 했기 때문이다.

신문사에는 위계질서가 비교적 뚜렷해서 하루라도 먼저 입사한 사람은 선배 노릇을 톡톡히 하게 된다. 그 선배 노릇에는 후배들과 함께한 밥값과 술값을 부담하는 일도 포함된다. 당연히 위로 올라갈수록 책임져야 할 밥값은 기하급수적으로 많아진다. 편집국장 밑에 있는 기자들 수는 몇 백 명 단위가 된다. 함께 밥 먹고 술 마실 때마다 동행한 기자들의 밥값과 술값을 계산하다 보면 편집국장의 월급이 남아날 리가 없다. 심지어 한 편집국장은 재직 기간 내내 집에 빈 월급봉투를 들고 간 적도 있다고 할 정도였다. 아이쿠, 그래서야 원! 맞다. 아랫사람들 배불리자고 가족 부양 능력까지 포기하는 것은 좀 심하다 싶기도 하다. 지금은 세태가 달라졌길 기대하지만, 언론사의 특성상 쉽게 바뀌지는 않을 것이다.

나는 솔직히 지금도 함께 식사를 한 뒤 자기 밥값만 달랑 내는 편집국장은 잘 상상이 안 된다. 왜? 앞서 말했듯 이렇게 일상적이고 관습적인 순간들에서 서로 각자의 책임을 지는 관계인가, 그가 나를 책임지는 관계인가가 선명하게 부각되기 때문이다. 바로 이런 순간에 그가 내 위에 있는 사람인지, 나와 동일선상에 있는 사람인지가 확인되기 때문이다. 이렇듯 리더십의 핵심은 알고 보면 관계의 확인에서 출발한다. 서로 어깨를 겨루는 관계, 같은 골을 놓고 경쟁하는 관계에서는 리더십이 형성될 수가 없다. 죽었다 깨어나도 안 된다.

생각해보라. 어린 시절 교실에서 서로 돌아가며 줄반장을 하던 때 그 자리에 어떤 권위와 책임이 실리던가? 혹은 성적순으로 달마다 바뀌는 반장과 부반장에게서 얼마나 리더십이 발휘되던가? 이는 애초에 불가능한 일이다.

이와 똑같은 문제가 기업에서도 벌어지고 있다. 팀장이나 임원이 외부에서 영입되는 경우라면 심각성이 덜할 것이다. 어차피 새로 시작하는 관계이기 때문에 리더와 구성원들 사이에 자연스럽게 서로의 위치에 대한 자각이 생겨나는 까닭이다. 문제는 조직 내부에서 성장한 리더다. 대기업에서는 팀장이나 임원 발령시 전보 배치 등을 통해 인력을 교체하는 경우가 많기 때문에 그나마 낫다고 본다.

그러나 중견 기업, 특히 중소기업에서는 그럴 여지가 별로 없다. 어제까지 동료로 일하던 사람이 오늘부터 상사가 되고, 그 상사가 자기 위치를 제대로 파악하지 못하고 여전히 유능한 동료로만 일하고 있을 때 구성원들은 무슨 생각을 할까? '저 사람이 진짜 상사야?' 그러나 정작 불만과 불신의 대상이 되어가고 있는 상사 자신은 그 이유를 모른다.

'나는 열심히 일해 유능함을 인정받아 윗자리에 올라왔다. 그래서 더 열심히 일하고 있다. 그런데 뭐가 문제란 말인가? 내가 우습게 보이나? 나를 시기하는 건가?' 그는 그대로 구성원들을 향해 원망과 오해를 키우고 그러다 결국 팀은 만신창이가 되고 만다.

자, 다시 말하지만 리더는 뭔가 달라야 한다. 구성원들과 같은 입장에 서서 같은 성과에 대한 경쟁을 하는 한 영원히 리더가 될 수 없다. 리더가 되고 싶다면 성과를 포기하라. 구성원들과 같은 이해관계에서 아예 손을 떼라. 팀원에서 팀장으로, 직원에서 임원으로, 의자만 바꿔 앉고 명함만 바꿔 파선 안 된다. 존재를 완전히 이전해야 한다. 그런 뒤라야 비로소 리더십의 바탕이 만들어진다. 어려운 일일수록 먼저 나서고, 아랫사람을 배려하고 헌신하며, 자신의 신념과 가치를 주위에 전파하는 진정한 리더십을 쌓을 수가 있다.

존재 이전이라는 것이 그리 쉽지는 않을 것이다. 많은 고통과 인내가 따를 것이다. 하지만 자신의 성장이 어디 공짜로 이루어지겠는가. 크게 성장하는 사람일수록 성장통을 크게 겪지 않던가.

CEO처럼 일해야
CEO가 될 수 있다

자기 힘을 최대한 발휘해서 스스로 역량 있는 인재임을 나타낼 수 있는 사람이 대접받는 것
이 오늘날 샐러리맨의 엄연한 현실이다.
―나카타니 아키히로

막 입사한 신입사원부터 직장생
활의 단맛 쓴맛 모두 겪은 고참 임원까지 단골로 내뱉는 말이 있다.
"내가 사장이라면 월급부터 올려주겠어", "내가 사장이라면 야근을 아
예 금지시킬 거야", "내가 사장이라면 직원들 얘기를 진지하게 들을 텐
데", "내가 사장이라면 일처리를 저렇게는 안 하지."

자기 위치에서 사장에게 갖게 되는 막연한 불만을 대개 이런 식으로
들 표현한다.

"내가 사장이라면……."

당신은 이 뒤에 어떤 말을 붙이고 싶은가?

"내가 만약 사장이라면……"

한두 해 전 모임에서 어떤 대기업의 CFO를 만난 적이 있다. 잠깐 이야기를 나누었는데도 그는 내게 깊은 인상을 남겼다. '아, 이 사람은 두뇌 회전이 빠르고 아이디어가 많구나. 게다가 업무 추진력도 상당하겠는걸.' 얼마 뒤 다니던 회사를 그만둔 그는 우리 회사에 이력서와 경력기술서를 보내왔다. 그의 이력은 예상했던 대로 화려하기 그지없었다. 서울의 유명 대학에서 경영학을 전공하고 미국의 내로라하는 대학에서 MBA 과정을 수료한 뒤 모두들 가고 싶어하는 유수의 글로벌 기업과 한국 대기업들을 거쳤다. 한마디로 훌륭했다.

그런데 뭔가 좀 이상했다. '재직 회사가 왜 이렇게 많지?' 특이하게도 그의 재직 기간은 대부분 3년을 넘지 못했다. 막 그만둔 회사도 들어간 지 채 2년이 못 되었다. 명석한 두뇌, 화려한 학력과 경력, 뛰어난 아이디어와 업무 추진력으로 볼 때 그는 분명 기업들이 영입하려고 상당히 공을 들였을 법한 사람이 틀림없었다.

그런데 왜 한곳에 오래 있지 못하고 수시로 직장을 옮겼을까? 그에게 새 직장을 추천해주기 위해서는 먼저 이 까닭을 알 필요가 있었다. 나는 곧바로 전화기를 들어 그가 다녔던 직장의 지인들을 접촉하기 시작했다.

한 시간도 채 안 돼 그가 직장에 오래 머물지 못하는 이유가 드러났다. 바로 비용의 과다지출이었다. 아니, 이렇게 훌륭한 인재가 회사를 자꾸 그만두는 이유가 고작 비용을 많이 쓰기 때문이라고? 회사가 그렇게들 쫀쫀하단 말인가? 말이 되나?

말이 된다. 우리가 회사의 사장에 대해 생각할 때 쉽게 간과하곤 하는, 그러나 CEO의 본질이라고 해도 좋을 특성 때문이다.

내게 이력서를 보내온 이 전직 CFO는 입사하는 곳마다 많은 비용을 들여 인력을 대거 충원했다. '사람이 전부'라는 철학을 가진 그는 기존의 임직원에게 몇 번 업무지시를 하다가 기대했던 결과가 나오지 않으면 곧바로 새 사람을 찾았다. 인재를 영입할 때 적임자라고 생각하면 파격적 연봉 제시를 불사했다. 뿐만이 아니었다. 그는 직원들이 흥이 나야 좋은 성과를 거둘 수 있다는 생각으로 회식비, 출장비 등 각종 비용을 과감하게 늘렸다.

물론 자신의 활동비도 다른 이들보다 훨씬 많이 썼다. 그의 비용 지출은 사내에서 여러 사람의 입에 오르내리게 되었고 얼마 지나지 않아 회사의 CEO도 알게 되었다. CEO는 '처음이니까 그럴 것'이라고 생각했으나 시간이 흘러도 마찬가지인 그의 모습을 보고 결국 생각을 바꾸었다. 그로부터 등을 돌리게 된 것이다.

그는 대부분의 CEO들이 회사를 자신의 분신처럼 여긴다는 사실을 알지 못했다. 재벌이든 중소기업이든 오너들은 회사를 자기 것으로 생각한다. 전기세와 수도세, 작은 사무용품 하나까지도 내 집 안의 것과 똑같이 여긴다. 따라서 회사에서 돈을 헤프게 쓰는 것을 절대 용납하지 않는다. 아무리 신뢰하는 직원이라도 계속해서 비용을 많이 쓴다면 금방 '당신 돈이라도 그렇게 쓰겠느냐'고 문제를 제기한다. 규모가 큰 회사를 이끌고 적지 않은 액수의 돈을 만지는 CEO라면 당연히 배포가 클 것이라고 생각하겠지만 CEO들은 한결같이 다 구두쇠다.

어느 굴지의 그룹 회장은 직원들에게 보너스를 많이 줬다는 이유로 계열사 사장을 해임한 일도 있다. 그는 비서실장에게 "자기 회사라도 그렇게 쉽게 돈을 썼겠느냐. 그런 사람에게 회사 경영을 맡길 수 없다"고 단언했다고 한다.

이렇게 비용 문제 때문에 대주주나 CEO의 신뢰를 잃어 회사를 떠나는 임원들이 의외로 많지만 정작 그들은 자신이 왜 신뢰를 잃었는지 알지 못한다. 왜일까? 고작 비용 문제 때문에 임원을 바꾸고 사장을 교체한다는 것이 조금 구차해 보이는 게 사실이다. 이 때문에 대개는 회사측에서 다른 문제를 들이대 교체 이유를 설명하곤 한다. 한 번 비용 문제로 회사를 떠났던 사람이 같은 이유로 또다시 회사를 옮기게 되는 이유도 여기에 있다. 자신이 회사를 떠나야 했던 이유를 알지 못하니 다른 회사에서도 똑같은 실수를 반복하게 되는 것이다.

간부들이 최고경영자의 눈 밖에 나는 이유는 대개 비용 문제 같은 사소한 것들이다. 임원들이 비용을 써봐야 얼마나 쓸까. 또 그렇게 쓰는 비용 중에는 낭비가 아니라 불가피한 것, 따져보면 마땅히 써야 했을 것들이 많다. 그럼에도 비용이 문제가 되는 것은 왜일까?

바로 그의 마인드 때문이다. 그가 회사를 책임지는 최고경영자였다면 이유를 막론하고 무조건 지출을 최소화하기 위해 애썼을 것이다. 자기 회사였다면 아끼고 또 아꼈을 것이다. 그런 마인드를 갖춘 사람이라면 그런 의지와 행동이 주변에도 보였을 것이다.

그러나 대부분은 그렇게 하지 않는다. 많은 간부들이 '회사 돈은 마음대로 쓸 수 있고 안 쓰는 게 오히려 바보'라고 생각하는 것이 현실이다. 회사마다 법인카드 사용 문제가 항상 도마에 오르내리며 얘깃거리가 되는 이유도 바로 이것이다.

"당신이 사장이라면?"

CEO는 이렇게 말하고 싶을지 모른다.

"당신이 사장이라면 과연 지금처럼 법인카드로 밥 먹고 술 마실 수 있 겠나?"

"당신이 사장이라면 회사 돈으로 골프 치고 다닐 수 있겠나?"

사장과 월급쟁이가 다른 단 한 가지

15년의 직장생활을 거쳐 자기 사업을 시작한 사장이 한 명 있다. 그는 직장생활을 하는 동안 전형적인 개인주의자이자 자유주의자로 지냈다. 규율이나 조직에 얽매이는 것은 죽도록 싫어했고 가능하면 자기 삶을 즐기려 했다. 회식은 거의 참석하지 않았고 회사 차원의 워크숍이나 체육대회도 가능하면 피했다.

평일에는 칼퇴근 뒤 영어학원에 다녔고 주말이면 가족과 함께 여행을 다녔다. 부장이 밀린 업무나 갑작스런 미션 때문에 "한동안 야근과 휴일 근무를 해야 할 것 같다"고 말하면 순식간에 얼굴이 굳어졌고 "야근하지 않도록 내가 맡은 일을 업무 중에 끝내겠다"고 말한 뒤 혼자서 정시퇴근 했다.

그런데 이 사람이 사장이 되더니 태도가 180도 달라졌다. 천지개벽이라도 일어난 듯 가치관마저 정반대로 바뀌었다. 전 직원 회식을 자주 하면서 그 자리에 빠지는 사람을 나무랐다. 평일에는 회사에 늦게까지 남고 주말에도 출근해가면서 직원들의 야근과 주말 근무를 은근히 종용했다. 마치 태어날 때부터 그랬던 사람인 것처럼 새벽같이 출근해서는 밤 10시 전에는 절대로 퇴근하는 법이 없다. 심지어 여름휴가 때도 여행은 커녕 집에서 쉬지도 않고 날마다 회사에 출근했다. 사람이 바뀌어도 이렇게 바뀔 수가 있는 것일까?

그의 태도를 바꿔놓은 것은 사장이라는 직무다.

"회사 경영 책임을 맡고 나서부터 세상이 너무 달라 보였다. 회의실에 켜져 있는 불도, 복사기에 흩어져 있는 종이도 허투루 보이지 않았다. 모두 비용이고 자산이었다. 단돈 천 원도 아까웠고 만 원을 아끼기 위해 수많은 구매 제안서를 검토하게 되었다."

그에게도 회사가 '남의 것'이 아닌 '내 것'으로 보이기 시작한 것이다. 그뿐 아니었다.

"지각하는 직원이 그렇게 미울 수가 없고 업무 중 메신저로 잡담하거나 야구 중계를 보는 직원을 보면 슬며시 화가 치밀었다. '이 사람들은 아무 책임을 지지 않는구나, 내 회사는 내 책임이니 적자가 나도 내가 메워야 하는구나' 하는 생각이 들었다. 그러니 모든 것을 그냥 지나칠 수가 없다."

결국 핵심은 책임이다. '완장효과'라는 것이 있다. 평범한 사람도 책임자가 되면 달라진다는 얘기다. 국민연금공단의 한 임원은 이런 얘기를 한다.

"우리 회사에는 여성들이 많지만 그동안 여성 간부의 비중은 매우 적었다. 간부는 대부분 남성들이 차지하고 여성들에게는 실무 업무가 배정돼왔다. 여성들은 주어지는 일만 처리하곤 육아와 가사에 관심을 쏟는 존재로 인식됐다. 따라서 간부를 꿈꾸면서 자기계발에 힘쓰는 여성을 찾아보기 어려웠다.

그러나 최근 들어 여성 간부들이 등장하면서 분위기가 변했다. 여성 간부를 키우려는 회사의 정책 의지에 따라 발탁된 여직원들은 각 분야에서 맹활약하면서 여직원들에 대한 인식을 바꿔놓았다. 간부가 된 여직원들은 순식간에 눈빛이 달라졌다. 출퇴근 시간이 바뀌는 것은 기본이고 업무 완성도가 훨씬 높아졌다. '저 사람에게도 저런 기질이 있었나' 라는 생각이 들 정도로 놀라운 능력을 보여주고 있다."

샐러리맨과 사장의 업무 태도, 생활 태도의 차이를 만들어내는 가장 큰 요인은 무엇일까? 바로 월급을 받는 위치와 월급을 주는 위치이다. 그리고 현실에서 그 차이가 구현되도록 하는 요인은 바로 경험이다.

"겪어봐야 안다."

사장과 월급쟁이의 차이를 이해할 때 이 말처럼 적절한 말이 또 있을까. 일반적으로도 그렇다. 남의 말이나 책을 통해 얻은 지식과 현실은 전혀 다르다. 이론적으로는 다 알고 있지만 실제로는 아무것도 적용하지 못하는 이유는 머릿속 세상과 현실의 세상이 별개의 존재이기 때문이다.

그래서 많은 경우 경험에 기반하지 않은 지식, 경험을 통해 배우지 않은 지식은 효용성이 떨어지게 된다. 특히 비즈니스에서는 더더욱 그렇다. 따라서 자기가 사업을 할 때는 물론이지만 비즈니스 조직, 곧 기업 조직에서도 경험은 다른 어떤 것보다도 소중하다. 경험만이 사업의 씨앗을 뿌리고, 키우고, 거두게 한다.

우리는 "CEO 마인드로 일하라"는 얘길 많이 듣는다. 모든 사안을 최고경영자 입장에서 바라보고 처신한다면 좋은 평가와 성공은 저절로 따라오게 되어 있다. 말로는 쉬울 것 같다. 또 누구나 잘 알고 있는 이야기 같다. 그러나 직원이 CEO처럼 생각하고 처신한다는 게 그리 만만한 일은 아니다. "사장 마인드로 일하고 사장처럼 판단하고 행동하라"는 얘기가 끊이지 않는 것은 그렇게 하기가 그토록 어렵다는 사실을 반증하는 것이다.

왜 그렇게 어려운가? 경험하지 않은 사람이 경험한 것처럼 생각하고 행동해야 하기 때문이다. 사실 대부분의 직장인들은 사장 마인드로 일한다는 것이 어떤 의미인지 전혀 모른다. 그러니 사장 마인드를 가지려면 최대한 사장과 비슷한 경험을 쌓는 수밖에 없다.

다양한 경험이 CEO 마인드를 키운다

한 친구가 오랜만에 연락을 해왔다. 증권사 애널리스트로 활약하던 그는 어느 날부터 무료함에 시달리더니 미국으로 일종의 '도피 이민'을 떠났다. 그가 이민을 떠난 것은 꼭 무료함 때문만은 아니었다. 입시지옥에 시달리는 아이들이 불쌍하기도 했고 남편 중심의 사회에 답답해하는 부인을 배려하고 싶기도 했다. 어쨌든 그는 한국의 증권사 애널리스트라는 남부럽지 않은 직업을 버리고 부인의 친인척이 있는 LA에 새로운 둥지를 틀었다.

그러나 그의 미국 생활은 순탄치 않았다. 잘나가던 애널리스트였건 어쨌건 그가 얻을 수 있는 일자리는 한국인이 경영하는 슈퍼마켓의 경리 업무, 미국 항공사의 서울행 발권 업무, 한국 교포를 대상으로 하는 캐피털 회사의 영업 업무 등이었다. 그나마 이것저것도 안 되어 트럭 운전을 하던 그는 얼마 뒤 부인과 함께 교포를 대상으로 하는 식당을 열기로 했다. 더 이상의 실패는 용납되지 않는 절박한 상황이었기에 부부는 1년 동안 이미 자리를 잡은 한국인 식당에서 일하며 식당 운영에 대해 익혔다. 또 괜찮은 식당 입지를 얻기 위해 수많은 부동산을 찾아다녔다. 그리고 1년 뒤 우여곡절 끝에 식당을 열었다.

하지만 안타깝게도 이 친구는 반년도 안 돼 식당 문을 닫고 말았다. 장사가 안 되니 어쩔 수 없었다. 결국 그는 한국에 돌아와 영어학원을 여는 문제를 검토하기에 이르렀다.

"이 정도면 됐다고 봤지. 1년이나 식당에서 일했는데 모를 게 뭐가 있을까 하고. 그런데 막상 식당을 경영해보니까 그게 아니더군. 예상치 못한 일들이 막 벌어지더라고. 철저하게 시멘트로 막고 도배를 했는데도 여기저기 흩어져 있는 작은 구멍으로 찬바람이 들어오는 거야. 생각지도 않았던 비용들이 손을 내밀고, 종업원, 시설, 조리 방법 같은 데서 문제가 펑펑 터지는데, 이건 뭐 정신이 하나도 없는 거지. 하나하나 돈으로 다 막을 수밖에 없는 건데, 내가 무슨 돈이 있어. 어디서 끌어다 막는 다 해도 그렇게 많은 돈을 들이면 아무리 음식을 팔아봐야 남는 게 있겠어."

처참한 실패를 겪은 뒤 그가 내린 결론은 간단했다. 비록 작은 식당이었지만 직원으로 일하는 것과 직접 경영을 하는 일은 근본적으로 다르다는 것이다.

"작은 식당에서 몇 달간이라도 직접 경영을 해봤으면 좋았을 텐데. 직원으로 일하면서 눈을 부릅뜨고 지켜봤는데도 안 보였던 거야."

그래서 그는 이번엔 무보수로라도 경영 경험을 쌓은 뒤 학원을 열 생각이라고 덧붙였다.

기업의 CEO 추천 의뢰를 받을 때마다 내가 후보자들을 놓고 가장 꼼꼼히 따져보는 것은 조직 총괄 경험이다. 작은 곳에서라도 사장을 해본 경험이 있는지, 사장이 아니더라도 조직을 총괄해본 경험이 있는지를 따진다. 사장이나 임원을 경험했다고 해서 끝이 아니다. 어느 정도 책임감을 갖고 비즈니스를 전개했는지를 집요하게 파고들어 검토해야 한다. 자기 책임하에 조직을 운영하고 사업 단위를 맡아 성과를 내본 경험이 있는 사람과 책임은 별로 부과되지 않고 감투만 받아 쓰면 되는 자리에 있던 사람은 질적으로 판이하다.

CEO뿐이 아니다. 기업에서 직원을 뽑고 승진하고 보직을 부여할 때 가장 중요하게 생각하는 것이 경험이다. 경험이 없는 사람에게 단순한 가능성만 가지고 일을 맡기는 것은 모험이요 도박이다. 그러나 사업은 도박이 아니다. 따라서 일단은 안정이 기본이고 성장은 그 다음이다. 이 때문에 특히 사업의 성패를 좌우하는 책임자를 정할 때는 경험을 가장 중요한 평가 기준으로 삼게 된다.

정부가 발주하는 프로젝트에 관심을 가져본 사람들은 알겠지만 입찰의 자격 조건에서 빠지지 않는 것이 '정부 발주 프로젝트에 참가해본 경험이 있다'거나 '몇 억 원 이상의 프로젝트를 진행한 경험이 있다'는 식의 조건이다. 철저하게 경험자에 한해 참여 기회를 제공하겠다는 것이어서 그만큼 사업을 안정적으로 끌고 갈 수 있는 능력을 중시한다는 뜻이다.

물론 경험자에게만 기회를 준다면 미경험자는 영원히 참여할 수 없다는 모순이 생기는 것도 사실이다. "사실상 끼리끼리 해먹겠단 얘기 아니냐"며 불만을 토로하는 이들이 나오는 것도 이해가 된다. 하지만 발주자 입장에서 생각하면 중요한 프로젝트를 경험 없는 기업에 맡겨놓고 결과에 마음 졸이는 것보다는 이미 그 일을 잘 아는 기업에 맡기고 더 좋은 결과를 내기를 기대하는 쪽을 선택하는 게 당연하다.

이렇듯 거의 모든 비즈니스에서 경험은 가장 중요한 변수로 작용한다. 경험하지 않은 사람이 경험자를 이기기는 매우 어렵다. 다른 노력과 장점이 두 배 이상 작용해야만 겨우 경쟁이 가능할 정도다. 비즈니스에 성공하고 싶은가? 조직에서 성장하고 발전하고 싶은가? 언젠가 임원이 되고 더 나아가 CEO의 자리에 앉고 싶은가? 그렇다면 우선 경험부터 쌓아라. 기회가 있을 때마다 새로운 분야에 도전하라.

자기 분야에만 안주해서는 결코 좋은 기회를 얻을 수 없고 기회가 와도 잡을 수가 없다. 눈앞에 놓인 새로운 업무를 두고 사소한 것이어서 언제든지 시간만 있으면 쌓을 수 있는 경험이라고 치부하지 마라. 정작 중요한 일이 벌어지고 있는 순간 바로 그 경험이 모자라 참가 자격이 주어지지 않을 수도 있으니까.

연봉보다 직급과 직책을 따져라

1993년 일본 교토대학에서 2137개 기업의 임원을 대상으로 경력을 조사한 일이 있다. 결과는 이랬다.

첫째, 초임 부서가 어디인가는 앞으로 그가 임원이 될 것인가, 그리고 임원이 될 경우 어떤 부서를 맡게 될 것인가 하는 점과는 관계가 없다. 그러나 평사원부터 대리까지의 시기에 영업이나 제조, 일반관리 부문에 있었던 사람은 다른 부서에 있었던 사람보다 임원이 될 가능성이 높다. 젊었을 때 영업과 제조 부문에서 출발했다가 서서히 총무와 인사 부문으로 옮겨간 사례도 상당히 많다.

특히 평사원 때 영업에 종사한 직원은 장래에 임원으로 승진할 가능성이 높다. 반대로 연구직이나 해외 근무를 한 사람은 임원이 될 가능성이 낮다. 옛날에는 해외 근무자가 엘리트였을지 모르지만 지금은 그다지 높은 평가를 받지 못한다. 이과 출신이 연구직에 계속 머무는 것도 임원이 되는 데는 불리하다. 기획 부문의 경우 부장 때까지는 빠르게 승진하지만 임원 승진 비율은 영업보다 낮았다.

둘째로 경력의 중간쯤에서 경영기획 부문으로 옮긴 사람의 임원 가능성이 높다. 경영기획 부문의 승진률이 높은 것은 젊었을 때 경영기획 부문에 근무하지 않다가 과장, 차장 등 중간관리직 때 경영기획 분야로 옮겨 임원이 된 경우가 많기 때문이다. 입사 후 10여 년 동안 현장에서 실력을 발휘하다 중간에 경영기획 분야로 옮겨 임원이 되는 사람이 많다는 얘기다.

교토대학 연구팀의 목적은 기업 내 임원 승진 과정을 규명하는 것이었다. 위의 결과를 통해 그들이 내린 결론은 바로 '경험'이었다. 결국 임원이 된 사람은 경력의 폭이 넓다는 것, 그러므로 임원이 되려면 다양한 부서를 두루 경험하는 것이 유리하다는 것이다. 내가 보기에도 절대적으로 옳은 결론이다. 임원이 되기 위해 필요한 것은 실적과 경험이다. 이중 실적은 열심히 일하고 능력을 키우면 쌓을 수 있는 것이다.

그러나 경험은 저절로 따라오는 것이 아니다. 의식적으로 미리 설계하고 행동에 옮기지 않으면 안 된다. 회사 전체를 바라볼 수 있는 안목이 없으면 임원이 될 수 없다. 그 안목을 키워주는 폭넓은 경험은 다양한 부서에서 다양한 직무를 통해서만 쌓을 수 있는 것이다.

경험이 있는 사람이 발탁되고 중용되는 것은 비단 기업에만 해당하는 얘기가 아니다. 심지어 대통령이 장·차관 등 정부의 주요 보직을 결정할 때도 가장 중요한 기준은 경험이다. 아무리 대통령의 마음에 쏙 드는 인사를 발탁해도 그가 경험이 없으면 '낙하산 인사'가 된다. 하지만 경험이 많으면 '전문성을 고려한 합리적 인사'가 된다. 이렇게 모든 인사에서 기본 규준이 되는 경험, 조직 안에서 성장하고 발전하는 것은 물론 이직이나 전직을 위해서도 빠질 수 없는 경험을 어떻게 쌓을 것인가?

우선 일과 직장을 선택하고 판단하는 기준을 재조정할 필요가 있다. 채용과 승진, 전보, 이직에서 연봉보다는 직급과 직책을 먼저 따져야 한다. 과거에 인사 정책이 연공서열식으로 운용될 때는 직급과 직책, 연봉이 같이 움직였다. 직급에 맞게 직책이 주어지고 그에 따라 연봉이 책정됐다.

그러나 요즘은 이 세 가지가 서로 분리되어 제각각의 논리를 갖춘 형국이다. 직급이 높다고 반드시 연봉이 높거나 중요한 직책이 주어지는 것도 아니고 중요한 직책이지만 직급이 낮은 경우도 흔해졌다. 이에 따라 직급과 직책, 연봉 가운데 어느 쪽을 택하는 게 옳은지 헷갈릴 때가 많다. 내 생각은 분명하다. 직급이 가장 중요하다. 그 다음이 직책이다. 연봉은 마지막이다.

대부분의 기업에서 직책과 연봉은 직급에 좌우된다. 직급에 맞게 직책이 부여되고 연봉이 결정된다. 과거에는 연봉이 중요했다. 원하는 직급은 주겠지만 연봉은 맞춰줄 수 없다는 기업들이 많았다. 그러나 요즈음은 정반대다. 연봉은 당신의 성과에 따라 더 줄 수 있지만 직급은 내부 규정을 준수해야 한다고 말하는 경우가 많다. 직책은 직급에 따라 부여된다. 즉 전무가 맡는 직책과 부장이 맡는 직책은 다르다는 것이다.

그러니 직급을 우선시하는 것이 옳다. 연봉은 직급과 직책이 정해지면 그에 따라 합리적인 선에서 결정되게 되어 있다. 비록 처음에 낮게 책정된다 하더라도 시간이 지나고 그 직급과 직책에 맞는 이력이 쌓이면 자연스럽게 상향 조정된다. 그래서 나는 기업에 인재를 추천할 때 연봉보다는 직급에 가장 신경을 쓴다. 후보자들이 연봉과 직급을 놓고 실랑이를 벌일 때면 연봉을 양보하고 대신 직급을 챙기라고 조언한다.

하지만 중소기업의 임원이 될 것이냐, 중견 기업의 중간 간부가 될 것이냐 하는 문제는 쉽게 결정할 것이 아니다. 직급을 따지자면 중소기업의 임원으로 가는 것이 마땅하다. 하지만 생각 없이 중소기업으로 옮겼다가는 자신이 쌓아올린 브랜드가 망가지는 경우도 많다. 중소기업을 선택하려면 브랜드가 망가지지 않는다는 전제 조건을 만족시켜야 함을 잊지 말자.

만약 브랜드에 손상이 없다면 연봉이 적더라도 중소기업에서 임원을 하는 것이 좋다. CEO를 경험할 수 있다면야 그보다 더 좋은 자리는 없을 것이다. 그런데 아직도 많은 사람들이 연봉을 가장 선호하는 모습을 보인다. 안타까운 일이다. 작은 기업에서라도 CEO 경험을 한 사람에게 CEO 제안이 주어진다는 것을 모르기 때문일 것이다. 게다가 연봉을 탐내다가 구만리 같은 경력을 엉망으로 만들어버리는 사람들은 또 얼마나 많은지. 모두 유능하고 열심히 일하는 사람들이지만 직장생활에서 먼저 챙겨야 할 것이 무엇인지 몰라서 함정으로 발을 들이는 것이다.

해외 근무의 경우는 어떨까? 연봉이나 복리후생 면에서 유리하기 때문에 해외 근무를 선호하는 사람들이 많다. 그러나 일반적으로 해외 근무자는 승진에서 불리하다. 승진 기회가 있는 국내 근무를 택할 것인가, 연봉과 복리후생, 자녀교육 등에서 유리한 해외 근무를 택할 것인가를 두고 고민하는 직장인들이 많다.

나는 승진 쪽을 권한다. 당장 혜택이 많은 기회와 멀리 보고 더 높이 올라갈 기회를 비교한다면 후자를 권하는 것이 당연하다. 단, 해외 근무가 안락한 근무 기간을 보장해주는 것이 아니라 새로운 도전의 계기라면 이야기는 달라진다.

두 경우가 어떻게 다른지는 회사도 알고 대상자도 잘 안다. 회사로서는 더 유능한 직원을 보내고 싶어하고 직원으로서는 가능하면 피하고 싶어하는 경우다. 하지만 남들이 피하는 해외 근무라면 적극적으로 나설 필요가 있다. 그곳에 기다리고 있을 새로운 경험들 때문이다. 그 경험이 5년 뒤, 10년 뒤에 당신을 얼마나 내공 있는 사람으로 만들어놓을지 알 수 없다. 위험 부담이 있겠지만, 그래서 피한다면 남들과 다른 경험은 쌓을 수 없다.

조직에서 성장하는 사람은 기득권에 안주하는 사람이 아니다. 새로 도전하는 사람이요, 새 경험을 쌓는 사람이다. 훗날의 내공을 위해 기꺼이 위험을 감수하는 사람이다.

회사가 흔들리면
나에겐 기회가 온다

낙관주의자는 극심한 불운 속에서도 기회를 보고, 비관주의자는 엄청난 기회 속에서도 불
운을 본다.
—윈스턴 처칠

사람은 누구나 변화를 두려워한
다. 모험심이 많고 일상에 싫증을 잘 내는 사람이라면 덜할 것이고 안
정적이고 규칙적인 생활을 좋아하는 사람이라면 더할 것이다. 하지만
기본적으로 변화 앞에서 움츠러드는 것은 누구나 마찬가지다. 왜 그럴
까? 새로 시작해야 하기 때문이다. 마치 대중목욕탕에 들어갈 땐 누구
나 똑같이 옷을 벗고 들어가듯이 그동안 쌓아온 것들, 현재 누리고 있
는 것들을 다 내려놓고 맨몸으로 시작해야 하기 때문이다.

변화에 대한 두려움은 나이가 들수록 더욱 커져간다. 어느 나라든 보
수당에는 나이 많은 당원들이 많다. 젊어서는 진보적이고 개혁적이었던
사람들도 나이를 먹으면 점차 보수적인 성향을 띠게 된다. 이유는 간단

하다. 가진 것이 많아졌기 때문이다. 젊어서부터 고생고생하며 쌓아온 것들을 지켜야 하니 섣불리 움직일 수가 없는 것이다. 변화로 인해 얻을 것보다는 잃을 것이 많은 그들은 가능한 한 안정을 꾀한다.

반면, 가진 것이 별로 없는 젊은이들에게는 변화가 필요하다. 언제까지나 현재 상태가 그대로 이어지기만 한다면 희망이 별로 없다. 변해야 한다. 새 바람을 일으켜 기존의 낡은 질서를 바꾸어야 한다. 그러니 진보 세력 안에 젊은 사람이 많은 것은 지극히 당연한 일이다.

변화를 기꺼이 반겨라

회사생활을 하다 보면 크고 작은 변화의 바람이 불어오곤 한다. 때때로 비바람이 몰아치기도 하고 회오리가 일기도 한다. 이때 과연 어떤 태도를 취해야 할 것인가? 답은 이미 나온 것이나 다름없다. 앉은 자리에서 꿈쩍도 않으려는 보신주의나 보수주의는 기득권을 충분히 누리고 있는 이들의 몫이다. 당신이 현재 가진 것이 별로 없다면 변화를 두려워할 이유가 없다. 기꺼이 변화를 반기고 그 속에 뛰어들어야 한다.

변화가 좀처럼 생기지 않는다면 오히려 적극적으로 만들어내야 할 판이다. 가진 것이 적을수록, 뒤에 처져 있을수록 큰 변화가 필요하다. 지금 상태론 아무래도 안 되는데 뭔가 새로운 계기가 있어야 할 게 아닌가? 어떻게 해서든 스스로에게 유리한 상황을 만들어내야 하지 않겠는가?

그런데 이상하게도 조직 내에서 뒤처진 후발 주자일수록 변화에 적극적으로 대처하지 못하고 도리어 불안에 떠는 모습을 보게 된다. 어쩌면 그동안 쌓인 실패와 낙오의 경험들이 그의 발목을 붙들고 놔주지 않는 건지도 모른다. '무섭지? 그냥 숨어 있어. 괜히 나서봐야 웃음거리만 될 거야. 네가 뭘 하겠어?' 라고. 물론 겁이 날 것이다.

하지만 여기서 벗어나지 못한다면 그의 내일은 오늘과 또 어제와 똑같을 수밖에 없다. 브랜드를 쌓은 것도 없고, 학력과 경력에서 남보다 앞선 것도 없고, 게다가 상황을 주도해 이끌어나갈 능력도 없고, 심지어 이미 승진도 늦은 사람. 이런 사람이 변화를 두려워해서 뛰어들지 않는다면 그에게는 출구가 없다.

세상에서 제일 센 사람이 잃을 게 없는 사람이라고 했다. 잃을 것이 있으면 자기도 모르게 몸을 사리고 뒤를 살피게 된다. 그러나 잃을 것이 없는 사람이 한번 마음먹고 달려들면 그 누구도 말릴 수가 없다. 그의 앞날에는 새로 얻을 것들만 있을 뿐이다. 기억하자.

"변화는 가진 자의 것이 아니라 가지려고 하는 자의 것이다."

큰 기회는 게임의 룰이 바뀔 때 온다

자동차 회사에 다니는 L씨는 인사 업무를 담당했다. 그는 업무의 성격상 조금 답답하다는 점과 위에 부장 상사가 있어서 독자적인 일처리 권한이 많지 않고 보조적인 업무가 대부분이라는 점 외에는 큰 불만 없이 일하고 있었다. 그러던 어느 날 회사에 문제가 생겼다. 어찌 보면 작은 문제일 수 있는 사안에 언론이 들고일어나 의혹을 제기하는 바람에 여론은 하루가 다르게 나빠졌다. 회사로서는 무엇보다 언론 대응이 시급한 상황이었다.

그런데 설상가상으로 회사의 홍보부장이 급성간염 진단을 받고 병원에 입원했다. 또 핵심적인 역할을 해주어야 할 과장은 업무를 맡은 지얼마 되지 않아 일이 능숙하지 않았다. 주가가 며칠 연속 곤두박질치고 사내 분위기는 침체 일색이었다.

이 상황에서 상사가 L씨를 불렀다. 홍보부에 일손이 절대적으로 부족하니 얼마 동안이라도 홍보 업무를 맡아줄 수 없겠냐는 이야기였다. L씨는 섣불리 제안을 받아들이는 것이 위험한 일이라는 생각이 들었다. 일단 그에게는 홍보 경험이 없었다. 기껏해야 회사 전시회 때 차출되어 홍보 업무를 간접적으로 지원해본 적이 있을 뿐이다.

지금 이 자리는 안정적이고 업무강도도 그다지 세지 않았다. 하지만 홍보를 맡으면 허구한 날 기자들과 씨름해야 한다. 언론사를 방문하고, 기자들을 접대하고, 갑이 아닌 을의 생활을 해야 한다는 뜻이다. 그뿐인가. 홍보 쪽에서는 임원으로 승진하기도 어렵다. 지금껏 회사는 홍보를 할 일이 별로 없었기 때문에 홍보 부서에 힘을 실어주지 않았고 그러다 보니 임원 승진 사례도 거의 없었다. 사내에서 홍보부는 고작해야 기자들의 뒤치다꺼리나 하는 부서로 생각되는 상황이 아닌가.

하지만 회사가 누란의 위기에 처했는데 안 가겠다고 버티기도 쉽지 않았다. 한편에서는 '이번 일이 왜 나한테 떨어졌을까, 이게 무슨 의미일까' 하는 생각도 들었다. 따지고 보면 인사부에서 그가 갈 길이야 뻔했다. 이미 판이 다 짜여 변수가 생길 여지가 없는 구조에서 그가 아무리 열심히 일한들 크게 달라지는 점은 없을 것이다. 하지만 홍보 쪽은 황무지나 다름없었다. 아마 이번 일로 인해 사내에서 홍보의 중요성이 새로이 부각될 것이다. 안 그래도 업계 전반에서 홍보의 위상이 높아지고 있는 상황이니 회사에서는 홍보를 키우며 업계를 선도하려 할지도 모른다. '이건 혹시 기회가 아닐까? 아니, 그러다 고생만 있는 대로 다 하고 남는 게 없으면 어쩌지?' 이런저런 고민 끝에 L씨는 결론을 내렸다.

"좋다, 한번 도전해보는 거다!"

그 뒤로 L씨는 어떻게 되었을까? 많은 이야기가 있지만 그중 한 가지만 밝혀보자. 그는 자신이 업무를 보조해주곤 하던 인사부장보다 먼저 회사의 임원이 되었다.

많은 경우에 상황을 역전시킬 수 있는 기회는 위기에서 시작된다. 큰 기회란 본래 게임의 룰이 바뀔 때 생기지 않던가. 기존의 룰에서 앞서가던 이들이 새로운 룰 안에서도 계속 앞서갈 수 있을지는 알 수 없는 일이다. 하지만 그 반대의 사람에게는 일단 룰이 바뀐다는 사실만으로도 유리한 판이 만들어지는 것이다.

변화를 추구하고 싶다면 조직의 위기를 활용할 줄 알아야 한다. 물론 위험하겠지만 위험을 걱정하다 보면 기회도 없다. 큰 위기가 큰 변화를 만들어내고 더불어 큰 기회를 제공하는 법이니 대담해야 한다. 조용했던 회사에 바람이 분다면 일단 뛰어들고 봐야 한다. 회사가 신규 사업을 시작하거나 신규 조직을 만든다면 기꺼이 뛰어들라. 임시 업무가 내려오면 진심으로 매달려라. 새로 시작되는 일이 남들이 꺼리는 일이라면 더욱 열정을 쏟아부어야 한다. 사내에 꾸려지는 각종 TFT에도 적극적으로 참여해야 한다. TFT가 사내의 브레인들만을 끌어모은 출세 가도인 회사도 있지만 아무도 달가워하지 않는 기피 코스인 회사도 있다. 어느 경우든, 일단 골치 아프고 눈치 보이는 것은 기본이다. 하지만 그 속에는 미처 생각지 못했던 많은 기회들이 숨어 있다.

내 경우에도 신문사에서 일하던 시절 걸핏하면 TFT에 불려가곤 했다. 지면 개선, 경영 개선, 회사 발전 전략 논의에, 국장이나 차장이 바뀌면 제도 개선 논의에 하여튼 많이도 불려다녔다. 당연히 일이 자주 바뀌니 그만큼 힘들고 부담스러웠다. 여러 번 반복되다 보니 나중엔 짜증이 날 정도였다.

한편에서는 나에 대해 '무슨 기자가 경영에 자꾸 참여하지? 당신, 기자 맞아' 하는 시각으로 보는 이들도 있었다. 게다가 내가 TFT로 들어가면 내 일은 고스란히 부서 내 다른 사람이 떠맡게 되니 동료들이 좋아할 리가 없었다. 그러저러한 사정을 뻔히 알면서도 나는 반쯤은 울며 겨자 먹기로 기꺼이 TFT에 참여하곤 했다. 변화나 기회를 잡기 위해서라는 생각은 하지 못했으나 회사에서 당장 꼭 필요한 일이라면 외면해서는 안 된다고 여겼다.

하지만 돌이켜 생각해보면 당시의 그 경험들이 내게는 엄청난 학습과 훈련의 기회들이었다. 회사 안팎의 다양한 위기를 가까이서 지켜보고 생동감 있게 대응했던 경험들이 내가 지금 이 자리에 있을 수 있는 계기가 되었고 나름대로 일을 잘 해나갈 수 있는 자산이 되었다. 그때 힘들게 일해봐야 주변에서 좋게 봐주지도 않는 TFT를 피했더라면 아마 편안했을 것이다. 하지만 결과적으로 나는 얼마나 많은 기회들을 놓치게 되었을까? 지나보니 실감이 더 난다.

나이가 들어가며 안주하고 싶은 마음이 커지는 것이 사실이다. 하지만 나는 아직도 끝나지 않았다고 생각한다. 또 다른 변화가 다가온다면, 기회가 주어진다면, 과감히 기득권을 버리고 새로 도전해야 한다고 생각한다.

막상 그 순간이 오면 쉽지 않을 것이다. 여전히 두렵고 싫을 것이다. 하지만 가야 한다. 어째서? 고인 물은 썩게 마련이고, 안주하는 것은 곧 쥐약이나 다름없으니까.

다양한 경험이 위기의 순간 기회를 만들어준다

언제나 여러 분야의 각종 현안에 시달리며 보이지 않게 끙끙대는 곳이 바로 기업이다. 그러니 기업은 당연히 문제해결형 인재를 선호할 수밖에 없다. 특히 위기가 닥쳤을 때 조직은 그 어느 때보다 해결사를 필요로 한다. 팔짱 끼고 지켜보기만 하는 방관자, 말로만 태산을 옮기는 평론가가 아니라 직접 뛰어들어 문제의 원인을 밝혀내고 해법을 찾아 실천하는 사람 말이다. 사람이 물에 빠졌는데 일단 뛰어들어 구하는 것보다 더 절실한 일이 있겠는가.

그러면 어떻게 해야 결정적인 순간에 해결사로 나설 수 있을까? 열정? 패기? 근성? 다 좋다. 평소부터 문제해결형 인재로 성장해오지 못한 사람이라면 특히 이런 덕목들이 꼭 필요하다. 그런데 중요한 것은 아무리 이런 태도를 훌륭하게 갖추고 있어서 당장 물속에 뛰어들 구조원으로 주목을 받는다 해도 정작 사람을 구해내지 못하면 해결사가 될 수 없다는 점이다.

최근 직장인들에게 여러 시사점을 던져주고 있는 책 『I Marketing』에는 이런 구절이 있다.

"신입사원들의 공통점은 하루라도 빨리 '한칼'을 보여주고 싶어 안달한다는 것이다. 선배들도 무조건 튀라고 주문한다. 그러나 이들에게는 열정이 있을지언정 깊이가 부족하다. 그럴 때일수록 조급증을 버리고 준비하면서 때를 기다려야 한다. 언젠가 회사는 그에게 반드시 기회를 준다. '한칼'은 그때 보여주면 된다."

조직 내에서 자신의 존재감을 확인하고 자신만의 가치를 인정받고자 하는 이들이 꼭 기억해야 할 내용이라고 할 수 있다. 허우적거리는 사람을 보고 물속에 뛰어드는 용기와 열정만 중요한 것이 아니다. 수영도 할 줄 알아야 하고, 체력도 탄탄해야 하며, 응급 구조의 요령도 알아야 한다. 간접적으로라도 비슷한 상황을 경험해보았으면 더욱 좋다. 결국 평소에 다양한 경험을 통해 준비해두지 않으면 위기가 닥쳤을 때 조직의 해결사로 나설 수 없다는 뜻이다.

우리 사회에서 언젠가부터 가장 이상적인 인재상으로 여겨지는 '창의적 인재'라는 말도 알고 보면 다양한 경험의 중요성을 반영한 것이다.

기업이 높이 사는 '창의성'이란 기발하고 톡톡 튀는 상상력만을 의미하는 것이 아니다. 기업이 궁극적으로 요구하는 것은 여러 분야와 여러 포지션, 각종 문제 상황들을 경험해본 데서 나오는 틀에 갇히지 않은 해법인데 현실적으로도 가장 설득력 있는 해법이다.

많은 기업들이 면접에서 지원자의 문제해결 능력을 검증하기 위해 특정 상황을 조성해놓고 해결 과정을 지켜본다. 때로는 '후지산을 옮겨보라'는 식의 황당한 문제를 내기도 한다. 어떤 식으로 문제를 풀어낼지 창의성을 보겠다는 것이다.

그런데 이런 면접 문제를 예전부터 떠도는 개그인 '코끼리를 냉장고에 넣는 법' 쯤으로 생각하면 오산이다. 황당한 문제에 역시 황당한 상상력으로 답변한다면 면접장 분위기를 잠시 부드럽게 만들고 그로 인해 살짝 가산점을 받을 수는 있다. 그러나 '이 사람은 이 면접을 이해하는구나, 뭘 좀 아는 사람이구나' 하는 평가와는 완전히 멀어지게 된다.

지금 기업이 원하는 창의성이나 문제해결력은 다양한 경험을 토대로 한다는 점을 기억하자. 이 복합과 융합의 시대, 혼입과 혼종의 시대에 한 점만 바라보고 있어서는 유리한 고지를 점하기 어렵다. 다양한 경험에 의해 복합적인 사고를 할 수 있는 사람은 문제 상황에 부딪쳤을 때 갖은 아이디어를 통해 이른바 '퓨전식 위기 대처법'을 구사한다. 그러나 경험이 부족하면 배운 것, 상상하는 것만으로 문제를 풀어야 한다. 그렇게 해서 풀 수 있는 문제가 얼마나 되겠는가?

글로벌 기업에서 갈수록 다양성을 더욱 강조하고 있는 이유도 이런 맥락이다. 요즘 유수의 글로벌 기업들에서는 몽골이나 알래스카, 아프리카, 몰디브, 필리핀 등지의 전통 부족 출신들을 찾아 영입하고 있다. 도대체 왜? 이 시대의 경쟁력은 좀 더 다양한 경험들에서 나온다는 점을 이미 공유하고 있기 때문이다. 글로벌 기업들은 순혈주의와 잡종이 대결하면 잡종이 이긴다는 것을 경험을 통해 확인했다.

골프장에 가면 사람마다 공을 치는 자세가 다르다. 정말 별의별 폼들이 다 있다 싶은데 대개는 여성들의 자세가 세련되고 멋진 것을 볼 수 있다. 그런데 그 멋진 폼의 여성들이 또 대개는 점수를 많이 내지 못한다. 오히려 아무렇게나 팔을 휘저어대는 요상한 폼의 남성들이 더 좋은 점수를 낸다. 보통 남성들은 접대 골프니 사교 골프니 하는 방식으로 실전 위주의 골프를 배우게 되지만 여성들은 연습장에서 착실하게 자세를 배운 뒤 간간이 필드에 나가게 된다.

연습장이야 평평하지만 실제 골프 코스에는 언덕도 있고 푹 파인 벙커도 있다. 풀이 발목까지 자라 있고 물이 고여 있기도 하다. 매 상황마다 그에 걸맞게 대처할 줄 알아야 하는데 연습장에서 자세 연습만 해가지고는 제대로 공을 쳐내기 어렵다.

이론과 실제의 차이는 머리로 아는 것을 몸이 그대로 따라해보는 데 있지 않다. 실제, 실전이란 늘 다양한 상황, 다양한 과제와 함께 주어진다. 해결사는 결코 하늘에서 뚝 떨어질 수 있는 존재가 아니다. 어느 날 갑자기 당신이 뼈가 시리도록 깨닫는 바가 있어 해결사가 되기로 마음먹는다 해도 그때껏 경험한 것이 없다면 할 일이 없다는 말이다.

한 가지 덧붙이면 혹시라도 다양한 경험을 강조하는 것이 전문성을 쌓아야 한다는 말과 서로 배치되는 것처럼 여겨선 안 된다. 이쪽에 가서 조금, 저쪽에 가서 조금, 생각 없이 걸리는 대로 아무 일이나 하며 뜨내 기가 되라는 말이 아니다. 큰 틀과 목표 안에서 그에 필요한 다종다양한 경험들을 두루 쌓으라는 뜻이다.

기업에서 핵심 인재를 선정해 교육시킬 때는 한 가지 업무만 맡기지 않고 여러 분야의 다양한 업무를 거치도록 한다. 예컨대 구매 담당에서 인사팀으로, 전략기획팀으로, 신사업팀으로, 해외 파견 근무로 돌리는 식이다. 이 경우 해당 인재가 기업의 핵심 임원 또는 CEO로 성장할 것을 전제하고 그에 필요한 경험들을 제공하는 것이다. 따라서 경험을 쌓는다고 해서 발에 치이는 대로 아무 일이나 잡을 것이 아니라 면밀한 경력 지도와 목표의식에 따라 움직여야 한다.

침묵하는 자에겐 무능이란 딱지만이 남는다

언제 다가올지 모르는 기회를 놓치고 싶지 않다면 평상시 회의 때의 모습도 적극적으로 바꾸자. 부서 회의를 하든 거래처와 미팅을 하든 여럿이 모여 업무에 대해 이야기를 하는 자리에서 꼭 입에 자물쇠를 채우고 있는 사람들이 있다. 누군가는 할 말이 있는데도 언쟁을 피하고 싶어 그럴 것이고, 누군가는 아무 생각 없이 귀찮아 그럴 것이다.

또 누군가는 지금 나오는 이야기들을 종합해 더 좋은 방안을 고민하는 중일 것이고, 누군가는 옆에서 하는 말이 무슨 뜻인지 몰라서 짐짓

시치미를 떼는 중일 것이다. 하지만 표현하지 않는 한은 이들은 똑같이 꿔다놓은 보릿자루일 뿐이다.

헤드헌팅 회사 사장 자격으로 외국 기업인들을 만나면 종종 듣게 되는 질문이 있다.

"왜 한국 사람들은 자신의 장점을 드러내려 하지 않습니까?"

그들은 심지어 채용 면접에서조차 한국인들은 말을 아끼고 자신을 드러내지 않는다고 말한다. "당신의 업적이나 성과, 성공의 경험에 대해 설명해보라"는 아주 당연한 요청에 계면쩍은 듯 난처한 표정을 짓거나 내세울 게 별로 없다는 태도를 보이며 우물쭈물하는 모습을 이해할 수가 없다는 것이다.

이런 외국인들을 이해시키려면 일단 유교식 예의범절로부터 이어져 내려오는 한국의 '겸손 문화'에 대해 길게 설명해야 한다. 그러나 설명을 듣고 나서도 그들은 여전히 납득하지 못한다. 그런 태도는 겸손이 아니라 "표현력과 커뮤니케이션 능력 부족"으로밖에 보이지 않는다고 꼬집기도 한다.

표현력은 외국 기업뿐 아니라 한국 기업에서도 점점 더 중요해지고 있다. CEO를 포함한 기업의 임원들은 신입사원을 뽑거나 직원의 승진 심사를 할 때 자신만의 인재 감별법을 적용하는 경우가 많다. 그 방법이야 워낙 다양하고 사람마다 선호하는 방식의 편차가 꽤 크기 때문에 이거다 또는 저거다 하고 쉽게 이야기하기는 어렵다.

그렇지만 경영자들이 가장 많이 활용하는 감별법을 들라면 나는 주저 없이 '회의'를 꼽는다. 동양권에서는 겸양의 미덕을 중시하기 때문에 나서지 않고 물 흐르듯 지내는 것이 처세의 기본으로 알려져왔다. 한국은 그중에서도 특히 튀는 것을 싫어하는 사회다. 활발한 토의와 토론 문화가 쉽사리 자리 잡지 못하는 것도 이런 까닭이 크다.

그러나 우리 모두가 잘 알고 있듯 시대는 확실히 달라졌다. 이제 지나친 겸양은 미덕이 아니라 무능력의 징표이다. 특히나 회의를 주재하는 경영자나 임원들은 참석자들의 상황을 한눈에 알아본다. 일을 적극적으로 하는 사람은 회의 때마다 새로운 아이디어를 들고 온다. 꼭 말이 많다기보다는 그의 주변으로 논의가 모인다. 별 내용 없는 이야기를 길게 늘어놓고 사사건건 남의 이야기에 끼어드는 피곤한 사람과는 다르다. 때문에 회의가 끝난 뒤에도 참석자들은 그가 이번 안건에 대해 어떤 의견을 가지고 있는지를 뚜렷이 기억하게 된다.

반면 회의 내내 꿀 먹은 벙어리처럼 입을 다물고 있는 사람은 공부와 고민이 부족할 가능성이 크다. 더 이상 그를 경청하는 사람, 겸손하고 신중한 사람으로 보아줄 윗사람은 없다. '침묵은 금'이라는 명언은 여전히 진리를 담고 있지만 회의 때만큼은 그 반대다. 침묵은 독이다. 자폭이다. 회의 때의 침묵은 당신의 이미지를 망가뜨리고 기회를 앗아가는 주범이다.

자격 조건은 다소 처지더라도 인터뷰에서 후한 점수를 따서 바늘구멍 같은 취업 관문을 뚫는 사람들이 있다. 상사에게 브리핑을 잘하거나 회의 때 인상적인 의견을 제시함으로써 회사의 임원이 되고 심지어 나라의 장관으로 발탁되는 경우도 보게 된다.

기회를 잡고 싶다면 오늘부터 당장 적극적인 표현과 의견 제시 습관

을 기르자. 인원이 많이 모이는 회의나 중요한 발표를 앞두고 있다면 두
번, 세 번 신경 쓰고 미리 연습이라도 하자. '빤히 아는 사람들끼리 늘
하던 일인데 낯뜨겁게 뭘 그렇게까지…….' 이런 생각이 드는가? 그렇다
면 당신은 어느 날 수호천사가 나타나 당신만을 위한 기회를 품에 안겨
주기 전까지는 당신 주변을 흘러다니는 크고 작은 기회들을 발견하기
어려울 것이다.

준비하지 않는 자에게 기회는 평생 오지 않는다

한국이 적성국가로 분류되어 있던 중국과 수교를 맺은 지 20여 년쯤
되었다. 처음 시장이 열릴 때를 기억해보면 누구나 선뜻 뛰어들지 못하
고 두려워하고 망설였다. 기업 차원에서는 일단 미지의 시장이 새로 열
린다는 데 큰 의미를 두고 여러 사업을 추진했으나 일선에서는 중국 발
령을 기피하는 분위기가 많았다. "이번에 중국에 한번 가보는 게 어때?"
라는 말을 들으면 "왜 하필 나야?"라며 여러 핑계를 대 다른 사람에게 미
루는 식이었다. 하지만 당시 일찌감치 변화의 흐름에 올라탄 소수의 사
람들은 오늘날 세계를 지탱하는 거대한 중국 시장의 선구자가 되었다.

내 오랜 친구 중에는 외교관이 한 명 있다. 아시아의 두어 지역에서
근무한 경험이 있는 그 친구는 다른 대다수의 외교관들과 마찬가지로
미국이나 유럽으로 발령받기만을 학수고대하고 있었다. 그의 말을 들어
보면 그의 동료들은 아프리카나 중동 등지로 발령을 받으면 '한직'으로

떠밀리는 참담한 심정으로 억지로 나간다고 했다. 물론 일반 기업체에서도 해외 근무지에 대한 인식은 이와 별다를 것이 없다.

언젠가 그 친구에게 이렇게 진지하게 권유한 적이 있다.

"그러지 말고 너라도 중동으로 자원하면 어때? 에너지 문제가 앞으로 얼마나 더 중요해질지를 생각해봐. 곧 전 세계가 그쪽에 매달리게 될걸. 남들이 다 원하는 선진국이라는 데에 가봤자, 경쟁이 치열한데 넌 차별성이 없잖아. 그보다 중동에 가서 에너지를 너만의 브랜드로 얻게 된다면 얼마나 탄탄하겠어. 어느 순간 굉장한 보직에 오를지도 모르고 민간기업에서도 얼마나 몸값이 높아질 텐데. 농담 아니야."

그때 그 친구는 그저 웃을 뿐이었다. 그는 그 이후로도 자신에게 운이 따르지 않는다고 한탄하는 모습을 간혹 보여주었다. 하지만 그로부터 몇 년이 지난 지금 당장 기업들은 공공기관, 민간기관 출신을 가릴 것 없이 에너지의 '에' 자만 붙어 있어도 거액 연봉을 제시하며 스카우트하지 못해 안달이다.

"인생에는 세 번의 기회가 있다"는 말이 있다. 그러나 사실 기회는 수도 없이 많다. 누군가는 기회가 "편지처럼 자주 온다"고 말하고, 또 누군가는 "파도처럼 수시로 들락거리는데 알아채지 못할 뿐"이라고도 말한다. 살다 보면 시시때때로 불어오는 변화의 바람은 위협이 아니라 기회다. 내가 게으름을 피우지 않고 차근히 준비한다면 기회는 언제든지 잡을 수 있다. 준비하지 않는 사람은 기회가 와도 그것이 기회인지 알아보지를 못한다. 알아보지 못하는데 그것이 손에 잡힐 턱이 없다. 그러니 '왜 내게는 기회가 오지 않는가' 하며 자신의 불운만을 탓하는 사람들은 어쩌면 인생을 요행으로 살고자 하는 것이 아닐까.

기회를 누리자. 파도처럼 밀려오는 기회를 잡자. 물론 그 파도는 때로 위험하다. 어쩌면 당신을 벼랑 끝으로 내몰아 시험에 들게 할 수도 있다. 그러나 그 과정이 두려워 웅크리고 숨어 있다면 당신은 영원히 '기회가 없는 사람'이 될지도 모른다.

파도가 부서지고 있다. 저 앞에 또 밀려오고 있다. 저 위에 올라타기 위해 지금껏 무엇을 해왔는가? 지금은 무엇을 하고 있는가? 이제 파도에 뛰어들 준비가 되었는가?

직장에 따라
신분이 결정된다

어디로 가는지 아는 것이 그곳에 빨리 가는 것보다 더 중요하다.
─메이블 뉴커머

2004년 삼성이 신입사원 모집 과정에서 취업 재수생에게 응시 자격을 주지 않겠다고 발표했다. 당연히 도처에서 항의가 빗발쳤다.

"한 번 떨어졌다고 다시는 입사시험을 못 보게 하다니 너무하는 것 아니냐!"

확실히 삼성의 조치는 해외 어디서도 전례를 찾아볼 수 없는 독특한 것이기는 했다. 왜 이런 해외 토픽감이 연출된 것일까. 삼성 측은 취업 재수생을 받지 않기로 한 이유에 대해 이렇게 설명했다.

"자격에 제한을 두지 않으면 더 좋은 인재를 구할 수 있겠지만 다른 기업들의 인력 채용에 큰 영향을 줄 수 있을 것 같아서 취한 선의의 조치입니다."

실제로 8월 졸업자와 졸업 예정자만을 입사 대상으로 삼았던 2004년보다 응시 자격이 6개월 완화되어 있던 2003년에는 합격자의 17%가 다른 회사를 다니다 말고 입사했다고 한다. 합격자의 17%라니! 그렇다면 평균 10대 1을 웃도는 삼성의 입사 경쟁률을 생각해보건대, 입사시험을 치렀던 또 다른 직장인들은 얼마나 많다는 얘긴가. 아무리 삼성이 최고의 직장이라지만 다들 왜 이렇게 난리일까? 어렵게 입사한 직장에 등을 돌리고 더 좋은 회사에 신입사원으로 들어가야 할 이유라도 있는 걸까?

프리미어리거가 되려는 축구선수들

잠시 축구 이야기를 해보자. 박지성, 이동국, 이영표, 설기현, 김두현 등 국내의 쟁쟁한 축구선수들은 왜 프리미어리그로 갔을까? 왜 한국은 물론이고 세계의 축구선수들이 프리미어리그에 진출하려고 기를 쓰는 것일까? 그 까닭이야 이미 모두 알고 있다. 프리미어리그가 세계 축구의 선도 차량이기 때문이다. 세계 각국에서 뛰어난 감독과 선수들이 몰려들어 새로운 축구의 가능성을 실험하는 장, 그것이 바로 프리미어리그다. 그래서 지금 이 순간에도 세계 곳곳의 뛰어난 선수와 감독들이 속속 런던행 티켓을 끊고 있는 것이다.

크리스티아누 호나우두, 웨인 루니, 티에리 앙리, 스티븐 제라드, 존 테리 등 이름만으로도 눈이 부신 세계 최고의 선수들이 빛내고 있는 프리미어리그는 축구선수들에게는 꿈과 같은 곳이다. 이곳에 진출하면 선수의 브랜드가 순식간에 엄청나게 올라간다. 물론 그에 걸맞은 부와 명예도 따라온다. 2007년 프리미어리거들의 연봉 총액만 자그마치 1조 8천억 원이라고 한다. 원한다면 광고 출연 등으로 그 이상의 부를 얻을 수도 있다. 일반 축구선수와 프리미어리거는 모든 면에서 천양지차의 대우를 받게 된다. 그러니 축구선수라면 어떻게든 프리미어리그에서 뛰어보기를 소망하는 것이 당연하다.

그럼, 왜 멀쩡히 다른 직장에 다니던 사람들이 삼성 입사시험에 몰려드는 것일까? 그 이유도 프리미어리그와 다를 것이 없다. 어떤 직장에 다니느냐에 따라 인생이 달라지고 신분이 결정되기 때문이다. 신분이라니, 너무 과한 표현 아니냐고? 정보화 사회의 초입에서 'digital devide 정보 격차'라는 개념이 소개되었을 때 많은 이들이 어리둥절했다. 정보 격차라니? 정보에 따라 계층이 나뉜다니? 그러나 얼마 안 가 정보가 곧 실리이자 권력이 되는 현실, 정보 불평등 문제가 심각한 사회 문제로 대두된 현실 앞에서 다들 고개를 끄덕일 수밖에 없었다. 'English devide'라는 말도 있다. 영어 실력에 따라 신분이 결정될 정도로 영어가 중요한 변수가 된다는 뜻이다. 대한민국에서 이 현실을 부정할 사람은 거의 없다.

그런데 지금의 직장 사회를 보건대, 우리 사회에 신분을 가르는 또 하나의 기준이 생겨난 것 같다. 바로 직장이다. 'job devide office devide or career devide'라고 해야 할까. 대학 졸업 뒤 어느 직장에 들어가느냐, 또 이후 어떤 직장으로 옮겨 다니느냐에 따라 인생이 완전히 달라지기 때문이다.

동아일보가 2008년 직장인의 경력별 연봉 차이를 조사해보니, 300명

이상 규모의 대기업과 300명 미만 중소기업의 경력 1년차 연봉은 평균 1천만 원 이상 차이가 났다. 뿐만 아니라 경력이 올라감에 따라 이 연봉 차이는 점점 더 심해지는 양상을 보였다. 다른 조사에서는 대졸 신입사원의 연봉이 기업과 업종에 따라 최대 2천만 원까지 벌어진다고 전한다. 연봉뿐 아니라 복리후생, 근무 여건 등의 커다란 차이를 감안하고 자기계발의 기회까지 고려한다면 사실상 직장에 따라 신분 격차가 발생하는 셈이다. 퇴직금, 퇴직 후의 이직 가능성까지 생각하면? 말 그대로 직장이 곧 그 사람의 인생이다.

자리가 사람을 만든다는 말처럼 직장이 사람을 만든다. 그러니 대학 졸업생들은 재수를 하고 삼수를 해서라도 대기업, 공기업, 외국계 기업, 금융 기업에 들어가려고 한다. 첫 직장이 별 볼일 없는 곳이라면 다음 직장은 최대한 브랜드가 좋은 곳으로 가기 위해 애를 쓴다. 그래야 '인생이 핀다'는 것을 스스로 잘 알고 있기 때문이다.

회사를 떠나는 순간 내 브랜드는 폭락한다

어쨌든 좋다. 확실히 직장에 따라 인생이 달라진다. 그래서 다들 좋은 직장에 다니기 위해 애를 쓴다. 그런데 문제는 이렇게 직장이 결정하는 부분이 커지다 보니 간혹 착각이 생기기도 한다. 대표적인 것이 자신의 능력에 대한 과신이다. 무슨 말인가? 대기업이나 공기업, 외국계 기업 등 연봉이 높은 직장에 다니는 직장인들은 자신이 받는 연봉이 바로 자기 자신의 가치에 대한 대가라고 생각하게 된다. 이 때문에 지금의 직장을 떠나서 다른 곳으로 가도 당연히 비슷한 수준의 연봉을 받을 수 있을 것이라고 여긴다. 대단한 착각이다. 그들은 자신이 받는 평가가 대부분 자기 브랜드가 아닌 직장 브랜드에 따른 것이라는 점을 놓치고 있다.

많은 사람들이 이런저런 이유로 순식간에 사표를 던지고 직장을 뛰쳐나온다. 이직을 결심한 뒤 오랜 시간 동안 차근히 준비하던 사람도 어느 날 아침 갑자기 회사를 그만두는 경우가 허다하다. 지금 자신을 괴롭히는 문제들에서 훌쩍 자유로워지고 싶은 유혹이 그렇게 만든다. 그러나 마지막 순간까지 잊지 말아야 한다. 직장을 떠나면 자신의 브랜드는 절반 이하로 뚝 떨어지고 만다는 사실을.

사람들은 조직에 속해 있을 때는 조직의 중요성을 잘 모르고 지내기 마련이다. 자신의 가치가 대부분 조직의 가치를 기반으로 하고 있고 자기 브랜드의 절반 이상이 회사 것이라는 사실을 모른다. 그래서 조직을 나온 뒤에도 상당 기간 동안 자신의 가치와 브랜드가 전보다 형편없이 떨어져 있음을 알아채지 못한다. 여유롭게 새 직장을 구하기 위해 슬슬 움직이다간 사람들이 자신의 가치를 형편없이 낮게 보고 있음을 깨닫고는 당황하게 된다. '사람을 몰라봐도 정도가 있지' 이렇게 어이없어 하지만 현실은 냉정하다. 이들은 몇 번씩 낙방의 설움을 맛본 다음에야 눈높이를 반강제로 낮추게 된다.

좋은 직장에 다니던 여성들이 가사와 출산·육아 때문에 쉬다가 직장에 복귀하려 할 때 흔히 부딪히는 문제도 바로 이 점이다. 본인은 예전에 직장생활하던 때만 생각하며 어디서라도 자신을 환영할 거라 생각하지만 정작 시장에서는 쉽게 그녀를 받아주지 않는다. 이미 본인이 지녔던 직장 브랜드의 약발은 예전에 끝나버렸기 때문이다. 역시 눈높이를 한참 낮춘 뒤에야 겨우 새 직장을 얻을 수 있다.

조직에 속해 있을 때 개인은 조직의 일원으로서 대접받고 평가를 받는다. 그러나 조직을 떠나는 순간 평가는 순전히 개인에 집중되게 되어 있다. 조직의 후광은 금세 희미해져간다. 현업에 있지 않은 사람들이 채용에서 탈락하기 쉽고 현업에서 떠나 있던 기간이 길수록 취업이 더 어려워지는 이유도 바로 이것이다. 따라서 이직을 하려 한다면 절대로 성급히 행동해선 안 된다. 아무리 화가 나고 자존심이 상하는 일이 있어도 참아야 한다. 조직의 후광을 업고 이직해야겠다는 입장을 뚜렷이 세워야 한다.

취업 재수생을 막은 삼성은 워낙 한국 대표 기업이라는 브랜드가 강고하다 보니 이런 자신감 넘치는 조치도 아무렇지 않게 취할 수 있는 것이리라. 그런데 이 삼성이 인력 운용 면에서 가장 골치 아파하는 문제가 이직률이니 참 아이러니다. 왜 그럴까? 삼성은 근무강도가 세고 내부 경쟁이 치열하기로 유명하다. 적당히 일하며 적당히 여유롭게 살고 싶어 하는 직장인들에게라면 이런 회사는 수명을 재촉하는 곳이나 다름없다. 이 때문에 오래 다니기는 싫다.

하지만 삼성의 브랜드는 최고다. 삼성에 다녔다고 하면 어디서든 웬만큼 인정해주기 때문에 그 브랜드를 자기 것으로 가질 수 있을 정도로는 근무를 하는 것이 좋을 것 같다. 게다가 사회 초년생 교육을 잘하기로 삼성만 한 곳은 없다. 결국 3년 정도, 열심히 구르고 뛰며 배울 것을 웬만큼 배운 뒤 이 브랜드를 등에 업고 다른 곳으로 옮기는 이들이 와르르 쏟아져 나오게 된다. 기업 입장에서는 큰 고민거리겠지만 이런 사람들은 경력 관리에서 직장 브랜드가 왜 중요한지, 어떻게 활용해야 하는지를 재빨리 터득한 이들이다.

직장인의 가치는 대부분 직장이 결정한다. 따라서 가능하면 인지도가 높은 기업, 선발 기업에서 근무하라. 유능한 임원과 탁월한 사장이 있는 곳에서 일하며 그들로부터 배우고 네트워크를 형성하라. 직장의 브랜드를 자기 브랜드로 만들어야 한다. 옮기려거든 자기 브랜드를 충분히 키운 뒤 직장의 브랜드를 자기 것으로 소화한 뒤 그 후광을 업고 옮겨라. 직장이란 원래 나오기는 쉬워도 들어가기는 늘 어려운 법이다. 아무리 뛰어난 사람이라도 단독 브랜드로는 한계가 있다는 점을 잊지 마라.

연봉보다 브랜드를 먼저 챙겨라

좋은 학력과 금융 분야의 화려한 경력을 가지고 있는 L씨. 나와 안면이 있던 그는 직장 선택의 기로에서 고민하다가 나를 찾아왔다. 그가 선택할 수 있는 길은 두 가지였다. 하나는 대형 금융 회사의 계약직 임원, 또 하나는 작은 교육 회사의 부사장 자리. L씨는 전자는 계약직이라는 점이 걸린다고 했다. 물론 직급도 낮았다. 반면 후자는 직급도 높고 상당한 전권을 부여하는 조건이었다. 연봉도 꽤 훌륭한 수준이었다.

그가 어떻게 하면 좋겠냐고 물었을 때 나는 별로 망설이지 않고 전자를 권했다. "계약직이지만 그곳에서 2년 정도 임원으로 일하면 당신의 브랜드가 전보다 훨씬 커질 것이다. 다시 계약을 연장할 가능성도 있다. 설령 그렇지 않더라도 그 브랜드를 가지고 충분히 좋은 곳으로 옮길 수 있다"고 설명했다. 그러나 갈팡질팡하던 L씨는 결국 후자를 택했다.

그 뒤 유감스럽게도 내가 걱정했던 문제가 터졌다. 교육 분야의 경력이 없던 그는 부사장 직을 수행하면서 오너와 많은 갈등을 일으켰고 급기야 2년도 안 되어 회사를 나와야 했다. 더 큰 문제는 갈 곳이 없어졌다는 점이다. 워낙 막다른 골목에 있는 회사여서 퇴로가 없었다. 금융권에서 그의 브랜드는 이미 망가졌고 다른 교육 회사로 가기에는 그의 경력이 너무나 짧았다.

직장을 어떻게 선택할 것인가를 두고 고민하는 이들이 많다. 여러 조건들을 비교하고 분석하며 조금이라도 나은 직장으로 가기 위해 노력한다. 그런데 그 '나은 직장'이 구체적으로 무엇을 뜻하는지에 대해서는 잘 모르는 듯하다. 그저 '연봉과 처우가 괜찮으면 되는 것 아닌가'라고만 어렴풋이 생각하는 사람들이 대부분이다. 더 나은 직장이란 어떤 곳일까? 정말 연봉을 더 많이 주고 근무 조건이 더 좋으면 그만일까?

한 사람의 경력은 졸업한 학교와 거쳐온 직장과 직무를 연결하면 그려진다. 그리고 이 경력이 바로 그의 브랜드를 규정한다. 직장에 따라 형성되는 브랜드는 개인이 아무리 노력한다고 해도 쉽게 바꾸지 못한다. 자칫해서 폭삭 주저앉기는 쉽지만 끌어올리기는 참 어렵다. 이직이나 전직에서 브랜드 관리가 1순위 고려 대상이 되어야 하는 까닭이 바로 이 때문이다. 실력이 똑같은 두 사람 중에 한 사람은 선발 회사, 큰 회사, 유명한 회사로만 옮겨 다녔고 또 한 사람은 작고 쓰러져가는 회사, 곧 망할 회사만 옮겨 다녔다고 하자. 누가 성공할지는 물을 필요도 없는 일이다. 설사 선발 회사에 다닌 사람이 실력이 더 모자라다 할지라도 결과는 마찬가지일 것이다. 결국 그들을 가르는 기준은 브랜드, 직장 브랜드다.

지금의 직장이 자신의 브랜드를 키울 수 없는 곳이라면 신중하게 이직을 검토해봐야 한다. 당연히 브랜드를 끌어올릴 수 있는 곳으로 갈 방법을 찾아봐야 한다. 반대로 자기 브랜드가 커질 수 있는 직장에서 일하고 있다면 다소 불편하고 힘든 점이 있더라도 일정 기간 동안 참고 견딜 필요가 있다. 오래 다닐수록 브랜드가 커지는 직장, 그것이 좋은 직장이다. 반대로 오래 다닐수록 브랜드가 떨어지는 직장이라면 아무리 연봉을 많이 준다고 해도 빨리 떠나야 한다.

대개의 기업이 연봉과 브랜드를 비슷한 수준에 맞추는 편이다. 하지만 연봉과 브랜드가 무관한 곳도 있다. 간혹 회사의 규모나 업계에서의 인지도에 비해 연봉을 지나치게 많이 주는 회사들도 있다. 그런 곳이라면 들어가기 전에 잘 살펴보아야 한다. 왜? 대체로 그런 곳이 브랜드가 약한 점을 연봉으로 보강하려 하기 때문이다. 연봉이라도 많이 주지 않으면 유능한 인재를 끌어모을 방법이 없기 때문에 물량공세를 퍼붓는 것이다. 그런 회사에 잘못 발을 들였다간 잘 쌓아온 브랜드가 한꺼번에 주저앉을 수가 있다.

하지만 브랜드가 높은 곳이라면 채용이나 유지비용을 많이 들이지 않아도 인재 유치에 큰 문제를 겪지 않는다. 분야에 따라 대기업이라고 해도 연봉이 그다지 높지 않은 경우가 있다. 어떤 분야는 대기업일수록 연봉이 낮고 중소기업일수록 높은 경우도 있다.

자, 헷갈리지 말자. 연봉은 연봉이고 브랜드는 브랜드다. 둘을 어영부영 섞어서 생각하다 보면 현명한 선택을 할 수가 없다. 둘 사이에 하나를 선택해야 한다면? 일단 브랜드를 먼저 챙겨라. 이곳에서 일하면 내 브랜드가 쑥쑥 성장할 것인가, 아니면 브랜드 가치가 정체되거나 떨어질 것인가, 내 브랜드의 일관성과 전문성이 지켜질 것인가, 또는 성공적으로 브랜드의 질적 전환이 가능할 것인가를 잘 판단해보라. 그 결과 브랜드를 확실히 챙길 수 있는 곳이라면 얼마간의 연봉과 복리후생쯤 양보해도 된다. 이는 나중에 얼마든지 얻을 수 있는 것들이다.

실무급에서는 브랜드보다 능력이 중요해 보일 수 있다. 그러나 간부가 되면 능력보다는 브랜드가 무조건 우선이다. 실무 능력은 테스트하기도 어렵거니와 해본다 한들 수준 차이가 크지 않다. 하지만 브랜드는 금방 알 수 있다. 상무가 되기 위해서는 상무급 브랜드를 갖추고 있어야 하고, 사장이 되려면 그에 손색없는 브랜드를 갖추고 있어야 한다.

CEO 주가니 CEO 브랜드니 하는 말들이 괜히 있는 것이 아니다. 비즈니스에서 브랜드는 자금이나 기술 못지않은 자산이다. 자기 사업을 해도 자기 브랜드만큼 사업을 일구고 키울 수 있는 것이다. 그러니 브랜드부터 챙겨라. 소탐대실. 지금 눈앞에 보이는 작은 이익이 아까워 버리지 못하고 브랜드에 소홀해서는 정작 나중에 누릴 더 큰 보상을 놓치게 된다.

내 브랜드를 키울 수 있는 회사를 택하라

"No Jerk(얼간이는 사절합니다)."

미국의 IT 컨설팅 기업인 아키비아는 직원들을 뽑을 때 이런 캐치프레이즈를 내건다. 회사의 성격상 두뇌 회전이 늦고 사고력이 부족한 사람은 아예 지원하지 말라는 뜻이다. 이것이 바로 아키비아의 직장 브랜드인 셈이다. 세계 1위 소프트웨어 업체인 MS사는 '똑똑한 일벌레들이 모인 두뇌 집단'을 직장 브랜드로 내세운다. 그리고 이러한 브랜드 이미지를 구축하기 위해 '똑똑한 인재를 뽑아 도전적인 역할을 부여해 똑똑한 관리자로 육성한다'는 3G^{Great Hire & Rehire, Great Job, Great Manager & Leader} 모델을 운영하고 있다. 기업들이 우수 인재를 확보하기 위해 직장 브랜드 이미지 구축에 적극적으로 나서고 있는 것이다.

최근 관심을 불러일으키는 '고용 브랜드' 역시 우수 인재 유치를 위한 기업들의 노력에서 비롯된 개념이다. "왜 우리 회사에 다녀야 하는가?" 이 질문에 대해 P&G는 이렇게 답한다.

"우리 회사는 경력 개발을 통해 개인의 시장 가치를 높일 수 있는 회사다."

GE의 제프리 이멜트 회장, 3M의 제임스 맥너니 회장 등 세계적 명성을 떨치고 있는 CEO들이 P&G 출신임을 떠올리면 그들의 답은 상당히 설득력 있는 대답이다. 왜 우리 회사를 다녀야 하는가에 대한 매력적인 대답, 경쟁사와 차별적인 대답, 이것은 대외적인 직장 이미지로 이어진다. 이것이 바로 고용 브랜드다. 우수 인재 확보 및 유지가 기업 경쟁력의 핵심적인 요소로 부각되면서 직장 이미지의 브랜딩이 기업의 제품 브랜딩만큼이나 중요해지고 있다. 이는 바야흐로 세계적인 추세다.

한국이라고 이 흐름에서 빠질 수는 없다. 우리 기업들 사이에서도 고용 브랜드에 대한 관심이 높아지면서 우수 인재를 확보 · 유지하기 위한 인재 마케팅 관점이 급속히 퍼지고 있다. LG전자는 '강한 회사, 강한 인재Great Company, Great People' 라는 직장 브랜드를 설정하고 그에 걸맞은 성장 기회 제공, 성과에 대한 보상, 승부 근성에 대한 장려 등을 회사 운영 방침으로 정했다.

"우수 인재를 효율적으로 확보하고 관리하기 위해선 직장 브랜드와 직장 이미지 확립이 선행돼야 한다."

LG전자 김영기 부사장의 말이다.

누구는 해병대 출신이고, 누구는 육군 장교, 누구는 방위병 출신이라고 하면 사람들은 금방 그들의 이미지를 떠올리고는 어떠니 저떠니 평하게 된다. 마찬가지다. 어떤 사람이 한전 출신이고, 어떤 사람이 공무원 출신이고, 어떤 사람이 마이크로소프트 출신이라면 역시 그들은 제각각 다른 이미지와 평가를 받게 된다. 어느 회사 출신들은 어떻다는 이야기를 누구나 한두 번쯤 들어보았을 것이다.

대우가 망한 뒤 그곳 출신들은 브랜드에 큰 손상을 입었다. 사람들은 '대우 출신' 이라고 하면 대우가 잘나가던 예전만큼 유능한 인재로 인정하지 않는 것 같다. '삼성 출신' 이라고 하면 어느 시절에 어느 계열사에서 근무했든 지금의 잘나가는 삼성 브랜드의 득을 보게 된다. '현대 출신' 이라면 추진력이 강하고 건설업계 문화에 익숙한 사람들로 여겨진다. 'LG 출신'이라면 합리적이고 순박하며 잘 뭉친다는 인상이 강하다.

그 회사를 다녔다고 해서 모든 사람들이 똑같이 이런 특징을 지녔을리 만무하다. 그런데도 자기도 모르는 새 이런 기업 이미지는 자기 브랜드 속에 녹아들게 된다. 좋든 싫든 그 이력이 자신의 꼬리표로 평생 따라붙게 된다.

기업들이 고용 브랜드, HR 브랜드 홍보를 강화하고 차별화에 치중하면서 각 기업의 특징은 앞으로 더욱 부각될 것이다. 직장 브랜드의 파워는 더 강해질 것이다. 직장 브랜드를 외면하고는 개인의 브랜드를 설명하기조차 어려워질 것이다.

최근 임원 감축 한파를 타고 은행권에서도 다시 명예퇴직 신청을 받고 있다. 그런데 그 대가로 주어지는 보상이 IMF 때와는 비교할 수 없이 커진 것을 알 수 있다. 3년치 월급에, 명퇴로 인해 실업급여를 주고, 7년간 자녀의 학자금을 지급하고, 때로 자사 주식을 주기도 한다. 이리저리 합하면 나오면서 받을 수 있는 금액이 몇 억 원에 이른다. 그런데도 다들 버티며 한사코 직장에 매달려 있으려 하는 이유, 바로 직장 브랜드를 놓칠 수 없기 때문이다. 경제가 어려워지니 더욱 강력히 발동하는 직장 브랜드의 힘을 직장인들도 본능적으로 알아차리고 있기 때문이다.

이제, 당신이 거쳐온 직장과 직무를 한번 연결해보라. 당신이 주니어가 아니라면 지금껏 직장을 통해 쌓아온 브랜드가 어느 정도인지는 금방 눈에 보일 것이다. 현재의 브랜드로 할 수 있는 일, 올라갈 수 있는 자리, 옮길 수 있는 직장도 대략 파악될 것이다.

만약 자기 브랜드가 약해서 앞날이 밝지 않다면 브랜드부터 보강하라. 따져보니 브랜드가 위태한 지경이라면? 다른 모든 것을 포기하고 브랜드가 큰 곳으로 옮길 수 있는 전략을 짜야 한다. 연봉이 반쪽 나도 좋다. 아니, 사실은 무보수라도 좋다. 브랜드를 회복하고 키울 수 있는 곳을 찾아가라. 보수는 나중에 저절로 따라오기 때문에 너무 조급하게 생각할 것 없다.

만약 조직 내의 브랜드가 약하다고 판단된다면? 당연히 브랜드를 키울 수 있는 부서로 가기 위해 노력해야 한다. 직장 내에서 임원들이 걸어온 길을 눈여겨보라. 그들이 어떤 보직을 어떻게 거쳐왔는지, 영업을 거치고 구매를 거쳤는지, 비서실을 거치고 해외지사를 거쳤는지 일일이 확인해보라.

CEO를 꿈꾸고 싶은가? 당신이 이상적으로 생각하는 CEO의 커리어를 분석하라. 그가 어떤 직장들을 거치며 어떤 교육을 받았고, 어떤 보직을 거쳐 어떻게 성장했는지. 그리고 꾸준히 노력하라. 잠시 힘들다고, 근무 여건이나 연봉이 성에 차지 않는다고 경솔하게 굴지 마라. 돈으로는 사고 싶어도 살 수 없는 귀중한 자산인 직장 브랜드의 가치를 먼저 생각할 때다.

회사는 '아줌마'를
원하지 않는다

기회가 있을 때마다 그 재능을 충분히 이용하라. 수전노처럼 재능을 아끼거나 창고에 쌓아
두지 마라. 재산을 바닥내고 싶어 안달하는 백만장자처럼 당신의 재능을 물 쓰듯이 펑펑 사
용하라.
                                                                        ─레닌

우리 사회에서 아직도 남성과 여
성의 채용 비율이 큰 차이가 난다는 사실을 모르는 이는 없을 것이다.
누구도 이 문제가 기본적인 능력 차이 때문이라고 생각하지 않을 것이
다. 이 문제는 능력으로 접근할 수 있는 것이 아니다. 솔직히 말하면 나
는 일반적으로 남성보다 여성의 능력이 더 뛰어나다고 생각하는 편이
다. 그래서 나는 같은 조건이면 여성을 채용한다. 우리 회사에는 남성 직
원보다 여성 직원이 더 많다. 평균적으로 여성 인력이 60%를 웃도는 선
이다.

내가 이렇게 하는 데는 이유가 있다. 현재 우리 사회가 처한 상황을
놓고 보면 같은 채용 조건이면 여성을 고용하는 것이 회사로서 유리하

다는 판단 때문이다. 쉽게 말해 같은 연봉을 주고 고용할 수 있는 인재의 수준이 남성보다 여성이 높다는 뜻이다. 물론 헤드헌팅 업체의 특성상 여성이 유리한 측면도 없지 않다. 고객 관리나 커뮤니케이션 능력 면에서 여성이 장점을 발휘할 가능성이 크기 때문이다. 그렇다고 해서 헤드헌팅이 여성의 직업인가 하고 물으면 "그렇다"고 말할 수는 없다. 총체적인 관점으로 바라볼 때 남녀 중에 누가 더 잘한다고 말하기 어렵다.

내가 말하고 싶은 것은 현재의 채용시장 상황을 감안할 때 동일 조건 하의 인력 중에서 상대적으로 능력이 높은 것은 여성이기 때문에 나는 여성을 많이 채용한다는 것이다.

왜 '같은 값이면 남성'일까?

자, 이 이야기를 반대로 해석해보자. 같은 조건 아래 일할 수 있는 열 명의 인재가 있다. 나는 그중 여성들에게서 훨씬 더 많은 가능성을 본다. 왜 그럴까? 일단 남성보다 여성의 수가 많다. 열에 셋이 남성이라면 일곱이 여성이다. 더욱 중요한 점은 세 명의 남성보다 일곱 명의 여성이 더 뛰어난 인재들이라는 사실이다.

그렇다면 다른 남성들은 다 어디로 간 걸까? 다른 기업들에서 일하고 있다. 일반 기업들은 같은 조건이면 남성을 뽑고 있다는 뜻이다. 그러니 상대적으로 여성들의 취업 확률이 떨어지고 남성에 비해 유능한 여성 인재들이 인력시장에 풍부한 상황이 조성되는 것이다. 그래서 나는 우리 회사에서 여성을 많이 채용하기도 하지만 일반 기업의 인사 담당자들을 대상으로 교육을 할 때도 같은 조건이면 여성을 선택하는 것이 훨씬 더 유능한 인재를 확보할 가능성을 높이는 길이라고 강조한다.

그럼 기업은 왜 같은 값이면 남성을 뽑으려 할까? 기본적으로 여성이 조직에, 직무에, 그리고 현재의 업무에 몰입하지 않는 경향이 있기 때문이다. 책임감이 덜하고 목표의식이 부족하기 때문이다. 조직의 능률을 떨어뜨리고 생산성의 발목을 잡기 때문이다. 이 대목에서 글을 읽는 여성들은 기분이 상할지도 모른다.

"이건 부당하다! 여성이라고 일에 몰입하고 싶지 않은 줄 아는가? 그 이유를 정말 모른다는 말인가?"

아마 이렇게 항변하고 싶기도 할 것이다.

물론 나 역시 모르는 게 아니다. 가사와 육아라는 굴레가 여성들을 얼마나 극심하게 옥죄고 있는지, 유무형의 압력과 차별에 시달리는 여성들이 처한 위치가 얼마나 복잡미묘한지, 슈퍼우먼만이 생존할 수 있는 이 사회가 여성들에게 얼마나 부당한지를 외면하고자 하는 것도 아니다.

하지만 분명히 말하건대 여성이 남성에 비해 일에 몰입하고 책임감을 갖는 모습이 덜한 것 또한 객관적인 현실이다. 우리 직장 사회에서 여성이 더 성장하려면, 기업들이 같은 값이면 남성을 뽑지 않도록 하려면, 일단 문제를 문제대로 선명하게 지적해야 한다. 그래야 달라질 수 있다. 사회가 먼저 바뀌어야 한다고 말할 수 있겠지만 그렇게 생각한다면 사회가 바뀔 때까지 기다려야 한다. 채용에서 차별을 받든, 조직 내 승진과 발탁에서 이유 없는 좌절을 겪든 '사회가 아직 이 모양이니' 하고 마냥 기다려야 한다.

하지만 나는 여성들이 이렇게 수동적인 존재라고 생각하지 않는다. 그래서 여성들이 처한 어려운 처지를 이해는 할지언정 현실에서 보이는 여성들의 모습에 동의하고 인정할 수는 없는 것이다.

기업은 본질적으로 수익을 추구하는 이익집단이다. 기업의 사회적 책임이 중요하다고 목소리를 높이는 사람들이 있지만 사회적 책임도 어디까지나 수익 위에서만 가능한 논리다. 수익을 내지 못하면 기업은 존재 이유가 없다. 아니, 존재할 수도 없다. 기업의 과제는 고용을 창출하고 이익을 내서 주주에게 배당하고 세금을 내서 국가 재정을 풍족하게 하는 것이다. 그런 점에서 기업의 사회활동은 기업의 본질적인 의무라고 볼 수 없다. 그렇다면 기업은 동일 비용을 들여 수익 창출이 높은 쪽으로 조직과 인력을 운용하는 것이 당연하다. 그러니 여성 인력 고용이 문제가 되는 것이다.

만약 여성을 약자로 바라본다면 문제는 간단해진다. 여성이 장애인이나 노약자처럼 약자라면 굳이 이런 이야기를 길게 할 까닭도 없다. 그러나 나는 여성을 약자로 바라보지 않는다. 남성과 동등한 위치에 놓인 직장인으로 평가한다. 그리고 아마 이 글을 읽는 여성 독자들도 나와 같은 생각일 것이라고 믿는다. 왜냐하면 이 글의 독자들은 직장에서 당당히 자신의 능력과 열정으로 승부를 보고 싶어하는 여성들일 것이기에.

회사가 원하는 사람은
성과를 내고 책임을 지는 사람이다

나는 여직원들이 결혼 때문에, 출산 때문에, 육아 때문에, 가사 일 때문에 직장을 그만둔다고 할 때마다 가슴이 답답하다. 아니, 속이 터질 지경이다. 어떻게 공을 들이고 훈련을 시킨 직원인데 그렇게 훌쩍 떠나고 마는가? 오래도록 함께 일하며 일의 고락을 나누고 싶다고 생각한 여직원이 그렇게 떠날 때면 그 착잡한 심정은 이루 말할 수 없을 정도다. 이런 일을 겪을 때마다 앞으로는 여성을 뽑을 때 더 신중해야겠다고 생각하게 된다. 조직에 대한 책임, 업무 완성도에 대한 욕심, 미래에 대한 열정이 있다면 그렇게 쉽게 일을 포기하지는 않을 텐데……

능력 면에서나, 학력 면에서나, 또 미래의 가능성을 보아도 남성들에게 빠지지 않는 여성들. 그들은 직책과 직무에 대해 관심을 갖고 야망을 보일 법도 한데 어쩐 일인지 결혼을 하거나 아이가 생기면 순식간에 작아지고 좁아지는 것처럼 보인다. 그 모습을 단지 '모성은 불가사의하다'는 식으로 신비화시킬 수만은 없다. 여성이 육아와 가사를 모두 책임져야 하는 한국적 현실만 탓할 수도 없다.

나와 안면이 있는 한 교사는 동료 여교사들에 대해 이렇게 성토한 적이 있다.

"솔직히 나는 여교사들을 싫어해요. 아침에는 늦게 나오고, 쉬는 시간에는 뜨개질이나 하다 수업이 끝나면 쏜살같이 집으로 향하고, 업무는 미꾸라지처럼 빠져나가고……. 당연히 수업 외 업무들은 남자 교사들에게 집중되지요. 교직에 여성들이 많다 보니 이런 현상이 당연한 것처럼 여겨지는 것 같아 답답할 때가 많아요."

분명한 것은 남성이든 여성이든 직장에서 성공하고 싶다면 성과를 내고 책임을 져야 한다는 점이다. 성과도 없이 책임도 지지 않으면서 승진하고 보상을 많이 받을 수는 없는 일이다. 같은 월급을 받으며 야근도 하고 주말 근무도 하는 남자 직원들로서는 시댁 제사 때문에, 아이들 학교 문제 때문에, 집수리 때문에 지각과 조퇴와 결근을 너무도 쉽게 하는 여성들이 달가울 리 없다. 그들의 업무까지 대신해야 하는 상황이라면 짜증이 나기 십상이다. 어느 때는 동등한 대우를 요구하고 어느 때는 약자에 대한 배려를 요구하는 이중적인 여성의 모습에 "여자 동료가 싫다"는 말이 나오는 것도 무리가 아니다.

오해는 하지 마시라. 모든 여성이 그렇다는 말은 물론 아니다. 남성과 동등하게 책임과 의무를 다하거나 편견을 깨뜨리기 위해 남성보다 더 열심히 뛰는 여성들도 많다. 우리 회사 경영진에도 두 명의 여성 임원이 있는데 그들은 정말 열심히 일하고 직무에 몰입한다. 어떤 때는 가족을 내팽개친 일 중독자처럼 보일 만큼 헌신적이다. 늘 미안하고 고맙다. 그러나 내가 아쉬운 것은 이런 여성들이 아직도 소수에 그친다는 점이다.

가족을 내팽개치라는 말은 아니지만 적어도 직장에서 남성 동료들에게 의존하지 않는 여성들이 더 많아져야 한다. 지구의 반인 여성들이 좀 더 적극적으로 사회에 참여하고 직장에서 중요한 역할을 맡아야 한다. 여성 CEO도 많이 나오고 여성 임원들이 핵심 보직을 맡아야 한다. 여성에 대한 편견이 만들어놓은 유리 천장과 유리벽을 깨고 여성 임원들의 수가 지금보다 몇 배, 아니 몇 십 배는 늘어나야 한다. 그러기 위해서는?

먼저 여성들이 자신의 목표를 높여야 한다. 또 직장 안에서 남성들과 똑같이 책임과 의무를 나눠 지려는 모습을 보여줘야 한다. 그래야 여성들도 성장하고 한국 기업도 성숙할 수 있다. 그래야 한국 사회도 발전할 수 있다.

물론 고통스러울 것이다. 체력적으로 약한 여성이 출산과 육아, 그에 더해 가사 일까지 책임지는 상황에서 남성과 똑같이 일한다는 것이 정말 쉽지 않을 것이다. 그러나 나는 내 주변의 여성들을 보면서 희망을 느낀다. 우리 회사에서 일하는 한 여성 컨설턴트는 슬하에 쌍둥이 자녀를 두고 있다. 그녀는 직장에 다니기 위해 평일에는 쌍둥이 한 명을 시댁에, 다른 한 명은 친정에 맡긴다.

또 다른 여성 컨설턴트는 두 자녀 중 작은아이는 시골의 부모님 댁에 맡기고, 큰아이는 자신이 직접 키운다. 그녀는 주말에 시골 부모님 댁에 가서 아이를 만난 뒤 월요일 아침에 아이를 두고 나올 때마다 눈물을 펑펑 쏟는다. 아이들을 뿔뿔이 떼어놓고 일해야 하는 엄마의 심정을 당사자 말고 누가 헤아릴 수 있을까.

그러나 그들은 어려움을 극복한 만큼 회사에서 많은 성과를 내며 누구보다 유능한 컨설턴트로 자리 잡고 있다. 그들에게는 오늘의 고통에 상응하는 미래가 기다리고 있을 것이다. 나는 이런 여성들이 간부가 되고 우리 회사의 CEO가 되기를 바란다.

그러기 위해서는 남성들도 뒷짐 지고 있어선 안 된다. 기실 따지고 보면 직장 내에서 여성들이 취하는 권리와 책임에 대한 이중적 태도는 남성들의 이중적 태도와 큰 관련이 있다. 대부분의 남성들은 직장에서 동료 여직원이 책임과 의무를 지지 않는다고 불만을 갖는다. 그러나 직장 생활을 하는 자기 부인은 무조건 집에 일찍 들어와서 육아나 가사를 맡아주기를 기대한다.

이렇게 그의 부인이 정시퇴근해 남는 업무는 그녀의 남성 동료들이 떠맡게 되어 있다. 어쩌면 남성들은 동료 여직원이 아니라 자기 부인 대신 야근을 하고 있는 셈인지도 모른다. 게다가 집안에 환자가 생기면, 또는 그 밖의 큰 문제가 생기면 남성들은 쉽게 부인에게 직장을 그만둘 것을 요구한다. 하지만 함께 일하던 여직원이 집안 사정으로 회사를 그만두는 모습을 보면 뒤에서 혀를 차곤 한다.

이제는 남성들도 달라지자. 쉽게 변화하지 못 하는 남성들을 여성들이 계도하자. 남성과 여성이 가사와 육아를 최대한 나누어 맡을 수 있는 문화를 가정 내에서, 직장 내에서 만들어가자.

앞에서 언급했듯 내 아내는 교사로 일하고 있다. 아침에 일찍 일어나 식구들 식사를 챙기고 대학교와 초등학교에 다니는 아이 둘의 등교 준비까지 해준 뒤 출근하는 아내를 보면 늘 미안한 마음이 든다. 할 수 있는 한 가사 일을 나누려 애쓰지만 현실적으로는 마음만큼 되지 않는다. 큰딸이 고등학교를 다닐 때 어쩌다 보니 딸의 교복 다림질을 내가 맡게 되었다. 그런데 회식이라도 한 다음날이면 아침에 딸아이의 교복을 다려주는 일이 그렇게 고될 수가 없었다. 바쁜 와중에 와이셔츠를 직접

다려 입고 나오려면 숨이 턱까지 찼다.

옆에서 아침식사에 아이들 등교 준비를 다 끝내고 출근하는 아내가 더욱 대단해 보였다. 미국 연수 시절, 초등학교 2학년이던 큰아이를 혼자 데리고 있던 기간이 있었다. 겨우 3개월이었지만 참 많은 것을 느낀 기간이었다.

그런 점에서 나는 이 글을 쓰기가 쉽지만은 않다. 여성들이 겪고 있는 어려움을 조금은 안다고 생각하고 있기 때문이다. 그럼에도 나는 기업을 경영하는 사람의 입장에서, 또한 기업의 인재 유통 시스템 한가운데 자리한 사람으로서 여성들에게 강조하고 싶다.

회사는 봉사단체가 아니다. 동아리도 아니다. 회사의 업무는 취미생활이 아니다. 부업도 아니다. 에이, 설마 어떤 사람이 그렇게 생각하겠느냐고? 그게 그렇질 않으니 문제다. 당신은 아닐지도 모른다. 그러나 알고 보면 마음속 깊이 이렇게 여기는 여성들이 적잖이 존재하는 것이 현실이다. 아니, 적어도 남성 직장인들의 눈에는 그렇게 비치는 여성 동료들이 적지 않다.

남자 동료는 경쟁자이지 보호자가 아니다

나는 내 부모님이 그랬던 것처럼 아들과 딸을 구별 없이 동등하게 키운다. 내 딸이 여성이라는 이유만으로 남성과 경쟁해서 뒤지기를 절대로 원치 않기 때문이다. 나는 내 딸이 독립적인 존재로 당당하게 조직과 사회에 기여하기를 원한다. 여성이라는 점을 차별적으로 드러내는 존재가 되기를 바라지 않는다. 그래서 남성에게 뒤지지 않도록 교육 시키려고 신경 쓰고 있다.

나는 내 주변의 일하는 여성들에게도 똑같은 시선을 적용한다. 그리고 아마 많은 남자 직장인들이 나와 비슷한 생각을 할 것으로 여긴다. 즉 자신이 회사의 직원이듯 여직원도 똑같은 회사의 직원이라는 점을 가장 먼저 생각할 것이라는 뜻이다. 남자 직원에게 여자 직원은 배려해야 할, 챙기고 보호해야 할 약자가 아니다. 같이 일하며 어려움과 희망을 나누고 프로젝트의 성과를 공유할 동료다. 회사의 미래와 자신의 미래를 걸고 최선을 다해 달려야 할 선의의 경쟁자다.

산악회에서 선배들이 첫 산행에 나서는 후배들에게 강조하는 말이 있다.

"초보자를 위한 산이란 없다."

등산 초보자에게든 베테랑에게든 산은 그저 산일 뿐이다. 험준한 지형지물은 누구에게나 동등하며, 입산한 뒤에 벌어지는 기후 변화와 각종 변수도 사람을 가리지 않는다. 산은 사람의 의지로 바꿀 수 있는 것이 아니다. 나는 여성들이 직장을 산처럼 생각할 필요가 있다고 본다.

직장인들이 흔히 저지르는 실수는 대개 직장이 자신의 편의를 봐줄 것이라는 착각에서 비롯된다. 신입사원이라면 자신의 경험 부족이나 지식 부족을 익히 아는 선배들이 자신의 오류를 이해해줄 거라고 착각한다. 조금만 더 주의를 기울이고 시간과 노력을 투입하면 완성도가 훨씬 높아질 일도 이런 마음가짐으로는 제대로 될 리 없다. 모자라면 그만큼 더 열심히 채워야 하는 법인데, 모자라니 이해해주겠지 하고 거꾸로 늑장을 부리는 격이다.

여성들이 저지르는 실수도 이와 비슷하다. 여성들이 남성들과 똑같은 수준의 성과를 내려면 업무에 투입하는 시간과 업무량을 맞추는 수밖에 없다. 그런데 가사나 육아의 부담을 안고 있는 여성들에게는 현실적으로 쉽지 않은 일이다. 출근 시간이 늦어지고 퇴근 시간이 빨라지며 업무 시간에 집안일을 챙기는 일이 잦아진다. 이런 상태에서 조직의 기대치에 부응하는 성과를 내지 못하는 것은 어쩌면 당연하다.

그러나 조직은 여성의 가정생활을 위해 기대치를 낮추어주지 않는다. 그럼에도 적지 않은 여성들이 조직이 기대치를 낮추어주기를 기대한다. 여성이 처한 상황이 그러저러하니 조직의 남자 동료들과 상사들이 편의를 봐주리라고 착각한다. 그러나 그들은 여성이 처한 상황을 이해는 할 수 있을지언정 그 처신을 수용할 수는 없다. 그 때문에 생긴 업무 공백은 고스란히 다른 동료의 부담이 되고 조직의 성과에 부정적인 영향을 미치니 마냥 고개만 끄덕거리고 있을 수가 있겠는가?

간혹 더 수용되기 어려운 여성의 모습도 보게 된다. 특별히 자신의 어려운 사정을 피력하고 애써 강조하는 이들이다. "남편이 몸이 안 좋아 뒷바라지를 하느라 아무것도 못한다"거나 "까다로운 시어머니를 모시느라 힘들어 죽을 지경이다", "애 셋을 건사하려니 날마다 전쟁터에 산다"는 말을 수시로 한다. 직장 동료끼리 개인적인 이야기를 나누고 멤버십을 돈독히 하는 것이야 무슨 문제랴.

문제는 이들의 의도에 있다. 자기 신상이나 생활의 어려움을 쉬지 않고 늘어놓는 이 몇몇 여성들의 의도를 남성들도 금방 눈치 챈다. 그렇게 바쁘고 고단하니 출근이 늦고 업무시간에 외출을 하거나 보고서를 제때 못 내더라도 이해해달라는 뜻. 이건 아니다. 이런 모습은 정말 아니다.

거듭 강조하건대 산이 누구에게나 똑같은 산이듯 직장은 누구에게나 똑같은 직장이다. 신입사원을 위한 직장이 없듯 여성을 위한 직장도 없다. 직장은 결코 '나'를 위해 존재하는 곳이 아니라 성과와 이익을 위해 존재하는 곳이다. 업무는 업무고 개인 사정은 개인 사정이다. 이렇게 칼같이 잘라 생각하고 행동하기엔 현실이 여성들에게 참으로 힘겨울 것이라는 점 충분히 짐작된다. 억울할 것이다.

그러나 여성들이 그 억울한 심정과 구구절절한 사연을 계속 직장에 들이미는 한 기업도 계속해서 '같은 값이면 남성'을 외칠 것이다.

언제든 회사를 그만둘 수 있다는 생각을 버려라

세계적 가전회사인 일렉트로룩스. 이 회사가 직원을 채용할 때 가장 중요하게 보는 것은 다음 중 무엇일까? 창의력, 기술력, 외국어 능력, 커뮤니케이션 능력, 장기근속. 정답은 장기근속이다. 정답을 맞추지 못했다면 다음 문제를 풀어보라.

이 회사는 9만여 명의 임직원 가운데 1%가 약간 넘는 1000여 명을 핵심 인재로 관리하고 있다. 이 회사에서 핵심 인재를 선정하는 가장 중요한 기준은 앞의 보기 중 무엇일까? 역시 답은 장기근속이다.

아무리 유능해도 잠깐 머물다 갈 '철새'나 좋은 조건을 찾아다니는

'메뚜기'는 키우지 않겠다는 것이다. 장기근속이 이렇게 중요한 이유가 무엇인지는 이미 앞에서 충분히 설명했다. 기업에서 직원 한 사람이 떠날 경우 충원과 교육훈련비 등의 직접비, 기업 이미지 실추와 직원 사기 저하 등의 간접비, 그리고 업무 공백과 생산성 하락 등의 기회비용까지 합하면 직원 연봉의 몇 배, 아니 몇 십 배에 이르는 손실이 생긴다.

그런데 이 장기근속이라는 기준으로 볼 때 여성들은 확실히 더욱 불리한 입지에 놓여 있다. 그동안 육아 등의 문제로 회사를 그만두는 여성들을 숱하게 보아온 기업으로서는 채용에 있어서 여성 후보자에게 확신을 갖기 어렵다. 전보다는 줄어드는 추세지만 '결혼하기 때문에', '일하기 힘들어서' 회사를 떠나는 여성도 많다. 더러는 '여행을 가려고' 직장을 그만두는 여성들도 있다. 전자야 안타깝기는 해도 어쩔 수 없는 문제다. 하지만 후자는 같이 일했던 조직원들을 우울하게 만드는 경우다. 이런 일을 겪은 인사 담당자들은 '가족을 부양하기 위해서라도 직장을 그만두지 못하는' 남성들을 떠올리게 된다.

그러니 여성들은 우선 이미지부터 바꾸어야 한다. 기업에 확신을 주어야 한다. 여성들도 '오래 근무하면서 회사와 함께 성장할 것'이라는 신뢰를 만드는 일이 시급하다. 그래야 채용 가능성이 커지고 간부로 승진할 확률도 높아진다. 아무리 유능해도 곧 떠날 사람에게 중책을 맡길 바보 같은 회사가 어디 있겠는가? 대개의 여성 임원들은 기업의 장기근속과 관련된 우려를 없애는 데 성공한 사람들이다.

재취업의 경우도 마찬가지다. 아이를 맡길 데가 없어 부득이하게 직장을 그만둔 여성들의 경우 아이가 어느 정도 자란 뒤 재취업을 하려 하면 하나같이 곤란을 겪게 된다. 학력과 경력이 훌륭해도 공백 기간은 치명적 결함이 된다. 이 때문에 양육 문제가 해결이 됐음에도 현업에 복귀하지 못하고 전업주부로 눌러앉거나 자신의 전문성과 기존 경력을 살리지 못한 채 다른 분야로 돌아서는 경우가 허다하다.

기업이 재취업 여성에게 취업문을 잘 열어주지 않는 것은 업무 적응성과 집중도가 떨어질 것을 걱정하기 때문이다. 다른 분야에서 일했거나 자기 전문성을 높이기 위해 공부를 한 것이 아니라 완전히 손을 놓고 있던 사람이 그동안 달라진 기업 환경에 얼마나 잘 적응해서 성과를 낼 수 있을까? 다른 인재를 뽑을 수도 있는데 굳이 육아와 가사 부담에 시달리느라 업무에 집중하지 못할 것이 뻔한 사람을 채용할 필요가 있나? 기업은 이런 식의 편견을 가지고 있는 것이다.

그러나 전문직 여성의 재취업을 어렵게 만드는 데는 여성들 자신의 소극적 자세도 한몫을 한다. 많은 여성들이 한두 번 이력서를 내본 뒤 반응이 시원찮으면 쉽게 포기하는 모습을 보인다. 인터뷰 과정에서도 적극성과 자신감, 열정, 집중력을 보여주지 않는다. 만약 그녀가 당장 취업을 통해 온 식구들을 먹여살려야 할 가장이라면 사뭇 다른 태도를 보이지 않을까?

눈높이 또한 문제다. 몇 년간 쉬었다면 당연히 자신의 경쟁력이나 고용시장에서 평가받을 수 있는 가치는 떨어졌다고 봐야 한다. 자신이 생각하기에 적절한 몸값을 받는 것보다는 우선 현업에 복귀하는 것이 급선무다. 그러나 대다수의 전문직 여성들은 휴직 이전의 심정으로 회사를 선택하고, 이력서를 쓰고, 면접을 본다.

고등교육을 받고 충분히 능력이 있는데다 전문성까지 갖춘 여성들이 집에만 머무는 것은 분명 사회적으로도 낭비다. 이들을 직장으로 끌어내기 위해서는 물론 사회적 각성과 정책적 노력이 필요하다. 하지만 일차적으로는 여성들 자신이 적극적으로 활개를 치고 다녀야 한다. 쉽게 포기하지 말고 집요하게 물고 늘어져야 한다.

조금만 눈을 크게 뜨고 찾아보면 자신을 기다리는 일자리가 분명히 있을 것이다. 이력서를 고쳐 쓰고, 컨설턴트를 만나고, 면접관을 휘어잡으려는 노력을 더 해야 한다. 자신이 회사를 쉽게 떠날 사람이 아님을, 직장과 가정을 함부로 뒤섞는 사람이 아님을 확인시켜야 한다. 자신의 능력과 장점을 최대한 알려야 한다. 그리고 실제로도 그런 사람이 될 준비를 철저히 해야 한다.

"21세기는 여성의 감성과 꼼꼼함이 강점으로 작용하는 창의와 감성의 시대다. 우수한 여성 인력을 확보하고 양성하는 일은 배려 차원이 아니라 기업의 생존 차원에서 필요하다."

이 말은 삼성그룹 이건희 전 회장의 인재 등용에 관한 첫 번째 신념이라고 한다. 여성 고용 비율이 높기로 이름난 삼성SDS에는 여성 리더를 양성하는 '여성리더스클럽'이 활발히 운영되고 있다.

세상이 변하고 있다. 휴대전화 시장에 열풍을 일으켰던 '초콜릿 폰'을 탄생시킨 LG전자의 김진 상무도, 은나노 세탁기 개발의 일등공신인 삼성전자 양혜순 책임연구원도, 고기능성 수지 '스카이그린'을 개발한 SK케미컬의 홍윤희 부장도 모두 여성들이다. 요즘 대기업 인사 담당자들은 "실력만 본다면 여성이 신입사원의 절반 이상이 될 것"이라고 말한다.

꿈쩍 않는 것 같아도 세상은 빠른 속도로 달라지고 있다. 이제 그들이 정말 '실력만' 보고 여성을 채용할 수 있게 만들 차례다. 직장에서 인정받고 승진한 여성들의 사례를 뉴스에서 지워버릴 차례다. 지구의 절반을 차지하는 여성들이여, 부디 힘내시라! 직장에서도 당당히 절반을 차지하시라!

최고의 경쟁력은
브랜드에서 **나온다**

사람들은 항상 현재 위치는 그들의 환경 때문이라고 탓한다. 나는 환경을 믿지 않는다. 이
세상에서 출세한 사람들은 자리에서 일어나 그들이 원하는 환경을 찾은 사람이다. 그리고
그들이 원하는 환경을 찾지 못할 경우에는 환경을 그들이 원하는 모습으로 바꾼다.

—버나드 쇼

많은 사람들이 나에게 묻곤 한다.

"당신은 언론인에서 어떻게 그렇게 짧은 시간 안에 변신에 성공했는
가?", "사업 경험도 별로 없을 텐데 어떻게 단기간에 한국 최대의 헤드
헌팅 회사를 일굴 수 있었나?" 내 답은 한 가지다.

"나는 내 브랜드를 만들었다."

처음 사업을 시작할 때 이미 이쪽에는 20여 년의 업력을 가진 선발 회
사들이 있었다. 그런데 그 회사들은 그다지 잘 알려져 있지 않았다. 대
부분 기업들을 대상으로 비즈니스를 해왔기 때문에 일반인들에게 굳이
알릴 필요를 못 느낀 탓이다. 또 회사들의 규모가 작다 보니 브랜드의
중요성을 크게 생각하지 않았던 것 같다. 미국 등의 나라에서 헤드헌팅

회사는 증시에 상장되어 있을 정도로 규모가 크다. 그런데도 우리는 헤드헌팅 회사는 클 필요가 없다고 여기고 있었던 것이다.

시장의 성장 가능성은 컸고 선발 브랜드는 약했다. 나는 브랜드를 만들면 성공할 수 있을 거라고 확신했다. 물론 짧은 기간 안에 브랜드를 만들기 위해서는 막대한 마케팅 비용을 감당해야 했다. 그렇지만 신문사의 자회사 사장으로 일하고 있던 나는 신문사가 갖고 있는 미디어의 장점을 최대한 활용하면 마케팅 비용을 줄일 수 있을 거라고 생각했다.

똑같아서는 선수가 될 수 없다

나는 시작부터 회사를 크게 출범시켰다. 애초에 '한국 최대 헤드헌팅 회사'라는 그림을 그리고 대규모 조직을 꾸렸다. 하지만 그냥 규모만 커서는 의미가 없었다. 사내에 산업별로 전문 팀을 만들어 컨설턴트의 전문화를 추구했다. 또 규모에 걸맞은 전산시스템을 구축했다.

당시 일부 선발 회사들은 후보자들의 이력서를 종이 서류로 보관하고 있었는데 우리 회사에서는 처음부터 전산시스템을 통해 후보자의 정보를 저장하고 검색할 수 있도록 했다. 8개 산업별 전문 팀과 CEO를 전담하는 CEO센터, 인재 발굴을 통해 컨설턴트의 인재 추천을 지원하는 대규모 리서치센터, 해외 유명 대학의 MBA와 석·박사급 인재, 글로벌 기업의 임원 등을 발굴하는 글로벌 인재센터 등을 속속 만들면서 인재 발굴과 평가, 추천 과정을 체계화했다.

이렇게 전문화, 대형화, 고급화를 내걸고 공격적으로 브랜드 전략을 편 결과 그리 길지 않은 시간 안에 헤드헌팅 회사 커리어케어는 선발 브랜드로서 자리를 잡을 수 있었다. 내 자랑을 하자는 것이 아니다. 커리어케어가 성공한 것은 이렇게 차별화에 성공했기 때문이다. 규모로, 전문성으로, 시스템으로, 인재 정보의 양과 질로 다양하게 차별화했고 이것이 브랜드로 이어지면서 오늘날의 커리어케어를 가능하게 만든 것이다.

브랜드를 다른 말로 바꾸면 곧 '차별성'이다. 이미 누군가가 시장을 선점하고 있는 상황에서 차별성을 확보하지 않으면 비즈니스가 안착하고 성장하기 어렵다. 유용미 씨는 『서른 살에 다시 쓰는 성공다이어리』에서 브랜드에 관해 이렇게 설명하고 있다. "이름만 들으면 단박에 특정한 이미지가 떠올라야 한다. 그것이 바로 브랜드다. 커피 한 잔의 여유가 그리워지면 스타벅스의 초록색 로고가 떠오르고 깃을 세운 멋스러운 트렌치코트를 보면 버버리의 체크무늬가 떠오르는 식이다. 이런 것이 바로 브랜드의 힘이다. 이는 상품과 브랜드를 연결시켜 고객들에게 확실하게 자리매김한 데서 나온 결과다.

사람도 마찬가지다. 브랜드 구축이 잘 된 상품은 판매를 촉진시킬 수 있고 브랜드 구축이 잘 된 사람은 성공이라는 두 글자를 얻을 수 있다." 꼭 연예인이나 정치인만 브랜드를 만들어야 하는 것이 아니다. 컴퓨터의 윈도우 화면을 보면 때때로 빌 게이츠가 연상되지 않는가? 팝 음악의 역사를 이야기하면서 그 누가 비틀즈를 빼고 말할 수 있겠는가? 그들이 가진 브랜드 가치가 그만큼 견고하고 크다는 뜻이다.

비즈니스맨의 경력 관리란 결국은 자기 브랜드 관리를 뜻하는 것이나 다름없다. 자신의 브랜드만큼 연봉을 받고 직급과 직책을 부여받는다. 사내에서뿐 아니라 관련 업계에서, 사회의 해당 분야에서 브랜드를 어떻게 만들어낼 것인가가 관건이 된다. 자기 브랜드의 최종 목표를 무엇으로 잡고 이를 위해 어떻게 자신의 전문성을 키워나가고 이직과 전직 등을 해나갈 것인가? 이게 바로 경력 관리다.

물건을 살 때 우리가 브랜드를 중요하게 여기는 까닭은 무엇일까? 왜 '누가 만들었는가'를 유심히 살피게 되는가? 그래야 믿고 구매할 수 있기 때문이다. 다양한 상품들이 널린 시장에서 직접 제품을 일일이 분석하는 엄청난 수고를 하는 것보다 '저 회사라면 잘 만들었겠지' 하는 신뢰를 깔고 제품을 고르는 것이다. 같은 제품이라도 마지막에 상품의 구매력과 만족도를 좌우하는 변수는 바로 브랜드다. 직장인이 자기 브랜드를 개발해야 하는 이유도 바로 이것이다.

모든 직장인들은 어떤 의미에서는 세일즈맨이다. 상품을 직접 판매해야 하는 영업사원뿐 아니라 홍보를 하는 사람도, 연구원이나 엔지니어조차도 크게 보면 세일즈맨의 속성에서 벗어날 수 없다. 보도자료나 홍보자료를 만든다면 언론에서 호감을 가질 수 있도록 해야 하고 새로운 기술을 발표한다면 이를 활용해줄 사용자들에게 주목받아야 한다.

이때 중요한 것 역시 '누가 만들었는가'이다. 이것이 바로 개인의 브랜드다. 기업에서 핵심 인재로 인정받는 사람들 중에는 브랜드 관리를 통해 스스로를 효과적으로 홍보한 경우가 많다. 브랜드를 통해서 자신에 대한 신뢰도를 높이고 성과물에 대한 호감을 불러일으키는 것이다.

그러면 어떻게 해야 나만의 브랜드를 만들 수 있을까?

나를 차별화할 수 있는 브랜드 전략을 짜라

유용미 씨는 자신을 차별화할 수 있는 브랜드 전략 가운데 '최초' 가 가장 중요하다고 말한다. 다양한 브랜드 이미지 중에서 가장 잊히지 않는 타이틀은 '최초' 라는 것이다. 휼렛 패커드는 최초의 데스크탑 레이저 프린터를 선보이며 '프린터는 HP' 라는 이미지를 각인시켰다. 소화제로 사용되던 성분을 음료로 처음 상품화한 코카콜라는 코크^{Coke}의 대명사가 되었다. 업계에 넓고 비슷비슷한 수준의 경쟁자가 많을수록 웬만한 능력으로는 눈에 띄기가 어렵다. 먼저 앞서간 경쟁자를 따라 비슷한 브랜드를 만들어서는 경쟁자를 따라잡기 힘들다.

이럴 때 '최초' 라는 타이틀을 거머쥔다면 의외로 쉽게 브랜드 구축에 성공할 수 있다. 기업이 새로운 사업에 투자할 만한 자본을 갖고 있다는 사실은 개인에게 무척이나 좋은 기회다. 새 사업을 개척하는 과정에서 최초의 기술을 개발하거나, 최초의 판매망을 개척하거나, 최초의 유통 방식과 거래 구조 등을 고안해낸다면? 그리고 바로 그 점을 브랜드로 연결시킨다면? 허무맹랑한 부풀리기식 브랜드가 아니라 설득력과 시장가치를 동시에 지닌 브랜드를 확보할 수 있게 된다.

'최초' 라는 브랜드를 갖고 싶으면 자기 영역 안에서 새로운 시장을 개척하거나 새로운 방식을 활용해 성과를 이루어야 한다. 뚜렷한 성과 없이 '최초' 만 외친다면 아무에게도 그 의미를 납득시킬 수 없다. 또 적절한 타이밍을 맞추어야 한다. 지나치게 앞서가거나 구시대적인 발상에 머물러 있어서는 현실에 적용하기 어렵다. 아이디어가 기발해도 자신의 브랜드를 수용해줄 기업이 없다면, 사용해줄 고객이 없다면 브랜드의 가치는 떨어지게 된다.

'최초'라는 이름은 한 분야에 꼭 하나만 존재하는 것은 아니다. 자신의 노력에 따라 '사내 최초'나 '업계 최초'가 될 수도 있고 '국내 최초'나 '세계 최초'가 될 수도 있다. '국내 최초 메이저리그 진출'이라는 브랜드는 박찬호 선수의 것이지만 '한국인 최초 월드시리즈 챔피언 반지 획득'이라는 브랜드는 김병현 선수의 것이다. 이렇듯 '최초'라는 브랜드는 전략에 따라 다양하게 만들어낼 수 있다.

단 주의할 점은 이 타이틀에도 유효기간이 있다는 사실이다. 혜성처럼 나타난 댄스 가수가 후속곡이 없으면 반짝 가수로 수명을 다하고 말듯이 한 번 획득한 '최초'라는 브랜드에 안주하려 들면 그 이상의 성장과 발전은 없다. 그 브랜드의 단물이 다 빠지고 나면 아무도 거들떠보지 않을지도 모른다. 끊임없이 변화하고 성장하는 시장 상황과 기업 환경 속에서 개인의 브랜드 가치를 지켜나가기 위해서는 개척가로서 부단히 새로운 시도를 하고 그 성과를 입증해내야 함을 잊어서는 안 된다.

스스로 개척가의 자질이 전혀 없다고 느껴지거나 '최초'에 도전할 만한 계기가 마땅치 않다면? 그래도 브랜드를 포기할 수는 없다. 브랜드는 곧 차별성이기 때문에 어떻게든 나를 차별화할 방법을 고안해내야 한다. 앞서 언급한 마케팅 전문가 잭 트라우트는 『튀지 말고 차별화하라 Differentiate or die』라는 책에서 제품이나 서비스를 차별화하려면 4단계 과정이 필요하다고 말한다. 그가 말하는 차별화 전략은 개인의 브랜드 확보에도 고스란히 적용할 수 있다.

첫 단계, 우선 시장 상황을 면밀히 살펴라

직업이나 직무 시장에 어떤 브랜드 수요가 존재하는지, 어떤 수요가 감소하고 있고 어떤 수요가 새로 생겨나고 있는지를 조사해야 한다. 새로 생겨나는 수요는 얼마나 커질 것이며, 커질 때까지 얼마나 많은 시간이 걸릴 것인지, 그 수요를 바라보고 뛰어드는 경쟁자들은 얼마나 될 것인지까지 꼼꼼히 따져보라.

얼핏 보면 시장은 무질서하고 변화무쌍해서 조사가 무의미할 것 같아 보일지 모른다. 그러나 시간을 두고 차분히 살피면 시장에는 다양한 흐름들이 나름의 규칙을 보이고 있으며 그 가운데 주목할 만한 큰 줄기가 자리 잡고 있음을 알 수 있게 된다.

두 번째 단계, 조사 결과를 토대로 자신을 차별화할 방안을 찾아라

학력이나 경력, 적성 등을 감안할 때 시장의 어떤 수요를 기반으로 어떤 브랜드를 만들 것인지를 선택해야 한다. 시장이 요구하는 모든 수요를 다 내 것으로 만들 수는 없다. 경쟁자가 적고 차별적 지위가 오래 유지될 수 있는 분야에서 가장 큰 성과를 낼 수 있는 차별성을 선별해내야 한다. 자신의 경력과 맞물리는 브랜드 수요, 그 분야의 전문가로서 브랜드화할 수 있는 길을 발견했다면 차별화 전략은 이미 절반 이상 성공했다고 봐도 좋다.

세 번째 단계, 차별성의 근거를 찾아내라

차별성은 그 논리적 근거가 분명해야 한다. 그래야 주위에 알릴 수 있고 시장에서 설득력을 가질 수 있다. 논거가 약하면 시장의 동의를 이끌어내기 어렵다. 차별화의 효과가 떨어질 뿐 아니라 지속성에도 문제가 생긴다. 그러니 보다 명확한 근거를 토대로 자신의 브랜드를 설명할 수 있는 단순명쾌한 논리를 만들어내야 한다.

네 번째 단계, 알리고 또 알려라

이렇게 차별성의 근거까지 만들었다면 남는 문제는 홍보다. 적극적으로 자신만의 차별성을 알리고 시장을 파고들며 설득해나가야 한다. 소비자들, 또는 직장 동료와 상사들, 또는 업계 실무자의 기억 속에 가능한 한 오래 남도록 만들어야 한다. 성공하는 사람은 능력이 뛰어난 사람이 아니다.

그럼 누가 성공하는가? 바로 뛰어나다고 알려진 사람이다. 알려야 한다. 브랜드의 여러 장점 가운데 하나의 특성과 하나의 메시지에 집중하라. 단순명쾌한 차별성의 논리 위에 뚜렷한 메시지를 부각시켜라. 알리고 또 알리는 것만이 차별화, 브랜드 구축의 완성 단계라는 점을 기억하라.

사소한 말과 행동에 브랜드가 좌우된다

직장 안에서도 이름을 거론하면 금방 어떤 이미지가 떠오르는 사람이 있는가 하면 한참을 설명해도 누군지 잘 모르는 사람도 있다. 밝고 맑고 세련된 이미지를 가지고 있는 사람도 있고 뭔가 어둡고 탁하고 촌스러운 이미지를 풍기는 사람도 있다. 이를 단지 그 사람의 개성일 뿐이라고 말할 수 있을까? 예전에는 그랬다. 그런 것들이 능력이나 성과와 무슨 상관이냐고 대수롭지 않게 여길 수 있었다. 하지만 이제는 이런 일상적인 이미지들이 브랜드를 결정하는 시대가 되었다.

유용미 씨는 『서른 살에 다시 쓰는 성공다이어리』에서 브랜드에 관해 이렇게 설명하고 있다. "차세대 글로벌 CEO이자 아시아 비즈니스 리더 중 한 사람으로 꼽히는 성주인터내셔널의 김성주 사장은 유창한 외국어 실력과 서구적인 외모로 잘 알려져 있다. 큰 키에 단정하지만 강한 색상의 의상, 짧은 커트 머리는 세계 시장에서 경쟁하는 커리어우먼의 당당한 이미지를 훌륭하게 어필한다. 그녀가 구찌 한국지사장에서 출발해 MCM과 막스&스펜서의 유통 및 수출입을 담당하며 유럽 패션 브랜드들의 국내 통로로 자리매김한 데는 이런 이미지가 한몫을 한 것이 사실이다.

남자라고 예외는 아니다. 한 외국계 자동차 기업에서 차장급 인재를 채용할 때의 일이다. 최종 면접에 두 명의 후보가 남았다. 모든 면에서 빠질 것 없는 훌륭한 후보들이었고 특별히 다른 점을 발견할 수 없을 만큼 유사한 경력과 능력의 소유자들이었다. 기업은 마지막 선택에서 이미지를 보았다. 한 명은 미남형이었지만 전혀 자신을 가꿀 줄 몰랐던데 반해 다른 한 명은 그닥 잘생긴 외모는 아니지만 자연스럽게 멋을 낼 줄 아는 사람이었다. 기업은 세련된 스타일을 추구하는 회사의 이미지와 부합하는 쪽, 즉 후자를 택했다.

이렇게 이미지는 자신을 설명하는 또 하나의 브랜드다. 이는 단순히 명품으로 치장한다고 해서 살아나는 것이 아니다. 자신의 업무 영역과 추구하는 브랜드 전략에 부합하는 이미지, 외모상 장점은 살리고 단점은 보완하며 자기 일의 스타일을 드러낼 수 있는 이미지가 최상의 이미지다. 브랜드를 살릴 수 있는 이미지 메이킹을 위해서 필요하다면 주변 사람들이나 전문가의 조언을 참고하는 것도 좋다."

한 사람의 이미지는 비단 외양에서 비롯되는 것만은 아니다. 그 이미지가 말과 행동, 센스와 도덕성, 인격에 연루된 것이라면 더욱 그것은 그 사람의 브랜드를 결정하게 된다. 비슷비슷하게 유능한 인재들이 후보에 오르는 대기업의 임원 승진 심사 때, 당락을 가르는 마지막 잣대는 의외로 사소한 것이 될 때가 많다. 여기서 낭패를 보는 사람들은 브랜드의 자그마한 손상이나 취약성을 미처 관리하지 못한 이들이다. 그래서 헤드헌터들은 임원급 이상의 경영진을 기업에 추천할 때면 특히 후보자들의 일상적인 브랜드를 중요하게 취급한다.

그러나 이 일상적인 브랜드는 짧은 시간 안에 한두 건의 이벤트나 성과로 구축할 수 있는 성질의 것이 아니다. 작은 요소들이 오랜 시간 동안 여러 과정을 거치며 쌓여 이루어지는 것이기 때문이다.

개인의 브랜드는 사소한 일로 형성되고 바뀌어간다. 회사 물품을 어떻게 사용하고, 출장비를 어떻게 청구하며, 판공비는 어떻게 쓰는가에서 도덕성의 브랜드가 형성된다. 상사와 만나거나 공식 모임을 할 때는 회사에 충성을 다하는 것처럼 말하면서 사적인 자리나 회사 밖 사람들과 모인 자리에서는 딴소리를 하는 사람들의 브랜드에는 신뢰가 쌓이지 않는다.

아침마다 출근 시간을 못 지키고 걸핏하면 약속 시간을 어기는 사람은 성실성의 브랜드를 얻을 수 없다. 얼마 안 되는 돈인데도 밥값이나 술값 내는 데 인색하고 은근히 남에게 얻어먹기를 바라는 사람은 '좀생이'로 소문이 난다. 식사 장소에 들어갈 때나 엘리베이터를 타고 내리면서 "먼저"라는 한마디를 할 줄 아는 사람은 매너 있는 사람으로 통하게 된다. 회식한 다음날 오전 근무 시간이 끝나갈 때쯤 구겨진 셔츠 차림으로 나타나는 사람은 자기관리를 잘 못한다는 인상을 남긴다.

이렇게 브랜드의 태반은 사소한 것들에 의해 좌우된다. 평소에 자기관리를 어떻게 하느냐, 다른 사람들에게 어떤 이미지를 남기느냐가 쌓이고 쌓여 절대 무시 못 할 커다란 브랜드를 형성한다. 그러니 역시 평소에 잘해야 한다. 꾸준히 노력하는 수밖에 없다.

역대 경제부총리 중에는 젊은 공무원들 사이에 '노래의 대가'로 통하던 분이 있다. 사연인즉, 그가 직원들과 함께 노래방에 가서 신곡 부르기 내기를 하곤 하는데 20대의 파릇파릇한 사무관들조차 환갑이 넘은 그를 이길 수가 없었던 것이다. 나이 서른만 지나도 최신 유행곡에는 무감해지기 쉬운데 그는 대체 어떻게 된 사람이길래 그랬을까?

그는 차를 타고 이동할 때면 언제나 최신가요 테이프를 틀어 놓고 억지로라도 따라 불러가며 마스터했다고 한다. 고위 공직자들에게 차량 이동 시간이란 부족한 잠 시간 이외에 유일한 휴식 시간이다. 그런데도 그는 이 시간을 통째로 신곡 부르기에 바친 것이다.

왜 그랬을까. 시대에 뒤처지지 않기 위해, 젊은이들과 좀 더 가까이서 소통할 수 있기 위해 자기 브랜드를 가꾼 것이다. 남들보다 두 배, 세 배의 노력과 열정을 들여 자기 브랜드를 갈고닦은 결과 남들은 죄다 뒷방 노인으로 나앉은 뒤에도 '노래의 대가'로서 젊은 사무관들과 어울리며 격의 없이 국정을 논하게 된 것이다.

은퇴 후 할 일을 생각하라

직장인들이 30대 중반만 지나도 불투명한 장래를 고민하기 시작하고 40대 중반이면 현재의 조직에서 얼마나 더 머물 수 있을지가 훤히 보이는 시대다. 게다가 사람의 수명은 해가 다르게 점점 늘어나고 있다. 미국 MIT 생물학 교수 레너드 게렌테는 "최근에 태어나는 아이들은 150세까지 살게 될 것"이라 말한다. 일본 이토츠 그룹의 마쓰이 요시오 혁신기술팀장은 "2025년께는 평균 수명이 120세까지 늘어날 것"이라고 내다본다. 불과 50여 년 전에 우리나라 전체 평균 수명이 52세였던 데서 이미 80세에 가까이 늘어난 것을 보면 정말 그렇게 되지 말란 법도 없다. 아니, 그렇게 될 가능성이 더 커 보인다.

어쨌든 오래 살게 된다니 나쁠 것은 없다. 그런데 직업은? 직장에서 일할 수 있는 기간은 더 짧아지고 있는데 수명은 더 늘어난다니, 이 불균형을 어떻게 해소해야 할까? 90세, 100세까지 살려면 70세, 80세까지는 경제활동을 해야 하는 것 아닐까? 안 그래도 저출산 문제가 심각하다는데 젊은 층이 노령인구를 먹여 살려줄 기미도 잘 보이지 않는다.

미국에서 성공한 케이블 TV 사장으로 꼽히는 밥 버포드는 자신의 책에서 40대를 인생의 전반전을 끝낸 '하프타임'이라고 해석했다.

"하프타임에 어떤 기획을 하는가에 따라 인생의 후반부는 완전히 다른 시나리오를 만들게 된다."

그는 제2의 전성기를 위해 새롭게 출발하라고 조언한다. 맞다. 준비해야 한다. 당신이 40대를 목전에 두고 있다면 당장 남은 후반전에 뛰어들 준비를 해야 한다. 20대, 30대부터 성실하게 경력 관리를 해야 하는 이유도 따지고 보면 바로 여기에 있다. 나중에 어디서 어떻게 일할 것인지, 후반전을 어떻게 꾸려갈 것인지를 미리부터 준비해야 한다.

지금 당장 직장에서 은퇴한 뒤를 생각해야 한다. 인생 후반전, 최소한 30여 년의 경제활동에 대비해야 한다. 현재의 경쟁력뿐 아니라 미래의 경쟁력을 고민해야 한다. 그래서 더욱 중요한 것이 바로 브랜드다.

평생의 경제활동을 생각할 때 브랜드 관리의 목표는 어떻게 설정해야 할까. 이 고민에 대한 힌트를 컨설팅에서 찾을 수 있다. 무슨 뜻인가? 자신만의 차별화된 전문성을 착실히 쌓아 브랜드 경쟁력을 확보하면 자연스럽게 해당 분야에서 컨설팅이 가능한 수준에 이르게 된다는 말이다. 바꾸어 말하면 브랜드 구축의 현실적인 과제를 자기 분야에서 컨설턴트로서 활약할 수 있을 정도의 전문성 확보에 둔다면 그것이 바로 적절한 목표 설정이라고 할 수 있는 것이다.

컨설팅을 두고 경험의 비즈니스라고 말하는 이유는 뭘까. 훌륭한 컨설턴트가 되기 위해서는 기본적으로 10년, 20년에 걸친 풍부한 현업 경험이 전제되어야 하며 다양한 지식과 네트워크가 충분히 확보되어 있어야 하기 때문이다. 여기저기서 컨설팅이 뜬다고 하니까 많지 않은 경험을 가지고 창업하는 컨설턴트들이 성공하기 어려운 이유는 바로 이 점을 간과했기 때문이다. 반면, 10여 년 이상 자기 영역에서 전문성을 추구하며 지식과 경험을 쌓아온 이들이라면 이야기는 달라진다.

실제로 유럽과 미국에서는 인생 후반기를 준비하는 몇 가지 유형 중 하나로 컨설팅이 자리를 잡아가고 있기도 하다. 그들에게 컨설팅은 그동안 소중하게 키워온 자기 브랜드의 꽃을 만개시킬 수 있는 기회의 영역이 되어주고 있다.

어떤가. 이 정도로 준비가 되어 있다면 인생 후반전도 전반전 못지않은 자신감으로 질주할 수 있지 않을까? 전반전보다 한층 업그레이드된 자리에서 멋지게 성공을 일구어낼 수 있지 않을까?

그럴 수 있으려면 지금부터 서둘러야 한다. 나의 전문성은 어디에 있는지 점검해보고 내 브랜드는 착실히 쌓이고 있는지 돌아봐야 한다. 나만의 경쟁력은 무엇인지 냉정히 따져봐야 한다. 현재의 직장에서 인정받는 데 그치지 말고 은퇴 후 할 일을 생각하며 브랜드 관리의 목표를 조정해야 한다. 내 분야에서 컨설턴트로 활약하기에 모자람 없는 수준에 도달하도록 분투해야 한다.

자, 미룰 것 없이 지금 이 자리에서 답해보라. 당신은 브랜드에 대해 고민하고 있는가? 지금 당신을 남들과 차별시켜주는 경쟁력이 있는가? 그 경쟁력이 5년 뒤, 10년 뒤에도 유효할 것인가? 20년 뒤 당신은 어디서 무엇을 하고 싶은가? 그날을 위해 지금 준비하는 일이 있는가?